한일국교정상화 60주년 기념 보고서

세계 질서 전환기, 한일 전략적 동반자 관계의 구축

한일2030비전그룹 지음

KOREA

JAPAN

60th

박영사

【한일2030비전그룹】

한일국교정상화 60주년 기념 보고서

발간사

한국의 니어재단(NEAR), 한국국제교류재단(KF), 그리고 일본의 나카소네평화연구소(NPI)가 약 2년간 공동으로 참여한 '한일2030비전그룹' 최종 보고서가 지난 9월 18일 한일 양국에서 동시 발표된 데 이어, 책자로 정식 발간되었습니다. 특히, 올해는 한일국교정상화 60주년을 맞는 뜻깊은 해인만큼, 보고서 발간은 지난 한일관계 60년을 돌아보고 새로운 미래를 준비하는 차원에서 큰 의미가 있습니다.

한일2030비전그룹은 한일 양국의 유수 연구기관 및 싱크탱크 등 각각 다양한 분야의 전문가 10명씩, 총 20명으로 구성되었습니다. 약 2년 동안 서울과 동경에서 4회에 걸친 집중토론과 수시 협의를 가졌으며, 청년층의 의견을 수렴하기 위해 서울과 동경에서 '한일미래세대와 대화'를 개최하였습니다. 이를 토대로 보고서는 포스트 탈냉전시대의 복합적 혼돈 속에서 양국의 공동 번영을 도모하고, 나아가 아시아의 책임 있는 선진국으로서 동북아와 인도·태평양지역, 그리고 글로벌 차원에서 평화, 번영, 전진을 위한 이끌어 갈 수 있는 미래비전을 포괄적으로 제시하고자 하였습니다. 책자에는 한국어본과 일본어본 외에도 비공식 영어 번역본을 함께 수록하여, 제3국 연구자나 정책입안자도 참고할 수 있도록 하였습니다.

올해 한일국교정상화 60주년을 계기로 양국에서 한일관계의 미래비전에 관해 다양한 보고서가 발표되었습니다만, 이 보고서는 양국 전문가들이 외교, 안보, 경제, 과학기술, 역사, 교육, 문화 등 폭넓은 분야에서 함께 한일관계의 현상을 분석하고 미래를 전망하면서 전략적 동반자관계를 구축해 나가는 방안에 관해 '최대공약수'를 도출하고 합의하였다는 점에서 각별한 의미가 있다고 생각합니다.

금년 6월 한국에서는 이재명 정부가, 10월 일본에서는 다카이치 사나에 정부가 새로이 출범하였습니다. 이는 한일관계의 진전을 가져 올 수 있는 중요한 전기라고 할 수 있습니다. 이 보고서가 건전하고 안정적인 한일관계를 구축하는 데 유용한 지침서로 활용되고, 향후 양국 정책에 반영되어 보다 실질적인 성과로 이어져 한일관계의 새로운 도약에 기여하기를 기대합니다.

지난 2년 가까운 시간 동안 서로 다른 언어와 배경을 넘어 '한일관계의 밝은 미래'라는 공통의 지향을 향해 진지한 논의를 이어주신 양국 20인 전문가 여러분께 깊은 감사의 마음을 전합니다. 2024년 봄의 초록을 보며 내디뎠던 첫걸음이 이처럼 풍성한 결실로 이어질 수 있었던 것은 참가자 여러분의 깊이 있는 통찰과 꾸준한 노력 덕분이었습니다. 아울러 연구·조사·편집·행정 등 다양한 실무를 맡아 묵묵히 힘써 주신 변정아 니어재단 연구원, 신나연 고려대학교 국제대학원 박사수료생, 한재은 조지메이슨대학교 박사과정생 세 분의 헌신이 없었다면 프로젝트의 원만한 진행이 어려웠을 것입니다. 세 분의 노고에 진심어린 감사의 말씀을 전합니다.

끝으로, 본 프로젝트의 원활한 운영과 보고서 발간을 적극 지원해 주신 한국국제교류재단과 나카소네평화연구소 관계자 여러분, 그리고 어려운 출판 여건 속에서도 기꺼이 발간을 맡아 주신 박영사 관계자 여러분께도 따뜻한 감사의 인사를 전합니다.

이 책자가 한일 양국뿐만 아니라, 제3국을 포함한 더 넓은 세계에서도 읽혀, 한일관계에 대한 이해를 높이고 관계 발전의 탄탄한 토대를 만들어 더 나은 미래를 만들어가는 소중한 밑거름이 되길 기원합니다.

2025년 12월 15일

한일2030비전그룹 한국측 좌장 신각수

한일2030비전그룹 – 한국위원

좌장	신각수	NEAR재단 부이사장 전 외교부 1·2차관 전 주일본국 대한민국 특명전권대사
간사	최은미	아산정책연구원 연구위원 고려대·한국외대 특임강의교수 외교부·한일의원연맹·한일미래파트너십재단 자문위원
	김규판	대외경제정책연구원 선임연구위원 한국외대 겸임교수 전 한일의원연맹 자문위원, 북방경제협력위원회 국제관계전문위원
	남기태	서울대학교 재료공학부 교수 Fullbright 한미교육위원단 위원 전 대통령직속 과학기술자문회의 심의위원
	박영준	국방대학교 국가안보문제연구소장 겸 안보대학원 교수 전 국가안보실, 외교부, 국방부, 합참 등 정책자문위원 전 현대일본학회, 한국정치외교사학회, 한국평화학회 학회장
	이 근	서울대학교 국제대학원 교수 전 한국국제교류재단(The Korea Foundation)이사장 전 다보스 포럼 한반도 위원회 위원장, 서울대학교 국제협력본부장, 외교부 자문위원
	이숙종	성균관대학교 특임교수 동아시아연구원 시니어 펠로우 전 현대일본학회 회장
	이신화	고려대학교 정치외교학과 교수 고려대학교 통일융합연구원 원장 전 동아시아비전그룹(EAVG) 의장자문관, 북한인권국제협력대사
	임지현	서강대학교 석좌교수 Class of 1955 Visiting Professor of Global Studies at Williams College
	장제국	동서대학교 총장 한일포럼 대표간사 전 한국대학교육협의회 회장

한일2030비전그룹 – 일본위원

좌장	기타오카 신이치	나카소네 야스히로 세계평화연구소 총괄연구고문 도쿄대학교 명예교수 국제협력기구(JICA) 특별고문
간사	니시노 준야	나카소네 야스히로 세계평화연구소 상석연구원 게이오기주쿠대학교 법학부 교수, 동아시아연구소장
	오노 토모코	국제협력기구(JICA) 상석비서 전 국제협력기구(JICA) 보건제2팀 과장
	가네하라 노부카츠	사사카와평화재단 상무이사 전 국가안전보장국 차장
	쿠마가이 나오코	아오야마가쿠인대학교 지구사회공생학부 교수
	타카무라 유카리	도쿄대학교 미래비전연구센터 교수
	히가시노 아츠코	츠쿠바대학교 인문사회과학연구군 교수
	히라이 히로히데	전 경제산업심의관
	후카가와 유키코	와세다대학교 정치경제학술원 교수
	마스다 미키토	고마자와대학교 경제학과 준교수

목차

발간사 2

요약 8

제언 12

들어가며 16

■ 신뢰와 지속성에 기반한 한일 전략적 동반자 관계의 구축 16

I 혼돈의 국제질서와 한일 전략적 동반자 관계

■ 자유주의 국제질서 수호를 위한 한일 전략적 동반자 관계 24

■ 지역안보를 위한 한일 및 한미일 협력 비전 37

II 인도태평양 질서 구축과 한일의 전략적 연계

■ 글로벌 거버넌스 선도를 위한 한일 파트너십 확대 48

■ 국제사회에 공헌하는 한일 이니셔티브: 개발원조(ODA)와 에너지 전환 57

III 공동 번영을 위한 새로운 한일협력

■ 한일 경제협력의 비전과 전략 68

■ 과학기술을 통한 한일협력의 새로운 지평 89

■ 저출산·고령화에 대한 한일의 정책적 대응 95

Ⅳ 건전하고 안정된 한일관계를 위한 협력

■ 한일 역사 화해를 위한 제언 102
■ 한일 인재육성과 교류의 심화 110

별첨

■ 한일관계 발전을 바라는 미래 세대들의 목소리: 한국 120
■ 한일관계 발전을 바라는 미래 세대들의 목소리: 일본 126

요약

「세계질서 전환기, 한일 전략적 동반자 관계의 구축」

한일관계는 1965년 국교 정상화 이후 올해로 60주년을 맞이하였다. 과거 정부 주도의 비대칭적 관계에서, 오늘날에는 민간을 기반으로 한 대등하고 다층적인 협력을 통해 성숙한 관계로 발전해 왔다. 수교 당시의 경제력, 역사 인식, 사회 교류의 격차는 상당 부분 완화되었으며, 한국은 민주주의와 기술 혁신을 토대로 선진국 반열에 올라섰다. 일본 또한 G7(주요 7개국 정상회의) 창설국으로서 국제 규범과 질서 유지에 지속적으로 기여해왔다.

양국은 정치·역사 현안에서 갈등을 겪을 때에도 문화와 경제 분야에서 상호 의존과 교류를 지속적으로 확대해 왔으며, 이러한 발전의 흐름은 향후 협력의 제도화와 지속 가능성에 대한 기대를 높여 왔다. 무역과 투자 구조가 변화하는 가운데에서도 양국은 여전히 핵심적인 경제 파트너로서 상호보완적 관계를 이어가고 있다. 인적·문화 교류 역시 일상 속에 깊이 자리 잡았으며, 세대와 지역을 넘어서는 다양한 교류는 다층적 연계성을 축적해 왔다. 이와 같이 한일관계는 과거의 구조적 불균형을 넘어, 상호보완성과 성숙성을 갖춘 전략적 동반자 관계로 발전해왔다.

그러나 국제질서는 현재 단순한 과도기를 넘어서 민주주의의 후퇴, 권위주의 세력의 부상, 기술 패권 경쟁, 기후위기와 팬데믹과 같은 초국경적 리스크가 복합적으로 얽힌 구조적 전환기에 접어들었다. 특히 북한의 핵·미사일 능력 고도화와 이에 대한 중국·러시아의 전략적 방조는 권위주의 연대(authoritarian entente)를 가속화하며, '핵 없는 민주주의 국가'인 한국과 일본에 실질적 안보 위협을 가하고 있다. 이러한 전략 환경은 군사적 대응을 넘어 국제 규범과 가치 기반 질서를 수호·재구축하기 위한 공동 전략의 수립을 요구한다. 이는 자유민주주의, 시장경제, 인권, 법치, 규범을 공유하는 한국과 일본에게 있어 단순한 위기 관리 차원을 넘어, 글로벌 공공재 제공을 통해 지역과 국제적 평화와 번영을 실현하는 데 기여할 수 있는 전략적 기회이기도 하다. 양국은 글로벌 사우스 국가들과의 연대를 보다 적극적으로 주도하고, 규범과 실리의 조화를 도모하는 협력 전략을 모색할 필요가 그 어느 때보다 절실하다.

지난 60년 간 한일관계는 꾸준한 발전의 궤적을 걸어왔으나, 그 과정에서 축적된 정치적·사회적 신뢰가 충분히 제도화되지 못했으며, 역사 인식의 차이가 양국 협력을 정체시키는 요인으로 작용하기도 하였다. 그러나 이제 양국은 단기적 대립과 이해 조정을 지양하고, 장기적 관점에서 실행력 있는 협력 플랫폼을 구축하며, 이를 통해 적극적이고 지속적인 협력에 나서야 한다.

첫째, 한일 양국은 복합위기 시대에 자유주의 국제질서를 수호하는 핵심 국가로서 공동 전략을 한층 강화해 나가야 한다. 이를 위해 글로벌 공급망 복원력 확보, 전략기술의 상호 연계, 디지털 거버넌스와 인공지능 윤리 규범 정립, 탄소중립 전환 등 다양한 분야에서 다층적 협력이 필요하다. 또한, IPEF(인도-태평양 경제 프레임워크), Quad+, AUKUS Pillar II와 같은 신흥 소다자(minilateral) 협력 틀에서 공동 이니셔티브를 선도함으로써 국제 규범과 기술 표준 경쟁에서도 주도권을 확보해야 한다. 나아가 CPTPP(포괄적·점진적 환태평양 경제 동반자 협정)나 NATO-IP4 연계 등 포괄적 다자협력에서도 적극적으로 참여하여 규칙기반 질서 재편 과정에서 선도적 역할을 수행해야 한다.

둘째, 북한의 핵·미사일 능력 고도화와 북·중·러 간 전략적 공조에 대응하기 위해 한일 및 한미일 안보협력의 제도화가 필요하다. 확장억제 공조를 강화하고, 사이버·우주 안보협력 체계를 구축함으로써 억지력의 실효성을 높여야 한다. 동시에 국방산업 기술 협력, 해양 질서 감시 및 법 집행 등 비군사 분야의 협력을 병행하여 위기관리 대응 역량을 종합적으로 제고할 필요가 있다. 특히 북·러 전략적 연대 심화에 대응해, 한미일 간 전략자산 운용의 정례화와 공동연습의 체계적 확대 등 실행력 있는 협력 모델을 구축함으로써 한미 및 미일 동맹을 기반으로 한 실질적 위기 대응 능력을 강화해 나가야 한다.

셋째, 한일 양국은 글로벌 및 지역 거버넌스의 책임 있는 주체로서 다자주의를 수호하는 동시에 새로운 규범 형성 과정에도 적극적으로 협력해야 한다. 이를 위해 G7, G20, WTO 등 기존 다자 체제 내 협력은 물론, ASEAN, EU, 중남미, 중앙아시아, 아프리카 등과의 연계를 확대하여 기후변화, 보건, 인권, 디지털 전환 등 글로벌 의제에서 공동 의제를 추진하고 국제 공공재 제공에 기여해야 한다. 특히 일본의 '자유롭고 개방된 인도·태평양(FOIP)' 구상과 한국의 대외전략을 연계·발전시킴으로써, 한일이 공동으로 지역 질서 형성을 주도할 필요가 있다. 또한 한중일 3국 간 기능적 협력과, 이른바 '한중일+X' 방식의 타국 연계를 함께 추진함으로써 미·중 전략경쟁에 따른 지역적 대립을 완화하고, 평화와 안정의 중심적 역할을 수행해야 한다.

넷째, 한일 양국은 인구구조 변화와 산업 전환에 따른 공통 과제에 전략적으로 대응해야 한다. 부산-후쿠오카 초광역경제권 구상, 수소·해상풍력 등 신재생에너지 분야 협력, 청년 스타트업 생태계 조성, 스마트농업, 지역균형발전 등은 기술 기반 산업 전환과 생애주기 기반 정책 혁신을 촉진할 수 있는 실현 가능성이 높은 의제들이다.

또한, 반도체, 배터리, 인공지능(AI) 등 전략기술 분야에서의 공동 연구, 기술 표준화, 인재 교류는 글로벌 기술 경쟁에서 주도권을 확보하기 위한 핵심 기반이 될 것이다. 이러한 협력이 효과적으로 추진되기 위해서는 산업·교육·과학 정책의 통합적 연계와 민·관 협력 메커니즘 구축이 필수적이다.

다섯째, 한일협력을 정체시킬 수 있는 역사 문제에 대해서는 역사적 사실의 인식과 피해자의 마음의 치유를 통한 화해 노력이 필요하며, 동시에 기억의 공유를 위한 지속적인 노력이 요구된다. 이를 위해 국가라는 틀에 제약 받지 않는 초국가적 역사 공동연구, 한일 역사 교사 상호 연수 등 구체적이고 실천 가능한 협력사업을 지속적으로 추진해야 한다. 역사 화해는 단기간에 달성될 수 없는 과제이며, 세심함과 인내심을 전제로 한다. 양국은 정확한 역사적 사실에 입각한 대화와 교류를 거듭하면서 피해자의 심정을 배려하고, 상대의 존엄을 존중하며, 관용의 정신을 발휘함으로써 앞으로 나아가야 한다. 이러한 과정은 한일 간 전략적 동반자 관계를 구축하는 데 있어 핵심적 요소가 될 것이다.

마지막으로, 향후 한일협력을 주도할 인재 양성과 인적 교류를 한층 더 확대해 나가야 한다. 이를 위해 한일판 '에라스무스 프로젝트' 창설, 30-40대 전문가 교류 확대, 가족 및 세대 간 프로그램 지원, 영구적인 출입국 절차 간소화 등 제도적 기반을 마련하여 지속가능한 상호 이해를 구축할 필요가 있다. 또한, 한일판 'ARTE' 공동 채널 운영, 지방 간 교류 활성화, 전 세대를 아우르는 교류 확대 지원은 국민이 체감할 수 있는 협력 성과로 이어질 뿐 아니라, 장기적으로 미래 협력의 토대를 강화하는 의미가 있다. 특히 청년세대를 중심으로 한 인재 양성은 한일협력에 필요한 공감대를 형성하고 협력의 지속 가능성으로 이어질 것이다.

제언

Ⅰ. 혼돈의 국제질서와 한일 전략적 동반자 관계

【자유주의 국제질서 수호를 위한 한일 전략적 동반자 관계】

◎ 양자협력에서 다자협력을 중심으로 한 과학·기술 협력

◎ 과거와 감정의 문제에서 미래와 이성의 과제로 접근: 기후변화와 녹색성장, 디지털 전환과 실업문제, AI와 양자기술 안전 플랫폼 구축, 가상현실, 메타버스, 공간컴퓨팅 등 가상 공간 경제관계 규칙 설정, 인구문제 등의 의제

◎ 기성세대에서 차세대로 한일 전략적 동반자 관계 구축: 차세대 중심의 플랫폼 전환

【지역안보를 위한 한일 및 한미일 협력 비전】

◎ 군사, 비군사 안보분야에서의 실질협력 강화 및 제도화

◎ 한미일 혹은 한미일호 확장억제 협력 체제 구축

◎ 유엔사 체제에 대한 한국의 호스트 국가 역할 강화 및 일본의 옵서버 지위 부여

◎ IP4 국가 및 NATO 가맹국들과의 전략적 연대 강화

◎ AUKUS 필라 2 한일 공동 참가 추진

◎ 미국 재래식 및 핵능력 강화 지원을 위한 포괄적 협력 확대

◎ 중국-러시아-북한의 안보연대 강화를 약화시키기 위한 21세기형 데탕트 정책 추진

Ⅱ. 인도태평양 질서 구축과 한일의 전략적 연계

[글로벌 거버넌스 선도를 위한 한일 파트너십 확대]

◎ 다자체제 회복과 혁신을 위한 한일 파트너십 강화

◎ 인도태평양 지역에서의 소다자협력 적극 참여 및 다양한 참여국들과의 협력 확대: 공급망 안정, 기후변화, 친환경 개발협력

◎ 중앙아, 중남미, 아프리카 등 글로벌 사우스와의 협력사업을 통해 경제사회발전 민주주의 역량강화 및 자유주의 국제질서 유지 및 발전 기여

◎ '한일-ASEAN 디지털 협력 이니셔티브'를 추진을 통해 ASEAN 국가들과의 협력 강화

◎ 의회 및 시민사회 간 다층적 협력 활성화를 통한 한미일 협력 강화

◎ 기능 분야에서 한일중 협력 강화 및 글로벌 어젠다에서의 소다자협력 간 연계

[국제사회에 공헌하는 한일 이니셔티브: 개발원조(ODA)와 에너지 전환]

◎ 동남아시아 국가 원조 기관의 능력 강화 및 연계 사업을 위한 한일협력

◎ DAC외 국가들과의 연계 사업 협성

◎ USAID 사업 축소 영향을 받은 공공 서비스 개혁 지원

◎ 해상 풍력 도입 확대를 위한 연계

◎ 아시아 지역 탈탄소화 지원에서의 연계

Ⅲ. 공동 번영을 위한 새로운 한일협력

【한일 경제협력의 비전과 전략】

◎ 공동 비전 수립 및 인적 교류 확대

◎ 공급망 협력: 미국 주도의 다자 간 공급망 강화 협정 활용과 양자 간 핵심광물자원 협력

◎ 한일 FTA 체결과 한국의 CPTPP 가입 추진

◎ 한일 스타트업 플랫폼 구축

◎ 한일 간 에너지 및 환경 협력 추진

◎ 농업재생, 지방경제재생을 위한 한일공동협력

【과학기술을 통한 한일협력의 새로운 지평】

◎ 한일전략기술 분야(반도체, 배터리, AI, 양자, 바이오, 우주 등) 공동연구소 설립

◎ 정부 및 민간이 공동 출연한 장학금 및 연구지원기금제도 확대

◎ 한일공동학위 및 협동전공 프로그램 확대 - 대학 간 공동수업 및 학위 연계 강화

◎ 한일정부 및 민간 협력기관 간 협력 확대 및 발전

◎ 정책 대화 및 세부 분야별 협의체 정례화

◎ 탄소중립, AI, 차세대 반도체, 미래 통신, 우주 분야에서의 협력

【저출산·고령화에 대한 한일의 정책적 대응】

◎ 젊은 세대의 결혼 지원 정책 현황과 과제에 대한 정보 공유 및 검토

◎ 저출산·고령화 및 인구감소 문제에 대한 상호 검토 및 협의

◎ 한일노동력 상호보완 대책방안 모색

◎ 대도시 집중 현상 완화 및 지역거점 도시 인구 분산 및 집적에 대한 정책협의

IV. 건전하고 안정된 한일관계를 위한 협력

【한일 역사 화해를 위한 제언】

◎ 한일 상호역사 공동연구

◎ 초국가적 역사 공동연구와 기억 공유에 대한 지원

◎ 역사교사의 상호 교차 연수

◎ 한국 독립운동에 대한 경의 표명

【한일 인재육성과 교류의 심화】

◎ 한일 간 출입국 간소화 제도 지속 시행

◎ 한일 대학생 교류의 제도적 지원 - 한일판 '에라스무스(Erasmus) 프로그램' 창설

◎ 한일 교육-고용의 연계 메커니즘 개발 - 청년 인턴십/취업 데이터 베이스 구축

◎ 지구적 문제 해결을 위한 '한일 청년 행동의 날' 지정 및 한일판 '아르테(ARTE)' 발신

◎ 한일 30·40 오피니언 리더 양성 - 한일판 'USJLP' 등 전문가 리더십 프로그램 마련

◎ 청년 중심의 한일교류를 전 세대 교류로 확산

◎ 한일 도심과 지방을 잇는 초광역경제권의 구축: 부산-후쿠오카 초광역경제 구상

들어가며

신뢰와 지속성에 기반한 한일 전략적 동반자 관계의 구축

한일관계는 올해로 국교 정상화 60주년을 맞이하였다. 양국은 14년간의 교섭 끝에 어렵게 국교 정상화에 합의하고, 제2차 세계대전 종전 20년이 지난 1965년 6월 22일 외교 관계를 수립하였다. 이후 60년간 양국은 여러 차례의 위기를 겪으면서도 이를 비교적 짧은 시간 안에 극복하며 관계 발전을 이어 왔다. 냉전 시기에는 정부가 관계 발전을 주도했지만, 서울올림픽과 탈냉전기를 거치며 민간 교류와 문화 교류가 협력의 폭과 깊이가 확대되었다. 그러나 2012년 이후 양국관계는 장기적인 경색 국면에 놓여 10여년간 어려움을 겪었다. 다행히 2023년 정상 간 셔틀외교가 재개되면서 한일관계는 다시 빠르게 회복 궤도에 올랐다. 이제 지난 60년을 토대로 새로운 60년을 향해 발걸음을 내딛는 한일 양국 정부와 국민은, 양국관계가 더욱 건전하고 안정적인 방향으로 발전할 수 있도록 지혜를 모아 함께 실천해 나가야 한다.

오늘날 한일관계는 양국의 국내 상황 변화, 양국관계 자체의 진전과 조정, 그리고 양국을 둘러싼 국제 환경의 변화 속에서 과거와는 전혀 다른 환경에 놓이게 되었다. 한국은 지난 60년간 1인당 소득 100달러 수준의 개발도상국에서 세계 10위권 경제력을 가진 나라로 성장하며 선진국 대열에 합류하였다. 민주화를 달성하여 자유주의 국제질서를 지탱하는 일원이 되었고, 북방외교를 통해 냉전기에

닫혀 있던 유라시아 대륙으로 외교적 지평을 넓혔으며, 한류의 확산을 통해 국가적 소프트 파워를 크게 확대하였다. 한편 일본은 1968년 세계 2위 경제대국으로 도약한 이후, 1970년대 중반 아시아 국가 중 유일하게 주요 선진국그룹인 G7의 창설회원국으로 자유주의국제질서의 유지에 중요한 역할을 담당하였다. 이어 2000년대 이후에는 '자유롭고 개방된 인도·태평양'을 비전으로 제시하며 지역의 평화와 번영에 기여하고 있다.

양국관계에도 다양한 변화가 나타났다. 양국 사회에서는 과거사에 대한 직접적 경험이 없는 전후세대가 주류로 부상하였으며, 이에 따라 관계 인식과 접근 방식에도 변화가 나타나고 있다. 수교 당시에는 1인당 소득에서 9배 수준의 격차가 존재하는 비대칭적 관계였으나, 현재는 그 격차가 현저히 축소되어 양국이 대등한 협력 파트너로서 관계를 발전시킬 수 있는 기반이 마련되었다. 인적 교류 또한 괄목할 만한 증가를 보였다. 수교 초기 연간 1만 명에 불과하던 상호 방문객 수는 오늘날 하루 약 3만 명에 이르며, 민간교류의 눈부신 성장을 이루었다. 항공편 역시 일일 370편 수준으로 확대되어 양국은 사실상 '일일생활권'을 형성하게 되었다. 문화 교류 분야에서도 양국의 대중문화가 상대국 내에서 높은 인기를 얻음으로써 상호 이해와 호감 증진에 기여하고 있다. 이와 같이 수교 초기 정부 주도로 발전해 온 한일관계는 오늘날 민간 차원의 교류와 네트워크 형성이 활발해지면서 다층적이고 심화된 방향으로 전개되고 있다.

경제 분야에서도 변화의 양상은 뚜렷하다. 한일 무역은 2011~2012년 1,000억 달러를 돌파한 이후 점차 감소하여 최근에는 800억 달러 수준을 유지하고 있다. 그 비중은 과거에 비해 축소되었으나, 양국은 여전히 서로에게 주요 교역 파트너로서 긴밀한 관계를 이어가고 있다. 현재 한국에 있어 일본은 수출 4위, 수입 3위, 교역 4위의 지위를 차지하며, 일본에 있어 한국은 수출 3위, 수입 7위, 교역 5위에 해당한다. 투자 부문에서는 일본의 대한 투자가 2012년 44억 달러 이후 한때 10억 달러대로 줄었으나, 2024년 61억 달러로 크게 회복되었고, 한국의 대일 투자는 2018년 이후 10억 달러대를 꾸준히 유지하고 있다.

이와 같은 변화는 양국관계를 단순한 양자적 차원에 머물게 하지 않고, 보다 넓은 지역 및 글로벌 차원으로 확장할 기반을 마련하였다. 국제적 위상에 비추어 볼 때, 한일 양국은 국제 평화와 세계 경제의 번영에 기여할 수 있는 능력과 함께 책임을 공유하고 있다. 향후 양국은 협력의 틀을 지속적으로 확대하고, 협력의 질을 한층 심화함으로써 시대적 요구에 부응하는 건전하고 안정된 선린우호관계를 발전시켜 나갈 수 있을 것이다.

한편, 양국을 둘러싼 국제환경 역시 중대한 변화를 겪고 있다. 냉전 시기 한일관계는 유라시아 대륙 공산권에 대한 대항 구도의 한 축으로 설정되었으며, 이후 소련 붕괴와 미국의 단극 체제가 형성된 탈냉전 시기에도 약 10여 년 전 관계가 악화되기 전까지 비교적 안정적으로 발전해 왔다. 그러나 2020년대에 들어서는 중국의 확장주의적 행보, 러시아의 고토(故土) 회복주의적 경향, 이른바 글로벌 사우스의 부상 등, '지정학의 귀환'을 상징하는 현상들이 나타나면서 국제질서는 혼돈과 다중 위기에 직면하게 되었다. 러시아의 우크라이나 침공, 가자지구 하마스의 공격으로 촉발된 이스라엘과 이란 대리세력 간의 중동 전쟁 등 최근의 사건들은 지정학적 단층대에서 무력 갈등이 격화될 위험이 그 어느 때보다 높아졌음을 보여주고 있다.

전후 세계의 평화와 번영을 주도해 온 자유주의 국제질서의 기반 역시 흔들리고 있다. 중국·러시아·이란·북한을 중심으로 한 혼란의 축(axis of disruption)에 의한 도전과 글로벌 사우스의 독자적 행보 또한 자유주의국제질서를 약화시키는 원심력으로 작용하고 있다. 한편, 해당 질서를 설계하고 유지해 온 미국은 트럼프 행정부의 출범 이후 '미국 우선주의' 기조에 깊이 몰입하고, 유럽과 일본 또한 상대적 경제력의 약화로 인해 구심력을 상실하고 있다. 또한, 탈냉전 시대 경제적 번영을 견인했던 자본·기술·인력의 자유로운 이동도 둔화되고 있다. 강화되는 보호주의와 각국의 산업정책은 세계화의 속도를 저하시켰으며, 그 결과 세계 무역 성장률은 세계 경제 성장률을 밑도는 현상을 보이고 있다.

동아시아 지역에서는 북한이 핵과 미사일 능력을 고도화하여 사실상 핵무장 국가로 부상하고 있으며, 공세적 핵 독트린을 통해 동북아시아의 핵 위협을 심화시키고 있다. 한편, 중국은 빠른 경제성장을 토대로 국방력을 급격히 증강하는 가운데, 핵 무력 규모도 현재 약 600기의 핵탄두에서 2030년대 중반에는 미국과 러시아 수준인 1,500기까지 확대할 것으로 전망된다. 이와 더불어 대만해협, 남중국해, 동중국해, 그리고 한반도를 포함한 역내 주요 전략적 긴장 지대에서는 군사적 긴장이 점차 고조되고 있다.

국제질서의 기반을 형성하는 국제사회의 경제·사회 여건도 크게 변하고 있다. 코로나19 팬데믹으로 약 7억 명이 감염되고 700만 명이 희생되었으며, 이로 인해 세계 경제에 심대한 타격이 발생하였다. 팬데믹에 따른 사회·경제적 후유증은 현재까지도 지속되고 있다. 앞으로 야생동물의 서식 환경이 황폐화되면서 바이러스 숙주 생물이 인간 거주지로 접근하는 빈도가 증가할 것으로 예상되며, 이에 따른 더욱 강력하고 빈번한 팬데믹 발생에 대한 실효성 있는 대비가 국제사회의 시급한 과제로 떠오르고 있다. 한편, 온실가스 배출로 인한 지구온난화는 '지구 비등(global boiling)' 단계로 진입하여 전 세계 곳곳에서 이상기후, 사막화, 해수면 상승 등 심각한 피해를 야기하고 있다. 국제사회는 파리협정을 통해 자발적인 온실가스 감축을 추진하고 있으나, 2100년까지 지구 평균 기온 상승을 섭씨 1.5도 이내로 제한하는 목표 달성은 여전히 어려운 상황이다. 또한, 지구온난화의 주요 원인인 석탄·석유·가스 등 탄소 기반 에너지원에서 녹색 에너지로 전환하는 과정은 세계 경제와 국제 지정학에도 중대한 영향을 미치고 있다.

한편, 인공지능을 중심으로 한 4차 산업혁명은 각국의 산업 지형을 변화시키고 있으며, 우크라이나 전쟁에서 드러난 바와 같이 군사기술에도 중대한 영향을 미쳐 미·중 전략 경쟁의 핵심 영역으로 부상하고 있다. 또한, 아프리카와 서남아시아를 제외한 대부분의 지역에서 출산율이 지속적으로 하락하여 인구절벽 현상을 겪고 있다. 고령화 사회로의 이행과 함께 인구 구조 변화는 느리지만 국제사회의 근본적 변화를 촉진하는 주요 요인으로 작용하고 있다.

한편, 탈냉전 이후 세계화와 정보화의 확산에 힘입어 민주주의는 전 세계적으로 확산되는 듯했으나, 2000년대 중반 이후 민주주의 후퇴 현상이 지속되고 있어 지구촌 미래에 적색 신호가 켜졌다. 전통적으로 민주주의의 보루로 평가받는 선진국에서도 포퓰리즘, 극단주의, 배외주의가 대두되며 민주주의 역량이 약화되고 있으며, 신흥국 및 개발도상국에서는 합법적·비합법적 수단을 통한 권위주의가 강화되는 추세이다. 이러한 민주주의 후퇴 현상은 장기적으로 국제사회의 평화와 번영에 부정적인 영향을 미칠 것이다.

한일 양국이 맞이하는 새로운 60년의 시작은 매우 불확실하고 불안정하며 복잡하고 모호한 전략 환경 속에 놓여 있다. 현재의 국제사회는 양극체제였던 냉전과 단극체제였던 탈냉전 시대와 달리, 미국의 유일 초강대국 지위가 약화되면서 다극체제로 전환되고 있다. 한일 양국이 전후 80여 년간 평화와 번영을 추구해온 기반인 자유주의 국제질서 및 미국 주도의 동맹체제도 더 이상 이전과 같은 힘을 발휘하지 못하는 상황이다. 이에 따라 양국은 이러한 역사적 변곡점에서 공유하는 가치와 이익을 극대화하기 위한 전략적 동반자 관계를 모색해야 하는 중대한 시대적 과제를 안고 있다. 2023년 이후 한일관계는 장기간의 부진을 벗어나 회복 궤도에 올라선 바, 이를 안정적이고 지속 가능하게 유지하기 위한 노력을 기울여야 할 시점이다. 한일관계의 진전을 가로막아온 과거사 문제와 같은 도전요소들은 여전히 존재하지만, 긴밀한 소통과 협력을 통해 이를 극복해 나가며 밝은 미래를 함께 만들어 가야 한다.

이러한 맥락에서, 한국의 니어재단과 한국국제교류재단, 일본의 나카소네평화연구소는 국교 정상화 60주년이 되는 2025년에 맞춰 한일관계의 미래 비전을 공동으로 마련하기로 합의하였으며, 2024년부터 관련 보고서 작업을 진행하였다. 양측은 분야별 전문가 10명으로 구성된 '한일2030비전그룹'을 구성하여, 2024년 3월 도쿄, 7월 서울, 12월 도쿄, 2025년 3월 서울에서 총 네 차례의 회의를 개최하며 다양한 의견을 수렴하였다. 또한, 장차 미래 비전의 주역이 될 양국 젊은 세대의 의견을 청취·반영하기 위해, 2025년 3월 고려대학교와 5월 게이오기주쿠대학교에서 '한일 미래세대와의 대화'를 개최하였다.

미래 비전 수립 작업은 다음과 같은 방침 하에 진행되었다. 첫째, 역사 화해를 위한 노력의 중요성을 인지함과 동시에, 현재와 미래에 있어 양국관계를 건전하고 안정적인 선린 우호 관계로 발전·정착시키기 위한 제언에 중점을 두었다. 둘째, 한일 양국이 국제사회 내에서 갖는 위상을 고려하여, 양자 차원의 상호 이익을 넘어 동아시아 및 인도태평양 지역의 평화와 번영을 선도할 책임을 공유한다는 관점에서 접근하였다. 셋째, 지난 60년간의 한일관계 발전 과정에서 상대적으로 주목받지 못했던 영역들의 잠재력에 주목하였다. 중앙 정부뿐 아니라 지방 정부의 역할, 여성의 시각과 입장 존중, 정부뿐 아니라 민간 차원의 중요성, 그리고 미래 주역인 젊은 세대의 관점 등을 폭넓게 수용하고자 노력하였다. 넷째, 실용적 관점에서 정책 집행 가능성을 염두에 두어 구체적이고 실행 가능한 제언을 중심에 두었다. 다섯째, 한일 양국은 유사점도 많으나 실질적으로는 여러 차이가 존재한다. 이러한 차이에서 기인하는 서로 다른 입장과 이해를 수렴함으로써, 더 많은 공통점을 도출하고자 노력하였다.

향후 본 보고서가 제언한 협력이 실현되고 양국관계가 더욱 발전함에 따라 공감대의 영역은 점차 확대될 것이며, 한일관계의 기반은 보다 견고해져 지속 가능한 관계로 나아갈 것이다.

이 보고서가 양국 정부와 민간 부문에서 폭넓게 읽히며 '미래 비전'으로 수용되고, 구체적인 협력을 통해 실질적 성과가 차곡차곡 축적되기를 기대한다. 이를 바탕으로 한일 양국의 전략적 동반자 관계는 더욱 견고해지고, 동아시아와 세계의 평화와 안정, 번영에 크게 기여할 수 있을 것이다. 한일 양국이 지난 60년간의 관계 발전 궤적을 토대로 서로를 비추어 주변을 더욱 환하게 밝히는 21세기의 '경요세계(瓊瑤世界)'를 함께 열어나가기를 기원한다.

2025년 9월 18일

한일2030비전그룹 한국측 좌장 신각수
일한2030비전그룹 일본측 좌장 기타오카 신이치

【한일2030비전그룹】

한일국교정상화 60주년 기념 보고서

I

혼돈의 국제질서와 한일 전략적 동반자 관계

자유주의 국제질서 수호를 위한 한일 전략적 동반자 관계

1. 국제환경평가

(1) 자유주의 국제질서를 수호할 책임

자유주의 국제질서는 세 개의 기둥으로 구성되어 있다. 첫 번째, 자유무역을 통한 개방된 국제시장의 형성이다. 국제 자유시장 경제는 1945년 이후 자유주의 국제질서에 속한 국가들의 눈부신 경제성장을 이끌어왔다. 전후 서유럽과 일본의 부흥을 시작으로, 1960년대 이후에는 한국, 대만, 홍콩, 싱가포르 등 아시아 네 마리 용의 급속한 산업화가, 1990년대 이후에는 중국과 ASEAN 국가들의 두 자릿수 경제성장이 이러한 개방된 국제시장에서 이루어졌다. 한편, 산업혁명 이래 최초로 선진 산업 민주주의 국가 군(G7 등)의 국내총생산(GDP)이 전 세계 GDP의 50%를 초과하지 못하게 되었으며, 이에 따라 글로벌 사우스(Global South)의 부상이 두드러지기 시작하였다. 이는 전후 자유주의 무역체제가 낳은 하나의 결과로 평가할 수 있다.

두 번째 기둥은 규범과 가치관이다. 자유주의 국제질서는 이 질서를 구성하는 국가들의 합의를 바탕으로 하는 국제법에 의해 규정된다. 국제질서 역시 법의 지배를 받으며, 이러한 이유로 자유주의 국제질서는 '법·규범 기반 국제질서(Rules-based International Order)'라

고도 불린다. 20세기 들어 국제사회가 조직화되고 전문적인 국제기구가 출현하기 시작하였으며, 특히 1945년 이후에는 불법적인 무력행위를 금지하는 국제헌장이 제정되었다. 아울러 자유무역체제의 기반이 된 GATT(관세와 무역에 관한 일반협정, 이후 WTO로 대체)와 국제통화기금(IMF)도 같은 시기에 창설되었다.

법의 지배란 영미법적 관점에서 개인의 양심과 사랑을 윤리적 가치로 중시하는 자유주의적 가치관을 기반으로 한다. 민주주의, 자유, 인권, 평등과 같은 인류 보편적 가치가 이에 해당한다. 예를 들어, "모든 인간은 평등하며 생명과 자유를 수호하고 자아를 실현하며 행복을 추구할 천부의 권리를 보유한다. 이러한 권리를 보호하기 위해 정부가 설립되며, 의회의 공론을 통해 형성된 국민의 일반 의사가 법이 되어 정부도 구속한다"는 사고는 미국 독립선언서에 명확히 나타나 있다. 그러나 이러한 가치관은 단순히 서구의 전유물이 아니라, 한국, 일본, 중국을 포함한 아시아의 불교, 유교, 민족종교 사상에서도 이미 나타나 있는 인류 보편적인 가치라고 할 수 있다. 중국의 철학자인 맹자는 2천여 년 전에 '인간의 본성은 선하며, 포악한 왕은 바꾸어도 좋다'는 말까지 남긴 바 있다.

세 번째 기둥은 세력균형으로, 이는 국제질서의 기반이자 강대국 간 전략적 안정에 해당한다. 전후 국제질서는 미국과 소련 간 힘의 균형 위에 구축되었다. 자유주의 국제질서는 전후 미국이 서방 국가들과 함께 압도적인 국력을 바탕으로 수립하고 유지해온 팍스 아메리카나(Pax Americana)라 할 수 있다. 미국은 이를 위해 대서양 및 태평양 지역에 동맹망을 구축해 왔으며, 초강대국이었던 소비에트 연방과는 핵 대치를 포함한 자유주의와 공산주의라는 이념 대립과 국제정치에서의 이데올로기적 영향력 경쟁을 전개하였다. 특히 북대서양조약기구(NATO)와 한미동맹, 미일동맹, 미호동맹 등 양자 중심의

태평양 동맹망이 국제질서 전반의 군사적 안정을 뒷받침하였다. 더불어 미·소 간 핵무기 보유에 기반한 상호확증파괴(Mutual Assured Destruction, MAD)는 '차가운 평화(Cold Peace)'를 구현하여 국제질서 안정에 기여하였다.

한국과 일본은 자유주의 국제질서의 혜택을 최대한 활용하며 20세기 후반에 책임 있는 대국의 반열에 오른 국가들이다. 오늘날까지 양국 국민은 이 질서를 통해 민주주의, 경제적 번영, 행복 추구 및 안정을 누려왔다. 따라서 한국과 일본에게 자유주의 국제질서의 안정적 지속과 건설적 발전은 국익의 핵심이며, 이는 곧 양국 공동의 국익과도 일치한다.

그동안 한일 양국이 믿고 의지해온 미국 역시 세계 국내총생산(GDP)에서 차지하는 비중이 25% 이하로 하락하였다. '이미 세계의 경찰관이 아니다(오바마 대통령)', '아메리카 퍼스트(트럼프 대통령)'라는 목소리가 들려오고 있다. 이러한 상황에서 북태평양에 위치한 미국의 2대 동맹국인 한일 양국은 미국을 지속적으로 측면 지원하며 인도태평양 지역 자유주의 국제질서 전체를 지탱하는 책임 있는 대국으로서의 역할을 수행해야 한다. 그러나 한일 양국 역시 국력의 정점은 이미 지나갔으며, 필리핀, 태국, 호주 등 미국의 기존 동맹국만으로는 아시아 자유주의 국제질서의 안정적 유지가 어렵다. 따라서 우리는 자유주의 국제질서를 함께 지지할 새로운 전략적 동반자가 필요하다.

(2) 자유주의 국제질서의 확장과 도전 과제

(a) 글로벌 사우스의 등장과 인도태평양으로의 질서 확대

1980년대부터 본격화된 아시아 국가들의 산업화는 일본에 이어 한국, 대만, 홍콩, 싱가포르 등 선진 산업국가를 탄생시켰다. 동남아시아에서는 아세안(ASEAN) 국가들이 빠르게 성장하여 머지않아 일본의 경제규모를 따라잡을 것으로 예상된다. 특히 아세안 인구의 절반을 차지하는 인도네시아의 성장 잠재력은 전 세계의 주목을 받고 있다.

중국은 1980년대 이후 개혁 개방정책을 추진하며 세계무역기구(WTO)에 가입하여 경제 성장을 가속화하였고, 현재는 일본 경제 규모의 4배에 이르는 세계 2위의 경제대국으로 부상하였다. 인도 역시 중국을 능가하는 인구와 평균 연령 28세의 젊은 인구 구조를 기반으로 거대한 성장 잠재력을 보유하고 있다. 21세기 내에 이들 아시아 국가들의 국내총생산(GDP)은 세계 GDP의 60%를 차지하며, 유럽과 미국의 경제 규모를 능가할 전망이다. 이러한 국가들은 글로벌 사우스(Global South) 내 핵심 국가들로 주목받고 있다.

한일 양국은 이미 자유주의 국제질서를 등지기 시작한 중국을 제외한 다른 아시아 신흥국을 아시아의 선진국으로서, 그리고 자유주의 사회의 책임 있는 리더로서 포용하고 함께 성장해나가기 위한 노력을 기울일 필요가 있다. 이 역할은 미국보다 아시아 국가인 한일 양국이 더욱 책임 있게 수행해야 할 과제이다.

21세기 세계 경제의 지속적 번영과 국제 질서의 안정적 유지를 위해서는, 전통적으로 대서양 중심이었던 자유주의 국제질서를 인도태평양 지역으로 확산·발전·안착시키는 일이 매우 중요하다. 한일 양국이 이러한 역할에 실패하여 역내 성장 동력이 정체되거나 일방적 힘에 의한 현상 변경이 빈번하게 발생한다면, 이는 한국과 일본뿐 아니라 전 세계에 심각한 부정적 영향을 초래할 것이다. 현재의 자유주의 국제질서는 '정글의 법칙'이 지배했던 19세기 국제사회에서 전쟁 불법화, 식민지 지배 종언, 인종차별 철폐, 그리고 소련 공산권 붕괴 등의 역사적 고난과 성취를 딛고 겨우 이룩한 인류의 귀중한 자산이다. 이 질서가 다시 흔들리게 된다면 인류는 1945년 이전의 불안정한 국제질서로 후퇴할 위험에 직면할 수 있다.

(b) 중국의 부상과 현상변경의 위협

21세기에 들어 자유주의 국제질서의 최대 도전자는 중국이다. 냉전 후반기에는 서방 진영과 함께 소련에 맞서던 중국이 1991년 소련 붕괴 이후 대러시아 관계 복구와 국경 확정 교섭을 통해 북방의 위협을 제거하였다. 그러나 2008년 세계금융위기 이후 서방 경제의 성장 정체를 목격한 중국은 국력에 대한 자신감을 강화하며, 서방에 대해 보다 도전적인 태도를 취하기 시작하였다. 중국의 국력 신장과 더불어 민족주의가 결합된 중국 중심의 제국적 세계관이 지도부에 투영되면서, 중국이 점차 자유주의 국제질서에서 이탈하는 조짐을 보이고 있다. 이는 시진핑 주석 집권기 들어 더욱 분명히 드러나기 시작하였다.

중국이 자유주의 국제질서에 제기하는 주요 도전과 위협은 다음과 같다.

① 다자주의를 중국적 가치와 영향력에 맞게 변형시키려는 '다자주의의 중국화'

② 기존 통합된 자유주의 국제질서를 여러 극으로 분할하려는 분열적 국제정치관

③ 자국 중심의 자급자족 산업구조를 추구하는 경제전략(쌍순환 경제전략 및 '중국제조 2025' 등)

④ 코로나19 시기 전면적 록다운(lockdown)과 같이 언제든 글로벌 공급망 차단이 가능한 반시장적 행태

⑤ 정부 주도의 중복 투자로 인한 과잉 생산을 해외에 덤핑하며, 외국 지적재산권 탈취 행위

⑥ 안보를 명분으로 자국 인터넷 플랫폼의 디커플링 및 공급망 무기화

⑦ 대만 통일 야망, 핵전력 강화, 주변국에 대한 영향력 확대 및 군사력 투사라는 수정주의 노선

⑧ 일대일로(一帶一路), BRICS, 상하이 협력기구(SCO) 등 대안적 다자 플랫폼 구축

이와 같은 중국의 행태는 자유주의 국제질서와 그 수혜자인 한국 및 일본에 중대한 위협 요인으로 작용하고 있다.

(c) 유럽의 지정학적 위기와 자유민주주의의 후퇴

자유주의 국제질서의 안정을 위해서는 미국과 인도태평양 지역의 자유주의 국가들뿐만 아니라, 이 질서의 발원지인 유럽 국가들과의 긴밀한 협력이 필수적이다. 그러나 유럽에서는 러시아의 우크라이나 침략으로 인해 자유주의 국제질서가 심각한 위기에 직면하고 있다. 유엔 안전보장이사회 상임이사국이자 최대 핵무기 보유국인 러시아의 우크라이나에 대한 군사적 침략과 그 전쟁의 종결 방식, 그리고 이후 우크라이나에 대한 안전보장 조치가 어떻게 이루어지느냐에 따라 러시아의 재침공 가능성도 배제할 수 없는 상황이다. 서방 국가들은 우크라이나 국민의 자유 의사를 존중해야 한다는 입장인 반면, 러시아는 우크라이나를 '로마노프 왕조의 대지'라 주장하며 이견을 굽히지 않고 있다. 해당 분쟁 과정에서 러시아는 핵무기를 동원한 협박도 서슴지 않았다.

NATO의 주축인 미국은 트럼프 2기 행정부 출범 이후 러시아와의 전쟁 종식을 모색하는 태도를 보였으나, 상황은 여전히 쉽지 않다. 아시아에 전략적 집중을 강화하고자 하는 미국은 러시아-우크라이나 전쟁의 중단 이후 유럽 방위에 대해 과거보다 소극적인 입장

을 취하며, 유럽 국가들의 자력 방위 노력을 촉구하고 있다. 이처럼 미국의 갑작스러운 소극적 태도는 유럽 내 위기 의식을 고조시키고, NATO 내부에서 국방력 강화와 조직 구조조정, 역할 재조정이 활발히 이루어지게 하였다. 이러한 변화에는 상당한 전환 비용(Transition Cost)이 수반될 것으로 전망된다.

한편, 유럽에서는 대규모 난민 유입과 이민 문제, 높은 실업률로 인한 극우 정당과 포퓰리즘의 부상이 두드러지고 있다. 이는 선진국 기업의 해외 이전과 산업 공동화, 그리고 저출산·고령화에 따른 외국인 노동자 유입 등이 복합적으로 작용한 결과이다. 이러한 사회적·경제적 변화는 보호주의와 내셔널리즘과 결합되기 쉽고, 자유주의 국제질서의 근간인 자유민주주의와 보편적 가치에 대한 심각한 도전으로 작용하고 있다.

(d) 트럼프 2기 행정부

트럼프 행정부의 재등장은 자유주의 국제질서의 불안정성을 심화시키고 있다. 앞서 언급한 바와 같이, 미국은 군사적·경제적으로 여전히 세계 최강국임에도 불구하고, 인도와 중국 등 글로벌 사우스 국가들의 부상이라는 전 지구적 산업화의 물결 속에서 상대적인 후퇴를 경험하고 있다. 미국이 제공해 온 국제사회의 안정과 자유무역을 통한 경제적 번영, 그리고 자유, 민주주의, 법의 지배와 같은 가치 체계가 점차 흔들리고 있으며, 이는 팍스 아메리카나(Pax Americana: 미국에 의한 평화)라 칭해지는 국제공공재의 취약화로 해석될 수 있다.

미국의 국력 저하에 따라 세계 리더십의 공백 우려가 커지고 있다. 유엔 헌장에 따라 세계 평화와 안보에 대한 책임을 부여받은 상임이사국 5개국(P5: 미국, 중국, 러시아, 영국, 프랑스) 중, 영국과 프랑스는 식민지 시대를 지나 이미 중견 국가로 위상이 축소되었으며, 러시아는 군사대국이지만 경제 규모는 한국과 유사한 수준에 머물러 있다. 또한, 러시아의 우크라이나 침공은 국제법 위반으로서 유엔 안전보장이사회 전체의 권위를 크게 훼손하였다. 한편, 중국은 유엔 헌장의 자유주의 가치에 반하여 소수민족 탄압과 일방적인 해양권 확대를 추진하고 있다. 유엔 안전보장이사회가 거부권 없는 재선 가능한 임기 4년의 준상임이사국을 추가하는 등의 개혁을 단행하지 않는 한, 현재의 안전보장이사회는 정통성과 실효성을 상실할 위험이 크다.

G7은 여전히 유럽 국가들에 편중되어 있어, 급격히 성장하는 인도태평양 지역에서의 리더십 발휘에 한계가 있다. 따라서 한국, 호주, 인도, 인도네시아 등을 정규 회원국으로 포함시키는 방안을 적극 검토할 필요가 있다. 한편, 중국과 러시아를 포함하는 G20이나 동아시아 정상회의(EAS)는 정치적 합의를 도출하기 어렵다는 한계가 있다. 이에 완전히 새로운 틀로서, 해양 권익과 연관된 자유주의 국가들을 중심으로 한국, 일본, 일부 동남아시아 국가, 호주, 뉴질랜드 등이 참여하는 서태평양 공동체 설립 방안을 모색해 볼 수 있을 것이다.

이미 미국이 세계의 '경찰관' 역할을 수행하던 시대는 지났으나, 트럼프 2기 행정부는 '미국 우선주의(America First)'를 선명하게 표방하며 미국의 국익을 최우선으로 하는 태도를 명확히 드러내고 있다. 이는 동맹국들에게도 공평한 비용 및 역할 분담을 요구하는 형태로 나타난다. NATO, 한미동맹, 미일동맹 등 핵심 동맹 체계에 대해서도 급격한 비용 부담 증대와 역할 분담 강화를 요구할 가능성이 크다. 미국은 전략적 초점을 유럽에서 아시아로 전환하고자 하나, 유럽과 아시아 모두에 대해 동맹국들에게 부담을 크게 늘리라고 강하게 요구하는 태도는 변함이 없다.

트럼프 2기 행정부가 기후변화와 같은 글로벌 환경 문제에 대해

회의적인 입장을 취하는 데 대해 우려가 커지고 있다. 또한, 일방적으로 높은 관세를 부과하여 무역 교섭을 자국에 유리하게 이끌고, 이민 제한 정책을 통해 국내 노동시장을 보호하려는 경향을 보이고 있다. 그러나 이러한 보호주의적 조치는 자유무역체제에 심각한 충격을 줄 뿐만 아니라 미국 경제 자체에도 부정적인 영향을 미칠 가능성이 크다. 트럼프 2기 행정부의 정책 방향이 장차 수정될 가능성은 있으나, 현 시점에서는 자유주의 국제질서에 대한 주요 우려 요인으로 작용하고 있다.

(e) 혼란의 축(Axis of disruption)과 수정주의국가의 핵(nuclear) 연대

러시아, 북한, 이란, 중국으로 구성된 소위 '혼란의 축'은 자유주의 국제질서에 근본적인 위협이 되는 주요 도전 요인으로 부상하고 있다. 이들 국가의 공통점은 지정학적 강대국 지위를 추구하는 시대착오적인 지도자가 존재한다는 점이며, 특히 중국과 러시아, 북한은 이미 핵무기를 보유하고 있고, 이란 또한 핵보유의 야망을 가지고 있다는 점이다.

이들은 마치 제국주의 시대 유럽 열강과 같이 자국 영토 또는 해외 권익의 확장과 영향권 구축을 외교·안보 목표로 삼고 있다. 이는 일방적인 무력에 의한 현상 변경을 용인하지 않는 자유주의 국제질서에 명백히 반하는 수정주의적(revisionist) 행태이다. 따라서, 이들의 모험적 행동은 자유주의 국제질서에 근본적인 위협이 된다. 예를 들어, 러시아의 우크라이나 침공과 중국의 핵전력 강화는 자유주의 국제질서뿐 아니라 한국과 일본에 직·간접적인 실존적 위협을 가하고 있다. 특히 북한, 중국, 러시아는 한국과 일본의 직접적인 이웃 국가로서, 이들이 무력 분쟁을 야기할 경우 한일 양국은 즉각적으로 전쟁에 휘말릴 가능성이 매우 높다.

이들 국가가 평상시 전략적 연합을 형성하고 유사 시 공동 행동에 나설 경우, 핵무기를 보유하지 않은 한국과 일본에 근본적인 위협으로 작용할 수 있다. 이에 한일 양국과 미국은 공격 무기(중거리 미사일 등)에서부터 핵무기 사용에 이르는 분쟁의 에스컬레이션을 엄밀히 관리하고, 북·중·러의 어떠한 도발에도 항상 우위를 점하며 유연하게 대응할 수 있는 방어 태세 구축이 필수적이다. 이와 관련하여 향후 등장할 수중발사, 공중발사, 지상배치형 전술핵을 탑재한 미국 미사일의 배치 문제도 포함되어야 한다. 그렇지 않으면 미국의 확장억제 실효성이 훼손되고, 동맹국 측에서 미국의 확장억제에 대한 신뢰도 역시 약화될 우려가 있다.

(f) 정보기술 및 인공지능(AI)의 발전

정보기술의 급속한 발전은 사이버 공간이 전 세계 물리적 인류사회를 포괄하는 현상을 초래하였다. 매일 방대한 양의 데이터가 사이버 공간을 통해 흐르고 있으며, 전 세계 대부분의 인구가 스마트폰을 보유한 시대가 되었다. 인공지능 기술의 활용으로 언어 장벽이 사실상 사라져 가고 있다. 이러한 환경 속에서, 평범한 시민들도 스마트폰을 통해 쏟아져 나오는 막대한 정보를 바탕으로 정치적 각성을 경험하고 있으며, 이는 새로운 민주주의 시대의 도래를 의미한다.

라디오의 등장 시기에 히틀러가 출현했던 것처럼, 미디어 기술이 급격히 발전할 경우 과격한 포퓰리즘이 확산되기 쉽다. 새로운 정치적 각성을 경험한 시민들이 정치적으로 성숙하고 현명해지는 것 외에는 이러한 현상을 방지할 뚜렷한 수단이 없다. 따라서 청소년 교육의 역할이 매우 중요하다.

투명성이 확보된 열린 자유주의 사회일수록 독재국가 등으로부터 악의적인 가짜 정보와 영향력 공작(工作)이 성공할 가능성이 높다. 자유주의 사회의 분열과 분단, 그리고 계급 및 인종 간 증오를 조장해 사회 단결을 훼손하는 인지전(Information Warfare)이 점차 활발해지고 있다. 한일 양국은 뛰어난 정보기술 역량을 갖춘 선진국으로서, 가짜 정보 대응과 관련한 국제사회 대책 마련에서 주도적 역할을 수행해야 할 책임이 있다.

2. 한일 전략적 동반자 관계

(1) 공통의 과제

한국과 일본은 자유주의 국제질서 수호라는 공통의 정책 플랫폼을 기반으로, 글로벌 공급망의 안정적 확보 및 관리, 북한 핵 문제와 중국 및 러시아의 세력 확장에 대한 대응, 그리고 트럼프 행정부 하에서 진행되는 동맹 조정이라는 공동 과제에 함께 대처해야 한다. 아울러, 기후변화라는 글로벌 현안과 인공지능(AI) 기술 확보 및 규제라는 시대적 변화의 과제도 공유하고 있다.

한일 양국은 경제안보 차원에서 중국과 미국 시장 간의 디커플링과 이에 따른 세계 경제의 부분적 블록화 현상에 능동적으로 대응해야 한다. 또한, 미국이 동맹국들에게 요구하는 방위비 분담 확대와 보다 강력한 방어 태세 구축 요구에 효과적으로 대응하는 동시에, 미국의 확장억제 정책이 실효성을 갖도록 보장하고 동맹국에서의 신뢰를 강화하는 데에도 힘써야 한다. 한편, 인도, 브라질, 동남아시아 등 신흥 공업국가들을 자유주의 국제질서로 이끌어내는 노력을 공동으로 추진하는 것이 중요하다. 대만 유사사태의 억제와 북한 핵 개발 저지 역시 공동 안보 과제로서, 긴밀한 협력이 요구된다. 중국의 공급망 무기화와 경제적 강압 외교에 대한 대응도 긴급한 현안이며, 점점 심각해지는 중국, 러시아, 북한의 사이버 위협과 프로파간다, 인지전에 대해서도 효과적인 대응체계를 마련해야 한다.

국내적으로는 인구 감소에 따른 병력 자원 부족과 노동력 및 국내 시장 축소 문제, 그리고 저출산·고령화가 초래하는 복지 재정 부담 증가에도 공동으로 대비해야 한다. 미래 기술 분야에서는 인공지능과 녹색 에너지 등에서 미·중에 뒤처지지 않도록 협력하며 국제 표준 설정을 둘러싼 국제 협력도 강화해 나가야 할 것이다.

(2) 협력의 방향과 제언

(a) 양자협력보다 다자협력을 중심으로 과학, 기술협력

한일 양국 간 양자협력은 여전히 역사 문제로 인해 진전이 어려운 상황이며, 특히 한국 국민 정서를 고려할 때 직접적인 군사 협력 증진 또한 쉽지 않은 과제다. 이에 따라 협력의 무대를 기존의 다자 무대나 새로운 다자 플랫폼으로 확장하여, 과학기술 및 문화 분야와 관련된 협력관계를 중심으로 추진할 것을 제안한다.

한일 양국은 유엔(UN), 세계무역기구(WTO), APEC, G7, G20 등 전통적인 다자 틀뿐만 아니라, 쿼드(QUAD)나 오커스(AUKUS)와 같은 새로운 소규모 다자 무대에서도 협력과 분업을 모색할 수 있다. 예를 들어, 한-미-일-호 또는 한-미-일-캐나다 간의 인공지능(AI) 및 양자기술 협력체인 '태평양 횡단 쿼드(Trans-Pacific QUAD, TPQ)'를 새롭게 구상하여 협력의 틀로 삼는 방안도 가능하다. 또한, 문화산업과 과학기술, 소프트파워, 미래 아젠다 설정을 목표로 하는 다자 EXPO를 한국, 미국, 일본, 영국, 프랑스 등이 참여하는 '가칭 C5(Creative 5)'로 구성하여 매년 공동 개최하는 방안도 검토해 볼 수 있다. 이와 함께, 기존 G7에 한국, 호주, 인도, 인도네시아 등을 포함하여 G10 또는 G11로 확대 개편하고, 이를 바탕으로 한일 양국 간 협력도 강화하는 것이 바람직하다.

(b) 과거와 감정의 문제에서 미래와 이성의 과제로 접근

한일관계는 과거 역사 문제와 민족주의, 자존심, 일방적인 세계관에 갇혀 협력의 기회를 자주 놓쳐왔다. 그러나 양국이 자유주의 국제질서라는 미래 지향적 시장질서와 이성 및 과학을 기반으로 한 근대적 국제질서에 함께 참여하면서, 오해와 갈등이 무력 충돌이나 단절로 이어지는 것을 방지할 수 있었던 것은 분명한 사실이다. 즉, 한일 양국은 미래와 이성, 그리고 시장을 통해 역사적 문제와 지정학적 갈등을 극복하는 기적을 이뤄냈다. 이에 따라 앞으로 양국 협력 의제는 기후변화와 녹색 성장, 디지털 전환과 실업 문제, 인공지능(AI)과 양자기술(Quantum Technology) 안전 플랫폼 구축, 가상현실(Virtual Reality), 메타버스(Metaverse), 공간컴퓨팅(Spatial Computing) 등 전 세계를 아우르는 가상 공간 경제 규칙 설정, 인구 문제 등 미래 지향적 과학과 이성을 중심으로 한 분야에 집중할 필요가 있다.

(c) 기성세대에서 차세대로 – 한일 전략적 동반자 관계의 구축

서로 다른 국가의 서로 다른 세대는 각기 다른 시대를 경험하며 마음속에 깊은 각인을 남겼다. 윗세대인 기성세대 간의 협력은 확고한 세계관 차이로 인해 역사 문제를 뛰어넘어 미래지향적인 협력으로 나아가기 어려운 실정이다. 반면, 청년과 젊은 세대인 차세대는 인류 보편적 가치를 공유하고 과거에 대한 역사적·민족적 편견이 상대적으로 적으며, 새로운 미래 기술에 빠르게 적응하는 특성을 지녀 기성세대보다 훨씬 높은 협력 가능성을 보유하고 있다. 현재 한일협력 플랫폼은 주로 기성세대 중심, 전통적인 플랫폼, 논쟁적인 아젠다에 치중하는 경향이 있어, 이를 보다 창의적이고 역동적이며 미래지향적인 차세대 중심의 플랫폼으로 전환하는 노력이 절실하다. 특히 바이든 행정부 하에서 본격화된 한미일 전략적 관계를 더욱 심화시키는 일은 새로운 세대가 주도할 때 비로소 가능할 것이다.

지역안보를 위한 한일 및 한미일 협력 비전

1. 문제 제기

1965년 한일 국교 정상화는 냉전 시대 미국과 각각 동맹을 맺고 있던 한국과 일본에게 공동의 안보 태세를 강화하는 중요한 계기였다. 1968년 8월 한일 정부 각료 간 공동성명과 1969년 11월 사토-닉슨 미일 정상회담 공동성명에서 공통적으로 "한국의 안보가 일본의 안보에도 긴요하다"는 것을 명확히 한 것은 양국 간 안보의 상호 의존성과 협력의 중요성을 확인한 것이었다.

이후 한일 양국은 각자의 국내 상황과 변화하는 국제 정세 속에서도 점진적으로 안보협력의 제도화를 추진해 왔다. 1970년대와 1980년대 냉전 기간 동안 양국 군 고위급 간 인적 교류가 시작되었으며, 1990년대 이후에는 1998년 김대중-오부치 공동성명에 명시된 안보 대화 및 방위 협력 활성화 방침에 따라 공동 동맹국인 미국과 함께 북한 핵 개발 관련 정보를 공유하는 3국 간 협력이 모색되었다. 또한 한국군과 일본 자위대 간 부대 교류 및 한일 공동훈련을 통해 상호 신뢰를 구축해 왔다.

한일 양국은 2000년대 이후 외교와 경제뿐만 아니라 국제안보질서에서의 위상과 역할을 지속적으로 확대해왔다. 현재 국제안보질서에서는 강대국 간 경쟁이 심화되고 있으며, 러시아의 우크라이나 침공, 중국의 대만에 대한 군사적 압박, 그리고 북한의 고도화된 핵능력과 공세적 군사태세가 국제질서의 안정을 바라는 한국과 일본에게 공동 대응해야 할 중대한 도전 과제로 대두되고 있다. 국교 정상화 60주년을 맞은 한일 양국은 한반도와 글로벌 안보질서의 안정 확보를 위해 양자 간 안보협력을 더욱 강화하는 것이 필수적인 안보정책 과제로 자리잡고 있다.

2. 한반도 및 글로벌 안보질서의 불안정성

1990년대 이후 국제질서는 냉전기의 대립을 넘어 미국과 러시아 간 상호 협력적 조약과 제도들이 마련되면서 대화와 협력의 국면으로 변화되었다. 탈냉전기에 접어든 두 강대국은 START 조약, 모스크바 조약, 2010년의 New START 조약 등을 체결하여 상호 핵군비통제를 실행했다. 1992년에는 오픈 스카이(Open Sky) 조약을 통해 상호 군비통제 검증을 위해 영공을 개방하는 결정을 내리기도 했다. 또한, 1998년 러시아를 선진 경제국가들의 그룹인 G7에 포함시켜 G8 체제로 확대하는 등 협력의 폭을 넓혔다. 미국은 러시아뿐 아니라 당시 덩샤오핑 주도의 개혁개방 정책을 추진하던 중국을 세계무역기구(WTO)에 가입시키며 '책임 있는 강대국(responsible stakeholder)'으로서의 역할을 기대했다.

이와 같은 탈냉전기 강대국 간 협력 기조 속에서 한반도에서도 남북한은 1991년과 1992년에 걸친 남북기본합의서 체결로 상호 관계를 통일 과정에 있는 민족 관계로 규정하였고, 남북 비핵화 공동선언을 통해 핵무기 개발, 보유, 배치 금지 등을 약속하는 합의를 맺었다. 그러나 2010년대 이후 국제사회는 냉전 시대를 방불케 하는 강대국 간 대립으로 재편되기 시작하였고, 남북 관계 역시 북한의 핵능력 고도화에 따라 군사적 대립 양상이 노정되고 있다.

(1) 강대국 간 전략경쟁 시대의 재도래

2010년대 이후 미국과 중국 간의 패권 경쟁과 전략적 경쟁이 빠르게 심화되고 있다. 중국은 일본을 제치고 세계 2위의 경제대국으로 부상하였으며, 강화된 국력을 바탕으로 군사, 경제, 과학기술 등 여러 분야에서 미국의 기존 위상에 도전하고 있다. 특히 2012년 시진핑 정부 출범 이후 이러한 도전적 양상은 더욱 뚜렷해졌다. 중국은 남중국해와 대만해협에서 '9단선' 등 영유권 주장을 강화하며 필리핀, 베트남 등과의 분쟁을 지속하고 있다. 이에 대응하여 미국은 인도·태평양 전략을 공식화하고 일본, 호주, 인도와 쿼드(QUAD)를 결성하였으며, 자유항행 작전을 빈번히 실시하면서 중국의 군사력 확장을 억제하는 태세를 확립하고 있다. 또한, 미국은 영국, 호주와 함께 AUKUS 조약을 체결하여 호주에 원자력 잠수함 기술을 제공하는 등 전략적 협력을 강화하고 있다.

그에 더해 러시아는 2014년 크리미아 반도 병합과 2022년 2월의 우크라이나 침공을 통해 기존 국제질서 및 국제법 규범에 도전하였다. 미국은 우크라이나의 전쟁 수행을 직·간접적으로 지원하면서 러시아와 대립 관계를 형성하게 되었다. 그 과정에서 러시아는 탈냉전기에 참여하던 G8에서 배제되었으며, 포괄적 핵실험금지조약(CTBT) 탈퇴 선언에 이어 미·러 간에 체결된 New START(Strategic Arms Reduction Treaty) 핵군비통제 조약이 2026년 만료 시점에 갱신되지 못하고 종료되게 되었다.

트럼프 제2기 행정부 출범 이후 미국은 캐나다, 그린란드 및 파나마 운하 등에 대한 관할권을 주장하는 동시에, 우크라이나에 대한 간접적 군사 지원의 중단을 표명함으로써 국제안보질서의 불안정을 심화시키고 있다. 이로 인해 현 국제질서는 러시아와 미국 등 강대국들이 일방적 국가 이익을 추구하고 상호 전략적 경쟁을 격화시키는 국면으로 전환되고 있다. 이러한 핵보유 강대국 간 대립과 갈등의 심화는 다른 지역에도 부정적 파급 효과를 가져오며, 상당 기간 지속될 가능성이 높다.

(2) 한반도의 신냉전적 양상

강대국 간 대립이 심화되는 가운데, 북한의 불량국가적 행태는 역내 긴장을 더욱 고조시키고 있다. 북한은 2006년 제1차 핵실험을 감행한 이후 2017년까지 총 여섯 차례 핵실험을 이어갔으며, 그 결과 '핵무력 완성'을 선언하였다. 2019년 하노이 북·미 회담 결렬 이후 북한은 2022년 9월 「핵무력 정책법」을 공포하여 핵 선제 사용 조건을 다섯 가지로 확대하는 등 공세적 핵전략을 밝혔다. 한편, 우크라이나 전쟁을 수행 중인 러시아는 북한으로부터 포탄과 미사일 등 무기를 지원받았으며, 2024년 6월 19일 푸틴 대통령이 직접 평양을 방문해 양국관계를 재정의하는 「포괄적 전략적 동반자 관계 조약」을 체결하였다. 이 조약에서 양측은 일방이 군사적 공격을 받을 경우 지체 없이 모든 수단을 동원해 군사적·비군사적 협력을 제공하기로 약속함으로써 사실상 군사동맹의 부활을 선언하였다. 북러 조약 체결 이후 2024년 10월부터 북한군 약 1만 2천 명이 러시아에 파병되어 쿠르스크 전선에 직접 참전하기 시작하였다. 북한군의 우크라이나 전선 파병은 2020년대 이후 나토 정상회의와 국방장관 회의에 파트너 국가로 각각 참가하고 있는 한국과 일본이 글로벌 안보질서 안정을 위해서도 협력을 확대해야 할 중요한 요인이 되고 있다.

3. 한국의 안보 자산으로서 한일협력, 미일동맹, 일본 내 유엔사 후방기지

국제안보질서의 불안정성 증대와 북한의 핵능력 고도화, 그리고 우크라이나 전선 파병 등 공세적인 대외전략은 한국과 일본의 안보에 공동의 위협 요인으로 작용하고 있다. 이에 대응하여 한국은 자체적인 3축 체계 강화를 통해 억제력을 증대시키고 있으며, 한미동맹 차원에서는 핵협의그룹(Nuclear Consultative Group, NCG) 설립을 통해 미국과의 확장억제태세를 강화해왔다. 또한, 2022년 발표된 인도-태평양 전략 하에서 국제안보질서 안정에 기여하기 위한 역할 확대를 분명히 하였다.

한편, 일본은 2022년 12월 공표한 국가안보전략에서 북한, 중국, 러시아를 잠재적 위협 요인으로 명시하고 이에 대응해 일본의 안보 역량 강화, 미일동맹 강화, 그리고 쿼드(Quad) 및 한국 등 유사 입장 국가들과의 안보협력 강화를 표명하였다. 이에 따라 방위비 증액과 자위대의 반격 능력 등 군사력 강화를 적극 추진하고 있다. 일본은 1953년 한국전쟁 정전 이후 설치된 7개 유엔사령부 후방기지를 지속적으로 지원해왔으며, 미일동맹 차원에서는 2015년 체결한 가이드라인에 따라 중요 영향사태 및 존립위기사태 시 집단적 자위권을 한정적으로 행사해 미일 공동 작전을 수행할 수 있는 체계를 구축하였다. 한국은 일본의 이러한 안보정책 변화와 미일동맹 태세 강화, 그리고 일본 내 7개 유엔사령부 후방기지의 존재를 한반도 안보 태세 구축에 있어 중요한 자산으로 인식하고, 한일 및 한미일 안보협력을 통해 이들 자산을 효과적으로 활용할 필요가 있다.

나아가 한국과 일본은 세계적 수준에 도달한 양국의 경제력과 군사력, 그리고 국제적 위상을 바탕으로 북한의 군사적 위협 억제는 물론, 러시아-우크라이나 전쟁의 장기화, 중국의 강압적 외교 행위, 그리고 미국 트럼프 행정부의 일방주의적 대외정책 전망 등으로 인한 강대국 간 대립 완화에 기여해야 한다. 또한, 양국은 세계 안보질서의 안정을 유지하기 위한 안보정책 개발과 추진에 있어서도 공동의 노력을 경주할 필요가 있다.

4. 한일 및 한미일 안보협력의 방향

한일 또는 한미일 간 안보협력은 크게 두 가지 목표를 중심으로 추진될 수 있다.

첫째, 북한의 핵 위협 등 군사적 위협에 대응하기 위한 공동 억제 태세를 강화해야 한다. 현재 한일 간에는 북한의 핵·미사일 및 군사 동향에 대한 정보 공유를 위해 GSOMIA(군사비밀정보보호협정) 체제가 정상적으로 가동 중이며, 한미일 간에도 정보공유 체계가 구축되어 있다. 또한, 한일과 한미일 연합 해상 및 공중 훈련, 다영역(Multi-Domain) 훈련 등이 정기적으로 실시되고 있다. 이러한 성과를 토대로 다음과 같은 추가적 토대 구축과 협력 강화가 필요하다.

(1) 군사·비군사 안보 분야에서의 실질 협력 강화 및 제도화

안보 분야에서의 한일협력은 역사적 및 정치적으로 민감하지만, 북한의 핵·미사일 위협과 북러 연대 강화 등 구조적 도전 속에서 어렵지만 불가피한 과제로 부상하고 있다. 따라서 동북아의 불확실한 안보 환경에 대응해 군사 및 비군사 안보 분야의 협력의 강화 및 제도화가 요구된다. 이를 위해, 위기 시 소통 강화를 위한 방위 당국 간 핫라인 등 정보공유 체계 구축, 항공 및 해양 감시 정보 공유, 국방기술·방산 협력 확대 등 군사 안보 분야에서 실질 협력을 강화하고, 사이버, 재난, 해양안보, 인도주의 지원 등 비군사 분야에서의 다층적 협력 및 대응체계를 확고히 해 나가야 한다.

(2) 한미일 및 한미일호 간 확장억제 공조 태세 구축

북한의 핵 위협 억제를 위해 비핵국가인 한국과 일본은 그동안 개별적으로 미국의 확장억제에 의존해 왔다. 그러나 향후에는 한일 간 또는 호주를 포함하는 한일호(韓日豪) 확장억제 협력 체제를 구축하여 북한 핵 위협뿐만 아니라 글로벌 핵 질서에 관한 정보 공유를 활성화하고, 미국 확장억제의 신뢰성을 제고하기 위한 상호 협력을 촉진할 필요가 있다.

(3) 기존 유엔사 회원국에 한국과 일본의 적절한 포함 방안

유엔사령부는 한반도 정전체제 관리와 유사시 한미연합사에 전력을 제공하는 임무를 담당하고 있다. 일본은 7개 유엔사 후방기지를 관리하는 역할을 수행해왔으나, 유엔사 정책 협의에는 참여하지 않고 있다. 이를 보완하기 위해 일본에 유엔사 옵서버 지위를 부여하는 한편, 유엔사의 호스트 국가인 한국군 장성에게도 유엔사 참모 역할을 부여하는 방식으로 정전체제를 보완할 필요가 있다.

둘째, 한일 및 한미일 간에는 인도·태평양 지역 질서와 글로벌 안보질서의 안정을 위해 협력을 확대해야 한다. 이를 위해 다음과 같은 과제를 고려할 수 있다.

(1) 한국과 일본 주도의 인도·태평양(IP4) 국가들과 나토 동맹 간 전략적 연대 확대

러시아의 우크라이나 침공은 국제질서와 국제규범에 대한 중대한 도전이다. 더욱이 북한이 러시아와 포괄적 전략 동반자 관계 조약을 체결하고 1만 명 이상의 병력을 우크라이나 전선에 파병한 것은 북한의 군사력 강화가 한반도 주변의 전략환경을 심각하게 위협하고 있음을 보여주는 사안으로, 한국과 일본이 상당한 주의를 기울여야 한다. 한국과 일본은 호주, 뉴질랜드 등과 함께 2022년 이후 나토 정상회의 및 국방장관 회의에 정기적으로 참석하고 있는 점을 기반으로, 인도·태평양(IP4) 국가들과 나토 국가 간 협의체를 구성할 필요가 있다. 이를 통해 러시아의 우크라이나 침략 사례와 북한군의 파병 상황에 관한 정보 공유를 활성화하고, 공동 대응 방안을 모색해야 한다. 이 협의체는 또한 인도·태평양 지역 내 중국의 강압 외교에 대해 나토 국가들로부터 안보협력을 제공받는 역할도 할 수 있을 것이다.

(2) 한국과 일본의 AUKUS 필라 Ⅱ 공동 참가

2021년 미국, 영국, 호주는 호주에 원자력 잠수함을 제공하기 위해 AUKUS 협정을 체결했으며, 첨단기술 분야 협력을 위한 협의체를 'AUKUS 필라 Ⅱ' 형태로 별도로 구축하였다. 반도체, 로봇, 양자컴퓨터, 인공지능 등 첨단 과학기술 분야에서 세계적 경쟁력을 보유한 한국과 일본은 AUKUS 필라 Ⅱ 플랫폼에 공동으로 참가하여 민주주의 국가들의 전반적인 안보 능력 강화에 기여해야 한다. 아울러 미국, 일본, 호주, 인도 등이 참여하는 쿼드(Quad)와 관련해서도, 2022년 인도·태평양 전략을 발표한 한국의 참가를 모색하는 방안이 필요하다.

(3) 중국·러시아·북한의 군사력 증강에 대응한 미국 재래식 및 핵능력 강화 지원을 위한 포괄적 협력 확대

북한의 핵능력 증강에 더해, New START 조약에서 탈퇴한 러시아는 향후 핵 능력을 증강할 가능성이 높으며, 중국 또한 2035년까지 핵탄두 1,500기 수준으로 급속히 핵전력을 확장하려 하고 있다. 특히 북러 간 전략적 동반자 조약 체결로 두 나라 간 핵태세 강화 가능성도 배제할 수 없다. 이에 대응하기 위해 미국은 재래식 군사능력과 핵전력 태세를 재구축할 필요가 있다. 한국과 일본은 세계적 수준의 제조업 역량을 활용해 미국의 이러한 노력에 적극 지원해야 하며, 더 나아가 NATO식 핵공유 체제 구축과 전술핵 공동 배치 가능성도 함께 모색할 수 있다.

(4) 중국·러시아·북한 연대 강화를 저지하기 위한 21세기형 데탕트 정책 추진

중국은 대만 및 남중국해 지역에서 공세적인 군사 태세를 전개하고 있으나, 러시아와 북한 간 협력 강화에 대해서는 신중한 태도를 보이고 있다. 한국과 일본은 2008년 이후 지속되어온 한일중 3국 협력 체제를 기반으로, 중국을 러시아-북한 간 연대 강화에서 분리시키기 위한 협력을 모색할 필요가 있다. 나아가 유엔, WTO 등 국제기구를 통해 국제안보질서와 경제 질서의 안정을 위해 중국이 건설적인 역할을 수행하도록 공동으로 촉구하는 노력이 요구된다. 이러한 대중 공동 외교 노력은 나토 국가들과의 협의 병행을 통해 더욱 효과적으로 추진될 수 있을 것이다.

II

인도태평양 질서 구축과 한일의 전략적 연계

글로벌 거버넌스 선도를 위한 한일 파트너십 확대

2025년 국제질서는 우크라이나 및 중동·아프리카 일부 국가에서의 전쟁, 미중 간 전략 경쟁 심화, 권위주의 세력 확산, 그리고 글로벌 공공재 제공의 난항 등 복합적 위기에 직면해 있다. 팬데믹, 기후변화, 식량 위기, 물과 에너지 부족, 난민 문제 등 초국가적 문제들은 여전히 방치되고 있으며, 디지털 및 인공지능(AI) 신기술의 급속한 발전은 이전에 경험하지 못한 새로운 도전 과제를 제기하고 있다. 국제사회는 이러한 도전에 공동 대응하기보다는 강대국 중심의 외교에 휘둘리며 분열 양상을 보이고 있다. 특히 인도·태평양 지역에서는 미중 전략 경쟁이 격화됨에 따라 다자 협력에 앞장서던 중견국들이 자율성과 영향력 확보에 어려움을 겪고 있다.

미국우선주의를 내세운 트럼프 행정부 제2기의 출범은 지난 수년간 회복되어 온 다자협력 질서의 진전을 크게 저해했다. 가치 기반보다는 이익 중심의 거래주의 외교는 동맹관계의 경시로 나타났고, 다자기구에 대한 불신으로 인해 파리기후변화협정과 세계보건기구(WHO) 탈퇴가 재현되었다. 또한, 상호관세 도입과 보호무역주의 강화는 자유무역 체제의 근간을 흔들고 있다. 또한, 미국국제개발처(USAID)의 폐쇄 등 개도국 발전 지원 및 민주적 거버넌스 강화 노력의 축소는, 글로벌 사우스 지역에서 중국과 러시아 같은 권위주의 국가들의 전략적 입지를 확대하는 역설적인 결과를 초래하고 있다.

한국과 일본은 아시아를 대표하는 자유민주주의 국가로서 유사한 외교·경제·안보 환경을 공유하고 있다. 양국은 각각 한미동맹과 미일동맹의 파트너이자, 그간 강화되어 온 한미일 삼자협력을 통해 인도·태평양 지역과 전 세계에서 평화와 번영을 위한 공동 노력을 지속해왔다. 현 국제질서의 불확실성 시대를 맞아 한일 양국은 단기적 대응을 넘어 보다 구조화되고 제도화된 협력 체계 구축을 모색해야 한다. 인도·태평양 지역은 물론 유럽연합(EU), 중앙아시아 및 기타 글로벌 사우스 지역에서도 다자협력 틀 안에서 한일협력을 강화하여 국제법과 민주적 규범에 기반한 규칙기반 질서 옹호 및 공공재 제공에 앞장서야 한다.

1. 다자협력 속 한일협력

한일 양국은 서로 다른 역사적 배경과 경로를 통해 다자주의를 발전시켜왔다. 한국은 냉전기 한미동맹 중심의 양자 외교를 출발점으로 삼아 경제 성장과 국제적 위상 제고를 바탕으로 점진적으로 다자협력을 확대해왔다. 반면 일본은 전후 평화국가로서의 정체성과 경제력을 기반으로 일찍부터 다자외교의 틀을 구축했으며, 미일동맹을 축으로 국제적 역할을 안정적으로 확장해왔다. 외교 기조에는 차이가 존재하지만, 현재 양국은 유엔, G20, OECD, 인도·태평양 지역 등 다양한 다자 무대에서 주요 행위자로 활동하고 있으며, 주요 국제기구의 의사결정 및 투표 행위에서도 높은 일치도를 보이고 있다.

글로벌 차원에서 한일 양국은 다자체제의 회복과 혁신을 위해 파트너십을 강화해야 한다. 유엔 안전보장이사회의 무력화에 대응하여 대표성과 지역 균형성을 제고하는 개혁 논의에 적극 참여하고, 총회에서는 글로벌 규범 수호와 정책 조율 강화를 위한 공동 이니셔티브를 추진해야 한다. 또한, 개발, 기후, 인권, 보건 등 유엔 산하기구 프로그램에 함께 참여하여 지구적 문제 해결에 기여해야 하며, G20, WTO, WHO, OECD 등 주요 국제기구에서도 긴밀한 협력을 통해 민주주의, 법치주의, 시장경제 등 핵심 가치를 수호해야 한다. 특히, 한국은 G7 정회원 가입을 실현하여 선진국 클럽 내에서 적극적인 역할을 수행하고자 하며, 향후 G7 확대가 이루어질 경우 아시아의 목소리를 강화하는 차원에서 한국 가입에 대한 일본의 적극적인 협력과 지지가 바람직하다.

인도·태평양 지역에서 한일협력은 최근 수년간 실질적인 진전을 이루고 있다. 양국은 공급망 안정과 경제안보 강화라는 공동의 전략 과제를 인식하고 있으며, 일본은 소재·부품·장비 분야에서, 한국은 반도체, 배터리, 인공지능(AI) 기술 분야에서 각각 강점을 보유하여 상호보완적 파트너로 협력할 수 있다. 특히 한국의 '포괄적·점진적 환태평양 경제동반자협정(Comprehensive and Progressive Agreement for Trans-Pacific Partnership, CPTPP)' 가입과 관련된 문제도 절차적 검토와 요건 심사를 넘어, 역내 공급망 재편, 기술 규범 설정, 전략적 민감 재화 보호 등 경제안보의 핵심 분야에서 양국 간 실질적 연계와 공동 전략 구상이 확대될 가능성이 크다.

아세안(ASEAN)은 한일 양국 모두에게 중요한 지역이다. 문재인 정부의 '신남방정책'은 경제·외교 다변화에 중점을 두면서 안보 문제에서는 중립을 유지한 반면, 윤석열 정부의 '한-아세안 연대구상(Korea-ASEAN Solidarity Initiative, KASI)'은 정치·안보 협력을 강화하여 인도태평양 전략과 연계하는 방향을 명확히 하였다. 한편, 일본은 '자유롭고 열린 인도태평양(Free and Open Indo-Pacific)' 구상을 통해 아세안과의 다차원적 연결성을 추진해왔다. 이러한 전략적 인식 차이가 일부 이슈에서 공동 메시지 형성이나 정책 조율에 어려움으로 작용할 수 있으나, 한일 양국은 아세안 중심성을 넘어 더 효과적인 다자협력을 추구한다는 공통 이해를 바탕으로, 아세안 관여 정책에서 이슈별 공동 대응과 선제적 외교를 펼칠 필요가 있다.

한일협력은 전략적 가치가 점차 증대하고 있는 중앙아시아로 외연을 확장할 필요가 있다. 유럽과 아시아를 잇는 요충지인 중앙아시아는 구 소련에 속했던 5개 공화국과 아프가니스탄을 포함한다. 이 지역은 러시아와 중국 같은 인접 강대국보다는 한일과 같은 제3의 신뢰할 수 있는 파트너를 선호하는 특징이 있다. 양국은 공적개발원조(ODA), 교육, 보건, 제도 역량 강화 등에서 상호보완적인 자산을 활용해 실질적인 기여를 할 수 있다. 중앙아시아의 발전과 안정에 기여하기 위해, 한일은 이 지역이 특정 국가의 영향력에 편중되지 않도록 균형자 역할을 수행하며, 유라시아와 인도·태평양 지역 간 연결을 촉진할 수 있다.

2. 한미일 3자협력 강화와 지속가능성을 위한 한일협력

최근 수년간 윤석열 정부와 기시다 정부 간 한일관계가 크게 개선되면서 한미일 3자협력에서 취약했던 연결 고리가 회복되었다. 한국 정부는 2022년 12월 인도·태평양 전략을 발표하며 포용, 호혜, 신뢰의 3대 원칙 아래 "규범과 규칙에 기반한 인도·태평양 지역 질서 구축" 등 9개 핵심 과제를 제시하고, 한미일 3자협력 및 이를 뒷받침할 한일관계 개선을 강조한 바 있다. 이와 같이 공고한 한미동맹에 한일관계 강화를 더함으로써 한미일 3자협력이 단순한 협력 체계의 통합을 넘어 인도·태평양 지역의 안보와 번영에 핵심적 역할을 수행한다는 인식이 공유되고 있다.

2023년 발표된 '캠프 데이비드 정신: 한미일 정상회의 공동성명'

은 한미일 3자협력의 정신과 비전을 제시하며 협력의 구조를 확립하였다. 해당 성명은 "모든 영역과 인도·태평양 지역 및 그 너머에 걸쳐 3국 협력을 확대하고 공동 목표를 새로운 지평으로 끌어올릴 것"이라 규정하고 있다. 구체적으로 경제 회복력과 번영 증진, 지역 및 글로벌 평화와 안보를 위한 한미동맹과 미일동맹 간 전략적 공조, 민주주의 증진과 인권 보호를 위한 공조 강화를 목표로 한다. 이를 위해 성명은 정상급을 포함한 주요 분야 장관급 소통 메커니즘의 3자화, 한국과 일본에 대한 미국의 확장억제 공약을 위한 연례 3자 훈련 정례화, 경제안보 및 기술 분야에서의 3자 협력, 공급망 교란 대응을 위한 파트너십 강화 등 다양한 협력 분야를 명시하였다.

그러나 미국의 정권 교체와 한일 양국의 국내 정치 불안으로 인해 한미일 3자협력의 리더십과 추진 동력이 약화되고 있다. 트럼프 2기 행정부가 한미일 협력을 중시하도록 하기 위해서는 단순한 미군 주둔 분담비용 증액과 같은 소극적 대응에 그치지 않고, 한일과의 협력이 인도·태평양 지역에서 미국 주도의 규칙 기반 질서 유지 및 우세(primacy)에 실질적으로 기여한다는 점을 강조해야 한다. 동시에 한일 양국은 강화되는 미중 경쟁과 대립이 군사적 충돌로 비화되지 않도록 미중 간 긴장 완화에도 적극 노력해야 한다. 이를 위해 한일은 동맹국인 미국과의 협력을 최우선으로 하되, 중국과도 다양한 비군사적 분야에서 협력관계를 발전시켜 중국으로부터 신뢰를 구축할 필요가 있다.

3. 한일중 협력을 위한 한일협력

미중 경쟁이 심화되는 가운데, 미국의 주요 동맹국인 한일은 한미일 3자협력에 주력하면서 한일중 3자협력은 동력이 약화되었다. 그러나 1990년대 후반부터 2000년대 초반까지 한일중 3국은 동아시아 지역 협력에서 의미 있는 진전을 이룬 경험이 있다. 최근 한일중 협력은 재정비 단계에 접어들기 시작했다. 2023년에는 보건과 문화 콘텐츠 분야에서 실질적 협력이 착수되었으며, 2024년 5월 서울에서 제9차 한일중 정상회의가 개최되었다. 당시 채택된 공동선언문은 정상회의, 외교장관회의, 고위급 실무회의 등 협의체의 정례화를 명시하였고, 제8차 정상회의에서 채택된 '향후 10년 3국 협력 비전' 이행 약속을 재확인하였다.

선언문은 3국 국민들이 3국 협력의 실질적 혜택을 누릴 수 있도록 인적 교류(특히 청년·미래세대), 기후변화 대응을 통한 지속가능 발전, 경제·통상(역내포괄적경제동반자협정, RCEP)을 기반으로 한 3자 자유무역협정(FTA) 실현 목표, 금융 협력, 지식재산 협력), 보건·고령화, 과학기술·디지털 전환, 재난 구호·안전 등 국민 일상생활과 밀접한 6대 분야를 중심으로 상호 호혜적인 협력 사업을 적극 발굴·추진할 것을 명시하고 있다.

인도·태평양 다자협력 차원에서 주목할 점은 한일중 3국 협력의 혜택이 다른 국가로 확장될 수 있도록 '한일중+X 협력'을 촉진한다는 원칙을 명확히 한 것이다.[1] 중국은 아세안 중심성을 지지하면서 한일과 함께 아세안+3(APT), 동아시아정상회의(EAS), 아세안지역안보포럼(ARF) 등 다양한 인도·태평양 다자협력체에서 협력해왔다. 따라서 이러한 다자협력체를 토대로 한일중 3자협력은 다른 인도·태평양 국가들과 연계하여 소규모 다자협력으로 확대 발전시킬 수 있는 가능성을 가진다.

한일 양국은 미중 경쟁이 심화되는 상황에서도 중국과의 협력을

1 '제9차 한일중 정상회의 공동선언,' https://tcs-asia.org/ko/data/documents.php

소홀히 해서는 안 된다. 중국은 한반도와 동북아를 넘어 인도·태평양 지역의 평화와 번영에 있어 핵심 이해당사국이기 때문이다. 양국은 경제협력, 인적 교류, 문화 교류, 보건, 재난 관리, 기후변화 등 기능적 협력 분야에서 중국과의 협력을 강화하는 한편, 안보 및 경제안보와 같이 민감한 사안에서는 미중 갈등이 심화되지 않도록 조정자 역할을 모색해야 한다. 특히 한일 양국은 중국이 주변국들에 공세적 외교를 펼치거나 대만해협에서 급격한 현상변경을 취하지 않도록 꾸준히 중국에 함께 요구해야 한다. 나아가 한일이 미중 간 조정자 역할을 수행하는 과정에서 인도, 호주, 뉴질랜드, 인도네시아 등 인도·태평양 내 소규모 다자협력국과 이슈별 협력을 강화하여 중견국 연대를 형성함으로써 조정 역량을 제고할 수 있을 것이다.

4. 제언

신기술의 급속한 발전과 팬데믹, 기후변화, 물·에너지 부족, 식량위기, 난민 문제 등 지구적 차원의 도전 과제가 날로 심각해지고 있으며, 내란과 국가 간 전쟁의 확산으로 지구촌의 불안정성이 고조되고 있다. 이러한 혼돈의 시대는 국제사회의 신속하고 효과적인 대응을 요구하고 있으나, 강대국 중심 외교의 부활로 다자협력 체계는 점차 약화되고 있다. 이에 선진 민주국가인 한일 양국은 개별 국익을 넘어 지역과 세계의 평화와 번영을 위한 공공재 제공에 앞장서고, 국제사회에서 자유, 인권, 법치가 확고히 존중받도록 함께 행동해야 한다. 이를 위해 다음과 같은 사항들을 제안한다.

(1) 글로벌 차원에서 한일 양국은 다자체제의 회복과 혁신을 위해 파트너십을 강화해야 한다. 양국은 유엔과 관련 국제기구들이 다시금 글로벌 거버넌스에서 중추적 역할을 수행할 수 있도록

협력해야 한다.

(2) 인도·태평양 지역에서 한일 양국은 쿼드 플러스(Quad Plus)와 인도태평양경제프레임워크(Indo-Pacific Economic Framework) 등 아직 제도화 초기 단계에 있는 소규모 다자협력체에 적극 참여하며, 다양한 참여국과의 협력을 확대해 나가야 한다. 공급망 안정과 같은 경제안보, 기후변화 대응, 친환경 개발협력 등이 소규모 다자협력의 우선 분야로 고려될 수 있다.

(3) 한일 양국은 중앙아시아, 중남미, 아프리카 등 글로벌 사우스 국가들과 다양한 협력 사업을 추진하여 경제·사회 발전과 민주주의 역량 강화에 기여함으로써 자유주의 국제질서의 유지와 발전에 기여해야 한다.

(4) 아세안(ASEAN)에 대해서는 한일 양국을 포함하는 3자 협력을 다방면에서 확대해야 한다. 아세안의 주요 관심사인 디지털 전환을 지원하기 위해 '한일-ASEAN 디지털 협력 이니셔티브'를 추진하여 인공지능(AI) 윤리, 사이버 안보, 데이터 보호 및 공유, 디지털 통상 분야에서 협력을 강화할 수 있다. 아울러 중앙아시아 지역에 대해서는 한일 공동의 관여 전략을 구축하여 지속가능한 발전과 안정을 도모해야 한다.

(5) 한미일 3자협력은 한일 양국의 안보는 물론 동북아의 평화와 안정에 핵심적인 역할을 한다. 한일 양국은 3자협력이 지속적으로 강화될 수 있도록 트럼프 행정부에 공동 전략을 수립하고 대응해야 하며, 미국이 동북아를 넘어 인도·태평양 지역에서 자유주의 국제질서 수호자 역할을 계속 수행하도록 지원해야 한다. 흔들림 없는 3자 협력을 위해서는 기존 정부 간 협력 중심에서 벗어나 한미일 의회 및 시민사회 간 협력도 다층적으로 활성화할 필요가 있다.

(6) 한일 양국은 인도·태평양 지역 내 소규모 다자협력이 한일중 3자협력을 통해 더욱 강화되도록 창의적인 노력을 기울여야 한다. 기존 재난구호, 환경보호, 보건, 인적 교류 등 기능적 분야에서 한일중 협력을 발전시키는 동시에, 기후변화와 환경, 보건 등 지구적 어젠다에 대해서는 한미일 3자협력을 포함한 다른 소규모 다자협력과의 연계 가능성도 모색해야 한다.

국제사회에 공헌하는 한일 이니셔티브 : 개발원조(ODA)과 에너지 전환

오늘날 국제질서와 글로벌 거버넌스의 근간이 흔들릴 위험성이 점차 고조되고 있다. 이러한 상황에서 국제사회의 연대가 약화되지 않도록 하기 위해서는 한국과 일본의 역할이 중요하다. 양국은 특히 국제원조와 기후변화 대응과 같은 구체적이고 실질적인 영역에서 협력의 가능성을 모색하고, 이를 통해 공동의 기여 방안을 검토할 필요가 있다.

1. 개발원조

(1) 국제원조의 현재: 미국 정부 방침 전환의 충격

국제원조는 개별 국가 차원에서 해결하기 어려운 과제들에 대응하기 위한 국제사회의 안전망 역할을 한다. 또한 세계 평화와 안전 유지, 빈곤 완화, 그리고 전 세계 국가들 간 연대의 상징적 표현으로서 존재해 왔다. 이러한 국제원조의 체계는 70년이 넘는 역사를 통해 형성되고 발전되어 왔다.

하지만 2025년 1월 취임한 미국 대통령 트럼프는 WHO(World Health Organization, 세계보건기구)를 비롯한 여러 유엔 기관과 파리 기후협약 등 주요 국제 협정에서 탈퇴를 선언하였으며, 국제원조 예산의 1차 동결을 공식 발표하였다. 이어 2월에는 국무부 산하 대외원조 기관인 미국국제개발처(United States Agency for International Development, USAID)가 사실상 기능 축소와 폐쇄 위기에 직면하여, 7월 1일부로 국무부에 합병되는 조치가 이루어졌다. 미국은 세계 최대의 원조 제공국으로, 2024년 기준 원조 총액은 약 633억 달러(약 10조 엔)에 이른다. 이 가운데 USAID 예산은 약 400억 달러 규모로, 특히 보건과 인도적 지원 분야에 집중되어 있다. 일부 국가에서는 USAID 지원이 없으면 기본적인 공공 서비스조차 운영에 어려움을 겪을 정도로 그 의존도가 매우 높다.

더욱이 미국 정부는 러시아-우크라이나 전쟁 과정에서 우크라이나에 막대한 원조를 제공해왔으나, 이 원조의 지속 여부는 불확실한 상태이다. 미국이 군사적으로 유럽에서의 역할을 축소하는 가운데, 유럽 국가들은 자국 방위비 증액과 우크라이나 지원을 우선시할 수밖에 없다. 이에 따라 아시아 및 아프리카의 빈곤국에 대한 국제원조는 더욱 어려운 상황에 놓인다.

(2) 선진국과 개도국 관계의 변화

최근 몇 년간 선진국과 개도국 간 관계에 균열이 심화되고 있다. 예를 들어, 코로나19 팬데믹 상황에서 일부 개도국은 감염 확산을 신속히 투명하게 공개하는 반면, 선진국은 이동 제한 조치를 우선적으로 시행하였다. 또한, 백신 배분 과정에서 지불 능력이 낮은 개도국이 후순위로 밀려나는 등, 개도국이 선진국에 의존하는 구조적인 리스크가 명확하게 드러났다.

우크라이나 전쟁은 밀가루, 비료, 연료 가격의 급등을 초래하였으며, 이들 제품을 러시아와 우크라이나로부터 주로 수입해온 아프리카 국가들은 심각한 인플레이션 압박에 직면하게 되었다. 서방 국가들이 대러시아 제재를 가하는 상황에서, 많은 신흥국과 개도국은 러시아의 우크라이나 침공에 대해 비난하면서도 대러 제재에는 동참하지 않고 독자적인 입장을 견지해왔다. 아울러 가자 지구에서 벌어진 참상은 개도국, 특히 이슬람권 국가들 사이에서 미국에 대한 반발과 반미 감정의 확산을 촉발했다.

개발도상국, 특히 신흥국들은 '글로벌 사우스'로서의 존재감을 드러내며 서방 국가들과 분명한 선을 긋는 행동과 주장을 펼치기 시작했다. 국제 지원 측면에서는 중국, 튀르키예, 중동 국가뿐 아니라 동남아시아 국가들도 신흥 공여국으로 부상하며 자체적인 원조 기관을 설립하는 추세가 나타나고 있다. 이러한 국제 정세의 변화는 그간 미국과 유럽이 주도해온 국제원조 및 개발원조 체계에 근본적인 변화를 예고한다. 따라서 선진국과 개도국 간의 양극화와 대립을 방지하고, 국제사회의 연대와 신뢰를 지속하기 위해 국제원조의 방향성에 대해 심도 있는 고민이 요구된다.

(3) 한국과 일본에게 요구되는 점

이러한 국제 정세의 혼란 속에서, OECD 개발원조위원회(Development Assistance Committee, DAC) 33개국 중 유일한 아시아 회원국인 한국과 일본은 어떤 역할을 할 수 있을까? 현재 미국에 의존해온 국가 및 지역 연합체들은 대안 마련에 나서고 있다. 국제원조에 의존해온 공공 서비스를 자국 재원으로 전환해 제공할 수 있도록 개혁을 추진하는 국가에 대해서는, 그 개혁 과정의 투명성과 지속성을 보장할 수 있도록 개발원조 프로세스에 적극적으로 참여할 필요가 있다. 또한, 분쟁 등으로 정부가 필수 공공 서비스를 제공하기 어려워진 국가나 정부의 보호를 받지 못하는 취약계층에 대해선, 이들의 생명을 구호하기 위한 인도적 지원 자금을 보완하는 노력도 필요할 것이다.

미국 및 유럽 국가들이 국제원조 예산을 잇따라 삭감하는 가운데, 한국은 국제원조 예산 증액을 약속한 몇 안 되는 국가 중 하나이며, 일본 또한 엔저의 영향 속에서도 원조 예산을 기존 수준으로 유지하기 위해 노력하고 있다. 그러나 2024년 기준, 일본의 ODA(공적개발원조) 총액은 168억 달러, 한국은 39.4억 달러로, 양국의 ODA 총액을 합쳐도 미국의 633억 달러의 1/3에도 미치지 못하는 실정이다. 이처럼 구미권의 전통적 원조 제공국들이 국제원조 자금의 대폭적인 삭감을 단행하는 상황에서, 기존의 국제원조 방식을 계속 유지하는 것은 현실적이지 않다. 한편, 개발도상국들 사이에서는 이번 위기를 국제원조 체제와 자국 제도 및 전략 개혁을 위한 중요한 기회로 삼으려는 움직임도 점차 확산되고 있다.

한일 양국이 할 수 있는 중요한 역할은 OECD 개발원조위원회(DAC) 등 기존 국제원조 협정 및 구미 국가들과의 연계를 유지하는 한편, 신흥 국제원조 파트너들과의 다극화된 협력관계를 구축하고 이들과의 연계를 심화하는 것이다. 국제원조를 구미 대 중러 간 양극 구도로 논의하는 것은 가능한 한 피하고, 중진국 및 신흥국의 발전 경험을 개도국 지원에 적극적으로 접목시키는 역할을 한일이 수행한다면, 세계적 분열과 양극화를 방지하는 데 기여할 수 있을 것이다.

일본은 1975년부터 자국의 원조를 받았던 개발도상국이 주체가 되어 다른 개도국 개발을 지원하는 남남협력 및 삼각협력 프로그램을 실시해왔다. 또한 동남아시아의 신설 원조 기관들과의 연계도 활발히 진행 중이다. 아울러 팔레스타인 개발을 위한 동아시아국가 협력회의(Conference on Cooperation among East Asian Countries for Palestinian Development, CEAPAD)는 한일 모두가 참여하는 아시아 주도의 팔레스타인 지원 프레임워크로, 향후 협력 모델로 참고할 만하다. 한국은 유엔 남남협력사무소(United Nations Office for South-

South Cooperation, UNOSSC)와의 협력을 통해 메콩강 유역 국가들에 물, 에너지, 식량의 지속가능한 생산과 기후변화 대응을 지원하고 있다. 한국은 원조 수혜국에서 공여국으로 전환한 최근 경험을 바탕으로, 다른 신흥국과 신흥 공여국을 견인할 수 있는 역량을 보유하고 있다. 이처럼 한일 양국은 미국과 유럽의 전통적 국제원조 틀을 단순히 따르기보다는, 개발도상국의 오너십과 존엄성을 존중하는 '아시아형' 국제원조 모델을 공동으로 제시할 수 있다면, 국제사회에 대한 한일의 공헌을 한층 강화할 수 있을 것이다.

(4) 제언

(a) 동남아시아 국가 원조 기관의 능력 강화 및 연계 사업을 위한 한일 연계

한일 양국이 오랜 기간 구축해 온 탄탄한 관계를 바탕으로, 동남아시아 국가들은 경제 성장에 따라 향후 원조 제공국으로 자리매김할 것으로 기대된다. 이에 한일은 동남아시아 신흥 원조국들이 국제원조 분야에서 활약할 수 있도록 협력하여, 이들 국가가 다른 개발도상국에 지원을 제공할 수 있게 기술적·재정적 지원을 확대해야 한다. 특히 신흥 공여국과 수원국 간 관심사 및 개발 과제의 공통점을 고려한 매칭 지원을 강화하고, 지원 방식과 모니터링 체계 구축에 대해서도 조언과 지원을 제공함으로써 실질적인 연계 효과를 촉진해야 한다.

(b) DAC 이외의 국가와 연계한 사업 형성

OECD 개발원조위원회(DAC) 회원국의 지원은 주로 우크라이나, 인도, 방글라데시 등 특정 국가에 집중되어 있다. 반면, DAC에 속하지 않은 신흥 원조국들(튀르키예, 중동 국가 등)은 시리아, 파키스탄,

예멘, 팔레스타인 등 원조 대상국이 명확히 다르다. 이는 국제원조 대상 국가 간에도 분단이 존재함을 여실히 보여준다. 특히 지정학적·치안상 개입이 어려운 지역에서는 언어적·문화적·종교적 유사성이 높은 국가들 간에 지원을 수행하는 것이 효과적인 경우가 많다. 따라서 한일 양국은 이러한 신흥 원조국들과의 협력을 적극 추진함으로써, 국제협력의 연대와 연계를 실천한다.

(c) USAID 사업 축소 영향을 받은 공공 서비스 개혁 지원

개도국의 국내 재원 조달 및 제도 개혁을 지원하기 위해, 기존에 USAID 지원에 의존해 온 공공 서비스 사업체의 자립 역량 강화를 할 수 있는 국가에 우선적으로 지원해야 한다. 이를 위해 경영 개선과 서비스 제공 보장을 위한 협력을 추진한다. 한일 양국은 모두 차관 수단을 보유하고 있어, 개도국의 재정 여건과 과제에 맞추어 공공 서비스 개혁 사업을 효과적으로 착수하고 지원할 수 있을 것이다.

2. 기후변화 대책과 에너지 전환

기후변화 문제와 관련하여, 주요 선진국들은 점차 현실화되고 심각해지는 기후변화 영향에서 벗어나기 위해 노력하는 동시에, 기후변화 대책을 통해 수입에 의존하던 화석연료를 국내 청정에너지로 전환하고자 한다. 이를 통해 에너지 자급률과 에너지 안보를 강화하고, 탈탄소 경제·사회에 부합하는 산업 구조로의 전환을 추진하며, 나아가 국내 산업 활성화와 고용 창출을 통한 경제 및 지역 발전을 도모하고 있다.

기후변화 대책의 일환으로 추진되는 수입 화석연료의 청정에너지 전환 현황을 살펴보면, 일본은 2023년 기준 1차 에너지 공급의 80.8%를 수입 화석연료에 의존하고 있으며, 이는 G7 국가 중 가장

높은 수준이다. 이와 함께 에너지 자급률은 2022년 기준 12.6%로 G7 최저 수준을 기록한다. 전력 부문에서도 전력원 구성의 70% 이상이 수입 화석연료에 기반하고 있어, G7 국가 중 가장 높은 의존도를 보이고 있다. 한국 역시 2023년 기준 1차 에너지 공급의 약 80%를 화석연료에 의존하며, 전력 구성의 약 60%가 화석연료 기반이다. 양국 모두 다른 선진국과 비교할 때 수입 화석연료 의존도가 매우 높다.

러시아의 우크라이나 침공 사례에서 보듯, 해외 정세에 따른 화석연료 가격의 급격한 변동은 양국의 국내 에너지 가격뿐 아니라 국민 생활과 경제 전반에 심대한 영향을 미친다. 최근 중동 지역의 정세 변화 역시 한일 양국의 에너지 공급에 지정학적 위험이 내포되어 있음을 시사한다.

이와 같은 에너지, 특히 전력의 탈탄소화는 수입 화석연료 의존에서 벗어나 양국의 에너지 안보 강화를 촉진한다. 또한, 디지털화로 인해 데이터 센터와 반도체 산업 등 에너지 집약적 산업들이 탈탄소 전력원을 선호하고 있어, 이러한 산업 유치를 위해서도 탈탄소 전력의 확보는 필수적인 조건이다. 또한, 온실가스 배출 감축이 자본 시장과 비즈니스 거래처의 기업 평가에 중요한 요소로 작용하는 현 상황에서, 전력의 탈탄소화는 양국 기업의 기업 가치 제고에도 긍정적인 영향을 미친다.

(1) 에너지 및 전력 탈탄소화를 위한 한일협력 방안 제언

(a) 해상 풍력 도입 확대를 위한 연계

한일 양국은 모두 해상 풍력 발전의 확대를 적극 추진하고 있다. 일본은 2030년까지 약 5.6GW의 해상 풍력 발전 가동 시작을 전망으로 2040년까지 부유식 해상 풍력을 포함하여 30~45GW(3,000만~4,500만kW) 규모의 해상 풍력 단지를 조성할 계획이다. 한국은

2030년까지 14.3GW, 2038년까지 40.7GW의 해상 풍력 도입을 목표로 하고 있다. 풍황(風況, 특정 지역의 바람 상태) 측면에서 보면, 일본 규슈 북부 해역과 한국 남부 해역 모두 해상 풍력 발전 후보지로 주목받고 있어, 양국 간 협력을 통한 해상 풍력 사업 연계에 유리한 여건을 갖추고 있다.

해상 풍력 사업은 개발에서부터 조업, 설비 폐기에 이르기까지 50년 이상의 장기 프로젝트이다. 따라서 한일 양국은 장기적 관점에서 해역 조사, 자양식 작업대(Self-Elevating Platform, SEP) 선박 및 항만 상호 융통, 설비 및 부품의 공동 조달과 공사, 운영 및 유지보수(OM) 분야에서 인력 교류를 포함한 상호 연계하여 양국이 전력 탈탄소화를 추진하는 안을 적극 검토할 필요가 있다. 이러한 협력을 통해 장차 유럽 국가들이 북해에서 추진하는 것과 유사하게 해상 풍력 개발과 송전을 위한 공동 플랫폼을 구축할 수 있으며, 상황에 따라서는 해상 풍력을 중심으로 한 양국 간 송전선 연결 가능성도 모색할 수 있다. 양국의 해상 풍력 공동 개발 및 전력 융통은 상호 전력 시스템의 회복 탄력성을 강화하는 동시에, 한일협력의 상징적 사례가 될 것이다.

(b) 아시아 지역 탈탄소화 지원에서의 한일 연계

아시아는 세계 온실가스 배출량의 약 50%를 차지하는 지역으로, 한일 양국 기업이 공급망과 시장을 보유한 핵심 지역이다. 아시아 지역의 탈탄소화는 전 세계 배출량 감축 차원에서 중요할 뿐만 아니라, 한일 기업들에게도 공급망 내 온실가스 배출(Scope 3 배출) 감축과 에너지 효율이 높은 제품 및 청정 에너지 기술의 시장 형성 측면에서 중요한 의미를 갖는다.

따라서 한일 양국은 그간 축적해 온 개발 원조 정책과 실천 경험을 바탕으로, 아시아 국가들의 기후변화 대책을 포함한 글로벌 과제에 대한 원조 사업에서 상호 협력 방안을 적극 검토해야 한다. 이를 통해 양국의 기업 경쟁력 강화와 지역의 지속가능한 발전을 동시에 도모할 수 있을 것이다.

III

공동 번영을 위한 새로운 한일협력

한일 경제협력의 비전과 전략

1. 한일 경제관계를 둘러싼 환경과 전망

(1) 한일 경제사회 마찰의 배경

한일 양국 간 경제사회 마찰의 배경에는 크게 세 가지 측면이 존재한다. 첫째는 안행형(雁行型, flying geese) 발전 과정에서 비롯된 마찰이다. 후발국이 선진국의 뒤를 따르며 발전할 때, 선두 기업에서 추격 기업으로 기술 이전이나 유출이 '일정 정도' 불가피하게 발생하는 현상이 나타난다. 이는 미국과 일본, 최근에는 한미일 각국에서 중국 기업에 대해서도 지속적으로 발생하고 있는 현상이다. 비록 이러한 기술 이전이나 유출이 흔히 발생하는 현상이라 할지라도, 당사국과 기업 입장에서는 경제 내셔널리즘[2]을 포함한 감정적인 갈등과 마찰을 불러일으키기 쉽다.

둘째는 역사적 배경에서 비롯된 마찰이다. 이러한 갈등은 대체로 식민지 지배의 영향에서 기인한다. 한일 사회가 함께 해결해 나가야 할 중대한 문제임에도 불구하고, 한국 대법원의 강제징용 피해자 배

2 한 국가가 경제 활동에서 자국 이익을 우선시하고 외국의 경제적 간섭을 최소화하려는 태도로, 외국과의 무역 등에서 관세 등 무역 장벽을 통해 해외 노동, 자본, 상품 등에 통제와 개입을 시도하는 것

상 판결(일본 정부 표기: 구 한반도 출신 노동자 문제)과 일본의 한국에 대한 반도체 부품 및 소재 수출 규제(일본 정부 표기: 수출관리강화)는 양국 민간 기업의 경제 활동 예측성을 심각하게 훼손하였다. 이로 인해 한일 경제계 내 협력 의욕이 크게 위축되는 결과를 초래하였다.

셋째는 경제 구조의 차이에서 유발되는 마찰이다. 무역 적자와 흑자는 어느 국가에서나 존재하는 현상이며, 각국의 산업 구조 변화와 함께 달라질 수 있다. 또한, 국가 간 무역 적자를 정치적 쟁점으로 부각시키는 집단 역시 모든 국가에 존재한다. 그러나 한일 간에는 이러한 무역 현상이 역사적 감정과 결부되는 경우가 많아 갈등이 심화되었다. 산업 구조에 근본적으로 기인하는 문제는 어떠한 정책 조치를 통해서도 단기간에 극적으로 개선되기 어렵다.

다양한 마찰 요인이 한일 양국 내 정치적으로 이용되는 과정에서, 제로섬(zero-sum)이 아니라 상호간 이익(win-win)을 추구하자는 논의가 제기와 중단을 반복하였고, 2023년 봄 양국 정상간 셔틀 외교가 재개된 이후로도 마찰의 불씨가 완전히 해소되었다고 보기는 어렵다. 한일 간 마찰의 원인이 복합적임을 감안할 때, 큰 정치적 틀에서 한일관계 개선이 지속된다 하더라도 경제 구조 변화의 속도는 다소 완만할 것으로 예상된다.

(2) 양국이 직면한 경제·사회적 과제

한일 양국은 많은 경제·사회적 공통 과제에 직면해 있으며, 이러한 과제들은 해를 거듭할수록 더욱 심각해지고 있다. 이 같은 현실을 주목할 때, 양국 협력이 가져올 잠재적 이익은 매우 크다고 할 수 있으며, 양국 간 경제협력의 중요성과 의의 역시 이러한 편익의 규모에서 확인할 수 있다. 구체적으로 다음과 같은 주요 과제들에 주목할 필요가 있다.

(a) 인구 동태 변화

한일 양국이 공통적으로 직면한 가장 중대한 경제·사회적 과제는 인구 감소이다. 하지만 이에 대한 유효한 대응책이 마련되지 못한 채, 문제는 더욱 심화되고 있는 상황이다. 양국이 인구 감소 속도를 상회하는 생산성 향상을 달성하지 못할 경우, 국내총생산(GDP)의 감소뿐만 아니라 현저한 국방력 약화와 국력 쇠퇴라는 악순환에 빠질 위험이 크다. 특히 인구 감소에 따른 국내 경제 규모 축소 문제를 한국은 일본보다 산업 구조 개혁과 수출 산업 기반 강화로 상대적으로 잘 보완해왔다. 그러나 미국의 2기 트럼프 행정부 정책 동향과 무관하게 세계 경제의 블록화 경향이 진전될 경우, 기존의 성공 패턴은 더 이상 보장되지 않는 상황에 직면하게 될 것이다.

(b) 지정학적 긴장

한일 양국은 대만해협과 북한 문제라는 두 가지 중대한 지정학적 리스크를 안고 있는 동북아시아 지역에서 안보 비용과 부담이 증가하고 있으며, 이는 자국의 경제 과제 해결에 큰 장애물이 되고 있다는 인식을 공유하고 있다. 더욱이 미·중 간 대립에 따른 세계 경제의 블록화는 무역뿐만 아니라 첨단기술 분야에도 심각한 영향을 미치고 있다. 한일 양국 기업의 첨단 전자부품 제조 및 판매 전략은 이러한 글로벌 경제 환경 변화 속에서 중요한 분기점에 직면해 있다.

(c) 중국 경제의 성장 둔화

한일 양국의 최대 경제파트너인 중국의 경제성장 둔화가 부동산 가격 조정에 따른 일시적 현상이라는 기존의 분석은 이미 사라졌고, 구조적인 문제로 인식되는 것이 주류 견해이다. 이는 한일 양국과 마찬가지로 중국도 생산가능인구 대비 피부양인구가 급격히 증가하는 인구 오너스(population onus, 인구부담) 시기에 진입했기 때문이다. 중국 당국은 경제안보가 두드러지면 미국에 대한 수출이 어려워질 것을 상정해 오히려 국영기업과 자국 내 공급망을 중시하는 자세를 취하고 있어 한일 모두 중국 사업을 다각도로 재검토해야만 하는 상황에 놓여있다.

2. 한일 경제의 수렴과 새로운 차원의 협력

1962년 첫 경제 계획 수립 이후, 한국의 성장 전략은 일관되게 제조업 수출에 집중되어 왔으며, 일본은 오랫동안 '캐치업(catch-up)' 경쟁의 대상이자 목표로 인식되어 왔다. 이러한 경험에 기반하여, 제조업 특히 하드웨어 최종 제품의 시장 점유율 등락을 국가 경쟁력의 바로미터로 보는 전통적 경제 내셔널리즘, 예컨대 대일 무역 적자에 대한 비판은 한국 국민의 인식에 깊숙이 자리 잡고 있다. 한편, 한국에게 추격당한 일본 역시 자본재 및 부품, 소재 분야에서의 기술력 차이를 과시하는 모습이 최근까지 남아있었다.[3] 그러나 최근 들어 (1) 자유무역체제의 교착, (2) 제조업의 패러다임 전환, (3) 한일 양국 간 소득 수준의 점진적 수렴이라는 세 가지 '현상'이 나타나고 있다. 이에 따라 양국은 과거 경쟁에 집중하기보다 상호 공통의 이익을 우선시하는 방향으로 전환하며, 새로운 차원의 경제협력을 모색하는 시대에 접어들었다.

(1) 자유무역체제의 교착과 통상협력

한국 경제는 전통적으로 공산품 수출에 크게 의존해 왔다. 1996

3 문재인 정부 시기 한일관계 악화 당시 일본이 반도체 부품·소재에 대한 '수출규제'를 시행한 사건은 제조업 중심 경쟁에 대한 일본 측 감정을 여실히 드러낸 사례이다.

년 국내총생산(GDP) 대비 수출 의존도는 약 23%였으나, 2012년에는 46%로 급격히 상승했고, 2023년에도 여전히 37%의 높은 수준을 유지하고 있다. 반면, 일본의 수출 의존도는 1996년 9%, 2012년 12%, 그리고 2023년에는 17%에 불과하여 상대적으로 낮은 편이다.

일본 기업은 자국 내에서 수직통합을 기반으로 산업 재편이 더디게 진행되었으며, 엔화 강세(엔고, 円高) 현상이 발생할 때마다 해외 생산 이전과 국내 생산 축소가 반복되면서, 미국과 중국 주도의 수출 확대 기회를 충분히 활용하지 못했다. 이에 비해 한국은 1997년 아시아 외환위기 이후 수출 주도형 경제 회복 전략을 성공적으로 추진하였다. 선진국 중심의 수직통합이 붕괴되고 국경을 넘는 적지(適地) 생산으로 거대한 글로벌 가치사슬(Global Value Chain, GVC)이 발전하는 21세기형 분업 체제는, 국내 수직 통합 수준이 낮았던 한국에게 큰 호재로 작용하였다. 특히 메모리 반도체 분야에서 제조 역량을 집중하여 고부가가치화를 이루어 낸 사례가 그 대표적인 상징이다.

그러나 2020년대 이후 세계 통상 환경은 급격한 변화를 맞이하였다. 첫째, 자유무역체제가 흔들리기 시작했다는 점이다. 수출 의존도가 높은 한국은 WTO 등 다자주의를 중시하며, 이를 보완할 수 있는 관세 중심의 양자 간 자유무역협정 체결을 적극 추진하는 한편, 규칙 형성을 목표로 하는 다자간(plurilateral) 협정에는 상대적으로 소극적인 태도를 보였다. 반면 일본은 주요 해외 거점 네트워크에 공통의 원산지 규정 등 통일된 규칙을 적용하기 위해, 환태평양경제동반자협정(Trans-Pacific Strategic Economic Partnership, TPP)과 같은 다자간 협정을 중요시해 왔다. 또한 경제적 강압(Economic Coercion)에 대응하기 위해 G7 등 유사 입장국(有志国, like-minded countries) 연합을 구성하는 방식으로 대응하고 있다. 한국이 다자간 협정에 더 적극적으로 관심을 기울인다면, 일본과의 협력은 큰 의의를 가지게 될 것이며, 일본에게도 통상 그룹 전체의 협상력 강화를 통해 이익이 될 것이다.

또 다른 변화로는 경제안보 및 환경 규제 강화로 인하여 기업의 공급망 관련 정보 수집과 공유의 중요성이 크게 증가했다는 점이 있다. 한일 양국의 대기업들은 상대국 뿐만 아니라 전 세계 시장을 대상으로 사업을 전개하고 있으며, 급격히 늘어나고 있는 미국과 중국의 경제안보 규제, 유럽연합(EU)의 탄소국경조정제도(Carbon Border Adjustment Mechanism, CBAM)와 같은 공급망 상의 환경 규제, 그리고 신흥시장으로서 존재감을 드러내는 아세안(ASEAN) 등 주요 시장에서도 활발히 거래 중이다. 이러한 불확실성이 높은 경제안보 규제와 환경적 요구에 대응하는 과정에서, 한일 양국이 상호 신뢰를 바탕으로 정보를 적극적으로 공유하는 것은 필수적이다. 대외 의존도가 높은 한국은 정부 및 대기업 차원에서 견고한 정보망을 보유하고 있으며, 이미 긴밀한 한일 분업 관계를 기반으로 민(民)과 관(官)의 정보 교류를 확대하고, 중소기업을 포함해 표준화 및 관련 분야에서 협력한다면 실무적 이점이 더욱 증대될 것이다.

(2) 제조업의 패러다임 전환과 디지털전환(DX, Digital Transformation) 협력

트럼프 2기 행정부의 자의적인 관세 정책이 전 세계 경제에 충격과 혼란을 초래하는 가운데, 제조업 분야에서는 이미 그 이전부터 디지털화에 따른 급격한 패러다임 전환이 진행되어 왔다. 제조업의 디지털전환(DX)은 1990년대에 공급망 정보를 관리하는 수준의 DX 1.0 단계였으나, 2000년대에 들어 제조만으로는 수익 창출이 어려워지면서 선진국의 제조 프로세스가 외주화되고 신흥국의 제조 수

탁 기업이 부상하는 DX 2.0 단계로 발전하였다. 디지털전환을 주도하는 기업들은 참조설계(reference design) 및 표준규격 등 기술력 기반 제조(모노즈쿠리)로 넘어가는 DX 3.0 단계에 진입했고, 2010년대에는 생산 공정 데이터화가 시작되어 제조업의 생산라인 설계부터 설치·운영까지 일괄 수주하는 소위 '라인 빌더'(일괄도급사업자)가 등장하는 DX 4.0 단계에 도달하였다. 2020년대 현재에는 방대한 고객 데이터를 보유한 유통 및 기획 기업의 제조업 진입이 이루어지는 DX 5.0 단계가 이루어져, 전기자동차(EV) 생산 사례에서 보듯 디지털전환은 제조업의 시장 진입 장벽을 낮추고 제조업의 서비스화 및 플랫폼화를 가속하고 있다.

일본 제조업은 그간 해외 생산 확대에 주력함에 따라 국내 설비투자가 정체되어 최신 디지털전환(DX) 공장 보유가 부족한 실정이다. 더욱이 표준화 작업의 지연으로 국내에 남아 있는 중소기업과의 정보 공유가 부족하며, 공급망 전체의 가시성 확보에도 큰 진전을 이루지 못했다. 일본은 디지털 제품뿐만 아니라 컴퓨터 서비스 등 전문서비스 부문에서도 무역적자를 기록하고 있으며, 제조업의 디지털전환이라는 글로벌 추세 속에서 지정학적 위험 등 '국경 리스크'에 취약한 상황에 놓여 있다. 한편 한국은 행정서비스 등 디지털 사회 전반과 제조업 현장의 로봇 도입 측면에서는 세계 최고 수준을 자랑하지만, 제조업 전체의 디지털전환(DX) 측면에서는 상대적으로 뒤처진 상태이다. 특히 한국이 강점을 지닌 공산품의 효율적 대량생산 분야에서도 전 세계적으로 급격한 디지털전환이 진행되고 있으며, 풍부한 데이터를 보유한 중국과의 경쟁에서 어려움을 겪고 있다. 미국, 중국, 유럽연합(EU)과 비교할 때 한국과 일본은 시장 규모와 데이터 양에서 공통적으로 한계를 보이고 있으며, 데이터 기반 제조(모노즈쿠리) 역량 또한 제한적이다. 일본은 표준화 및 플랫폼 사업자 설립에서 뒤처져 있는 반면, 한국은 상대적으로 협소한 국내 시장을 기반으로 폐쇄적 플랫폼의 과점[4] 현상이 심화된 상태이다.

일본은 자전주의(自前主義: 개발에서 생산까지 자체적으로 해결하는 것)적인 기술개발에 집착하여 핵심기술의 스핀오프(spin-off: 연구 개발 과정에서 얻은 핵심 기술을 바탕으로 새로운 독립 기업을 설립하는 것)가 활발히 이루어지지 못했고, 이로 인해 제조업 패러다임 전환에서 뒤처진 양상을 보인다. 반면 한국은 일본의 약점을 공략하며 글로벌 공급망 내에서 상당한 위치를 확보하였다. 이러한 상황에도 불구하고, 한일 양국 사이에는 자유무역협정(FTA)이 부재하여 미묘한 관계가 지속되고 있다. 유럽과 같은 제조 솔루션 및 데이터 연계의 표준화가 어려운 현실이나, 우선적으로 제조업 디지털전환(DX)에 필요한 인재 육성과 리스킬링(Re-skilling: 새로운 기술이나 역량을 전환하는 것) 추진, 제조업 지원 플랫폼 사업자 간 협력, 지식재산권 전문가 교류 등은 상호 신뢰 구축에 큰 의미가 있을 것이다.

(3) 한일 경제의 수렴과 과제해결형 협력

한국의 1인당 국내총생산(GDP)은 구매력평가(Purchasing Power Parity, PPP) 기준으로 2015년에, 명목 환율 기준으로는 2022년에 각각 일본을 앞서며 캐치업(catch-up) 과정을 완전히 마무리하였다(IMF 통계 기준). 그러나 한일 양국은 이미 잠재 성장력 저하라는 문제에 직면해 있다. 이에 따라 ① 이노베이션 촉진, ② 지속 가능한 성장(sustainable growth) 추구, ③ 에너지 및 식량 안보 확보, ④ 노동력 부

4 한국 국내 시장은 네이버 등 국내 플랫폼 기업이 강력한 지배력을 보이고 있으며, 구글, 아마존, 애플, 메타와 같은 미국계 플랫폼 사업자의 영향력은 매우 제한적인 갈라파고스형 디지털 생태계가 형성되어 있다.

족 문제 대처, ⑤ 농업 및 지방경제 재생 등 공통 과제에 대한 대응이 시급한 상황이다. 정치와 경제(비즈니스)의 분리가 새로운 차원으로 진전될 경우, 지리적 근접성, 문화와 생활 양식의 유사성, 낮은 언어 장벽 등 '자연적 무역상대국(natural trading partner)'으로서 한일 간 시장 통합의 잠재력은 매우 크다. 예컨대, 한국에서는 외환위기 직후 일본 문화 개방이 큰 사회적 논란을 불러일으켰으나, 일본이 유력한 시장으로 자리매김하고 한일 간 콘텐츠 산업 가치사슬(value chain)이 구축되면서 한국의 콘텐츠 산업은 비약적인 성장을 이루었다.

한국이 제조업 수출과 대기업 중심의 성장전략을 고집한다면, 한일 양국은 상호간 시장과 생산거점만으로는 협력에 한계가 있을 수밖에 없다. 그러나 양국이 시장 구조를 직시하고, 과거의 경쟁 위주의 제로섬(zero-sum) 관계를 벗어나 과제 해결을 위한 플러스섬(plus-sum) 관계를 지향하며, 서로 축소되고 있는 국내 시장의 규모를 확장한다는 관점으로 접근한다면 새로운 협력의 가능성이 열릴 것이다. 과제 해결을 위해서는 일정 수준의 경쟁이 불가피하며, 이는 협력을 통한 생산성 향상과 혁신 촉진에 기여한다. 연구개발 촉진과 규제 완화에서도 양국 간 지혜를 공유하는 것은 매우 의미 있는 일이다. 한정된 인적 자원을 바탕으로 중국과의 경쟁에서 살아남기 위해, 한일은 전략적 기초 연구, 강점을 살린 응용 연구 및 상품 개발 등 다양한 분야에서 협력할 필요가 있다. 또한, 한국의 노동시장 개혁과 일본의 디지털전환(DX) 추진과 같이 정책 과제로서 매우 중요하지만 진전 속도가 느려 잠재 경제성장률을 저해하는 분야도 존재한다. 이들 분야에서는 규제 샌드박스 관련 정보 공유와 개혁 경쟁 촉진이 요구된다. 의료·간병, 교육, 사회 서비스, 농업 및 지방 경제 재생 분야에서도 많은 공통 과제 또는 '같은 듯 다른' 문제들이 산적해 있다.

한국은 내수 시장의 한계에도 불구하고, 유니콘 기업(기업 가치가

10억 달러 이상이고 창업한 지 10년 이하인 비상장 스타트업 기업)을 다수 배출하고 있다. 과제 해결을 위한 창업 활성화가 이루어진다면, 일본은 창업 지원 정책의 속도와 유연성, 그리고 국제 사업 지원 방안 등을 한국으로부터 배울 수 있고, 반대로 한국은 일본의 규제 완화 경험을 참고하여, 고령화 대응을 위한 사회 서비스 창업 분야에서 선제적인 아이디어를 얻고, 사회 서비스 창업으로 이어나갈 수 있을 것이다. 한편, 출산율 반등을 위해서는 젠더 문제에 대한 적극적인 노력이 필수적이며, 남성의 육아 휴직 신청 활성화와 같은 과제 등에 있어 한일 양국 대기업이 선두에 설 필요가 있다. 이런 과정에서도 긍정적인 경쟁이 중요한 동력이 될 것이다.

또 하나의 방향성은 공통 이익을 위한 협력으로, 낮은 에너지 및 식량 자급률에 따른 비용 절감과 위험 회피 등을 들 수 있다. 한일 양국은 에너지와 식량 자급률이 매우 낮을 뿐만 아니라, 지리적으로 높은 수송 비용 문제에도 직면해 있다. 예를 들어, 이산화탄소 회수 혹은 수소 전환에 있어서도 일본은 섬나라라는 지리적 특성과 함께, 한국은 북한의 지정학적 리스크가 증대되는 상황에 직면해 있다. 여기에 러시아 제재와 중국과의 관계 악화로 인한 지리적 고립 문제도 결코 간과할 수 없다. 에너지 구성(energy mix) 측면에서 양국 모두 신재생에너지 확대 노력이 필수적이며, 원자력 발전으로의 회귀도 쉽지 않은 실정이다.

한편, 자동차 산업에서 일찍이 수소 에너지에 주목한 한일 양국은 각각 수소 전략을 발표하며 높은 관심을 보이고 있다. 특히 유럽이 주도하는 수소 관련 기준에서 해상 수송 비중이 큰 점이 불리하게 작용하지 않는지 주의 깊게 살피고 있으며, 원재료 공급, 생산 설비, 저장, 수송 등 수소 가치사슬 구성 방식에 대해서도 공동의 관심을 가지고 있다. 이와 더불어 탄소 배출이 많고 비용도 높은 해상 수송의 효율화를 위해 선박 공유 같은 협력 아이디어도 이미 제기된 바 있다.

한일 양국은 역사 문제 등 국민 감정이 엮이기 쉬운 복잡한 사안들을 안고 있으며, 이들 문제의 해결은 쉽지 않다. 특히 민주주의 체제 하에서는 정치가 국민 감정에 크게 좌우되는 구조를 바꾸기 어려운 현실이다. 그러나 경제 분야는 다른 체제를 공유하고 있다. 즉, 감정을 배제한 시장의 논리와 효율성의 원칙이 작동하는 영역이다. 한국과 같이 경제적 수렴을 이룬 인접국의 등장은 일본에게도 유례없는 경험이며, 기존의 '위에서 내려다보는' 방식의 경제협력만으로는 그 혜택의 상당 부분을 얻기 어렵다. 또한, 경제적 수렴은 한국 측에서도 국민 감정이나 도덕론, 그리고 문제의 정치화를 통해 경제협력을 당연시하는 '아래에서 올려보는' 시각이 더 이상 통용되지 않는다는 의미이기도 하다. 한국의 경제적 수렴을 공동 자산으로 인식하고, 양국이 상호 이익을 얻기 위해서는 민간과 정부를 포함한 국민 전체의 노력이 필수적이다. 이러한 노력 자체가 한일관계 성숙의 중요한 과정임을 양측이 분명히 자각해야 할 것이다.

3. 글로벌 경제질서의 변화와 한일 경제관계

미국의 자국 우선 보호주의와 중국 견제 정책은 한국과 일본에게 공급망 협력이라는 새로운 협력 의제를 제시하고 있다. 2021년 1월 출범한 바이든 행정부는 제1기 트럼프 행정부의 정책 기조를 이어받아, 첨단 반도체를 중심으로 한 대중국 수출통제를 강화하였다. 또한, 반도체 및 과학법(CHIPS and Science Act)과 인플레이션 감축법(Inflation Reduction Act, IRA) 제정을 통해 반도체, 전기차(EV), 배터리 산업 육성에 집중하는 등 중국을 겨냥한 자국 중심 산업정책을 추진하였다. 2025년 1월 출범한 제2기 트럼프 행정부 역시 중국 견제와 자국 중심 산업정책, 특히 관세 정책을 더욱 강화하는 방향으로 나아가고 있다.

(1) 한일의 대중 의존도

한국은 일본에 비해 상대적으로 중국에 대한 수입의존도가 더 높은 편이고, 배터리전기차 (Battery Electric Vehicle, BEV) 광물 및 희토류와 같은 핵심광물 분야에서는 한일 모두 중국 의존도가 매우 높은 상황이다(표 1 및 표 2 참고). 이는 한일 양국이 중국의 경제적 강압에 공동으로 대응하기 위해 공급망의 안정화와 핵심 광물 자원 분야에서 구체적인 협력 방안을 마련할 필요가 있음을 보여준다.

표 1. 한국의 對中/對日 수입의존도 비교(2023년)

	對중국 수입			對일본 수입		
	품목 수[1]	구성비 (품목수 기준)	구성비 (수입액 기준)	품목 수[1]	구성비 (품목수 기준)	구성비 (수입액 기준)
90% 이상	148	11.3%	18.1%	21	3.7%	3.8%
80~90%	109	8.3%	17.6%	20	3.6%	3.3%
70~80%	146	11.1%	10.4%	15	2.7%	7.7%
60~70%	141	10.7%	10.2%	21	3.7%	5.8%
합계	1314	100%	100%	562	100%	100%

주: 1) 2023년 중국과 일본으로부터 1,000만 달러 이상의 수입실적이 있었던 품목(중국: 1,314개, 일본: 562개, HS6 코드 분류기준)을 대상으로 함.
자료: 한국무역협회.

표 2. 한국과 일본의 주요 핵심광물 對中 수입의존도 비교(2023년)

<table>
<tr><th rowspan="2">광물자원</th><th colspan="2">한국</th><th colspan="2">일본</th></tr>
<tr><th>세부품목</th><th>對中의존도</th><th>세부품목</th><th>對中의존도</th></tr>
<tr><td rowspan="2">리튬</td><td>산화리튬</td><td>99.7%</td><td rowspan="2">산화리튬 및 수산화리튬</td><td rowspan="2">85.9%</td></tr>
<tr><td>수산화리튬</td><td>79.6%</td></tr>
<tr><td rowspan="2">천연흑연</td><td>인상흑연</td><td>92.6%</td><td rowspan="2">분말 또는 후레이크형태의 것</td><td rowspan="2">89.5%</td></tr>
<tr><td>토상흑연</td><td>93.9%</td></tr>
<tr><td rowspan="3">희토류</td><td>테르븀그룹</td><td>99.6%</td><td>산화이트륨</td><td>78.2%</td></tr>
<tr><td>에르븀그룹</td><td>97.4%</td><td>산화란탄</td><td>99.5%</td></tr>
<tr><td>이트륨</td><td>95.4%</td><td>기타의 것</td><td>83.4%</td></tr>
</table>

자료: 대외경제정책연구원(2024).

(2) 미중 패권경쟁과 한일 경제

한일 양국은 잠재적 경제성장력을 제고하여 지속적 경제성장을 실현해야 한다는 공통 과제에 직면하고 있다. 2022년 5월 프랑스 국제경제연구센터(Centre d'Études Prospectives et d'Informations Internationales, CEPII)는 2035년경을 기점으로 일본이 인도에 제3의 경제대국 자리를 내주고 제 4위로 밀려날 것으로 전망하였다. 그러나 2023년 4월 IMF의 예측에서는 그 시점을 2027년으로 앞당겼고, 2023년에는 엔화약세 효과로 일본의 GDP 경제력이 독일에 역전되기도 하였다. 한국은 현재 GDP 규모 12위를 유지하고 있으나, 2030년에는 16위로 위상이 약화될 것으로 예상되며, 이후에도 15위~16위에 머무는 등 글로벌 10위권 진입은 쉽지 않을 전망이다. 한일 양국은 인구 구조 변화(저출산 및 지방소멸 문제), 미중 기술 패권 경쟁 격화에 따른 글로벌 공급망 재편, 국제 정세 불안 가중에 따른 에너지·자원 안전 보장, 2050년 탄소중립 실현 등 다양한 공통 과제에 공동 대응하여 지속 가능한 경제 성장을 추구해야 함을 시사한다.

2023년 3월 한일 정상회담 재개를 계기로 양국 경제관계가 무역과 투자를 중심으로 크게 회복될 것이라는 기대가 있었으나, 한국 입장에서는 아직 뚜렷한 성과가 나타나지 않고 있다. 일본은 한국의 3대 수입 상대국이자 4대 수출 상대국이고, 한국은 일본의 3대 수출 상대국이자 7대 수입 상대국으로, 양국은 서로 매우 중요한 무역 파트너이다.

그럼에도 불구하고 한국의 대일 교역액은 2011년 1,080억 달러(수출 397억 달러, 수입 683억 달러)를 정점으로 지속적으로 감소하여 2024년까지도 정체 상태를 벗어나지 못하고 있다. 한국의 전체 무역에서 일본이 차지하는 비중은 중국이 WTO에 가입한 2001년 이후 꾸준히 하락해 왔는데, 수출은 2001년 11.0%를 최고점으로 2024년 4.3%까지, 수입은 2004년 20.6%에서 2023년 7.6%로 감소하였다.

특히 과거 한국 정부가 역점을 두었던 일본 기업의 대한(對韓) 직접투자 유치는 한일관계 정상화에도 불구하고 2010년대 초반 활기를 되찾지 못하고 있다. 코로나19 팬데믹과 미중 패권 경쟁 격화가 겹치면서 2020년 이후 일본 기업의 대중국 및 대한국 직접투자가 모두 감소하는 추세가 이어지고 있다.

이러한 흐름은 한일 경제관계가 외교 관계에 자유롭지 못함을 보여주는 한편, 한국 경제 성장과 함께 수직적 분업에 기반한 양국 기업 간 경쟁과 협력관계가 본질적으로 변화하고 있음을 시사한다. 따라서 한일 간 무역 활성화를 위한 정책적 지원과 새로운 협력 방안 모색이 필요한 시점이다.

[한국의 수입상대국으로서 일본의 비중]

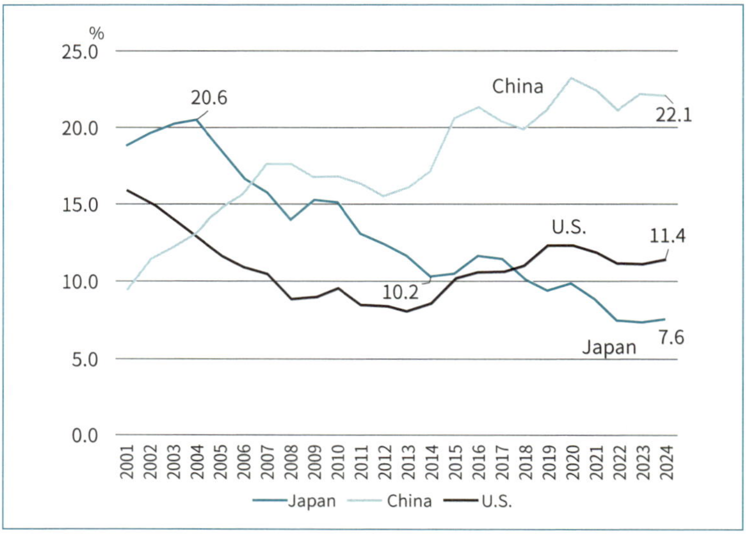

[일본의 대한국 해외직접투자 추이]

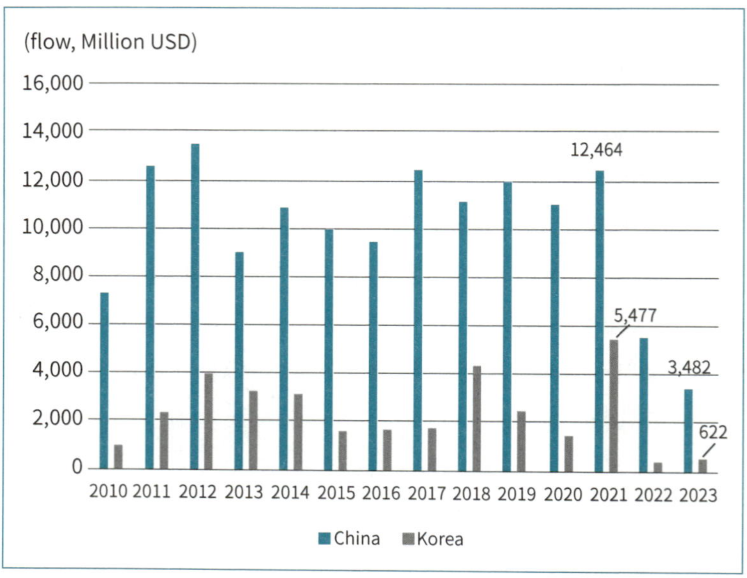

그림 1. 한국의 對日 경제관계

자료: 한국무역협회 및 JETRO

4. 제언

(1) 공동 비전과 인적 교류 확대

한일 양국은 공통 과제들을 고려하여 산업계가 단독으로 추진하기 어려운 개별 협력 프로젝트를 지속적으로 진행하는 데 중점을 두어야 한다. 실제로 양국 간 비즈니스 관계는 현재 대부분 평화롭게 유지되고 있으며, 인적·물적·금전적 교류도 일정 수준 이상을 유지하고 있다. 따라서, 양국 간 무역 수지 문제를 정치화하지 않고, 비즈니스 확대를 목표로 삼는다면 경제·사회적 유대 관계가 자연스럽게 강화되어 인적 교류가 활성화되고, 다시 비즈니스 확대로 이어질 것이다. 무리하게 새로운 정치적 프로젝트를 추진하기보다는, 젊은 세대를 중심으로 인적 교류 기반을 넓히는 것이 더욱 효과적일 것이다.

이를 위해 한일 양국이 공통의 시각을 공유하기 위해 양국 경제인이 함께 모여 공동의 경제 비전을 작성할 것을 제안한다. 대일(對日) 및 대한(對韓) 감정은 지속적인 대화와 교류를 통해 변화할 수 있으며, 공동 비전 작성 과정에서 양국은 상호 협력을 통해 얻을 수 있는 이익을 실현하기 위한 경제·사회의 방향성을 모색할 수 있을 것이다. 이 논의의 중심에는 미래 주역이 될 젊은 세대가 자리해야 하며, 특히 양국을 대표할 스타트업 리더들이 기존 대기업 경영자들의 발상을 넘어선 새로운 사고와 아이디어를 제시할 것을 기대한다.

(2) 공급망 분야에서의 한일협력

중국의 경제적 강압에 따른 공급망 단절 리스크를 완화하기 위해서는 한일 양자 간 협력만으로는 한계가 있으므로, 미국이 주도하는 인도-태평양 경제 프레임워크(IPEF)를 비롯한 다자간 공급망 협력 틀을 적극 활용하는 것이 바람직하다. 2023년 11월 IPEF 각료급 회의에서는 공급망 협정(IPEF Agreement relating to Supply Chain Resilience)에 서명하였으며(2024년 4월 발효), 2024년 7월 한국은 IPEF의 세 가지 이행기구 중 하나인 위기대응네트워크의 초대 의장국으로 선출된 바 있다. 다만, 2025년 1월 트럼프 행정부가 출범함에 따라 바이든 행정부 시절 주도된 IPEF 구상의 향방은 불확실한 상태이다. 그럼에도 한국 정부는 IPEF 위기대응네트워크 의장국으로서의 경험을 적극 활용하여 IPEF 공급망 협력 프로그램을 지속하고, 후속 프로그램을 일본과 협력하여 함께 개발할 필요가 있다.

정책 수단은 크게 미국 주도의 다자간 협력 기구인 핵심광물안보파트너십(Minerals Security Partnership, MSP) 활용과 한일 양자 간 협력으로 나누어 생각할 수 있다. 트럼프 행정부 시기 MSP의 향방은 아직 확정되지 않았으나, 2024년 7월 MSP 의장국을 1년간 맡은 한국 정부는 MSP 각종 포럼을 통해 일본과 공동으로 제3국에서 핵심광물 개발사업을 추진하는 방안을 유효한 전략으로 고려할 수 있다. 한일 양자 협력 차원에서는 관련 정부부처 간 정책 대화, 자원외교, 정부 유관 기관의 활용 등 다양한 정책 수단을 적극 모색할 필요가 있다. 특히 한일 양국 정부 유관 기관, 즉 광물자원개발을 담당하는 한국의 광해광업공단(Korea Resources Corporation, KORES)과 일본의 에너지·금속광물자원기구(Japan Organization for Metals and Energy Security, JOGMEC), 그리고 정책금융기관인 한국수출입은행, 일본국제협력은행(Japan Bank for International Cooperation, JBIC), 한국무역보험공사, 일본수출입보험기구(Nippon Export and Investment Insurance, NEXI)를 활용한 제3국에서의 광물자원 공동개발 사업은 2010년대 초반의 경험을 바탕으로 재추진하는 방안을 검토해 볼 필요가 있다.

나아가, 양국 정부가 핵심광물 리사이클 정책을 강력히 추진하고 있는 점을 고려할 때, 정부 간 정책 대화를 통해 리사이클 정책의 구체적 내용(성능 평가, 안전 관리, 제도 및 인프라 등)에서 상호 벤치마크할 수 있는 분야를 탐색하고, 유럽연합(EU)의 리사이클 규제에 대한 공동 대응 방안을 모색하는 것도 의미 있는 협력 과제이다.

(3) 한일 FTA 체결 및 한국의 CPTPP 가입

현재 한일 간에는 높은 수준의 자유무역협정(FTA)이 체결되어 있지 않다. 양국은 2003년 12월부터 양자간 FTA 협상을 시작했으나, 2004년 11월 진행된 6차 협상 이후 교착 상태에 빠져 무산되었다. 2020년 12월 한일 양국은 역내포괄적경제동반자협정(RCEP)에 공동으로 가입하였으나, RCEP은 한일 간 무역 자유화율이 약 80% 수준에 머무르는 등 전반적인 시장 자유화율이 낮아 21세기형 FTA라 하기에는 한계가 있다. 이러한 현실은 한일 양국이 자본과 기술력을 융합하여 경제적 시너지 효과를 극대화하고, 경제 성장 잠재력을 제고하기 위해 '높은 수준'의 자유무역협정 체결이 필요함을 시사한다.

현재 한국 정부가 선택할 수 있는 일본과의 높은 수준의 자유무역협정 체결 방안으로는 한일 간 FTA 체결 또는 한국의 CPTPP 가입이 있다. 2003년 한일 산·관·학 공동연구에서는 한일 FTA 체결 시 한국의 GDP가 0.07% 감소할 것이라는 부정적 결과가 있었으나, 최근 연구에서는 0.06%의 증가 효과가 기대되는 것으로 나타났지만, 여전히 미미한 수준이다. 반면, 한국의 CPTPP 가입은 실질 GDP를 0.33~0.35% 증가시킬 것으로 전망되고 있다(2022년 3월 CPTPP 공청회 자료). 제2기 트럼프 행정부의 IPEF 공급망 협정에 대한 입장이 불투명한 가운데, CPTPP 참여국들이 중국의 경제적 강압 및 시장 왜곡 관행에 대응하고 공급망 강화를 위한 협정 개정을 추진 중이므로, 한국의 CPTPP 가입은 IPEF 공급망 협력 관점에서도 의의가 클 것이다.

(4) 한일 스타트업 플랫폼 구축

혁신과 그 추진 주체인 한일 스타트업은 양국이 공통으로 집중해야 할 우선 분야이다. 규제 완화, 시장 창출, 투자 환경 개선, 아이디어 보유 인재의 교류 등을 통해 스타트업 생태계를 체계적으로 정비하고, 한일 시장 통합을 촉진하는 데 큰 의미가 있다.

한국은 스타트업 지원을 선도해 왔으나, 정책 의존에 따른 정치적 리스크, 규제 완화 지연, 국내 시장의 한계, 대외 의존적인 출구 전략 등의 과제를 안고 있다. 반면, 디지털 전환에서 크게 뒤처진 일본은 최근 디플레이션 극복 노력과 함께 스타트업에 대한 관심이 높아지고 있으며, 처음부터 해외 시장 진출을 지향하는 한국의 개방성, 사업 추진 속도, 자금 조달 방식 등에서 배울 점이 많다. 또한, 한국은 경쟁이 치열한 미국, 중국, 불확실성이 높은 동남아 및 중동 시장과 대비해, 과제 해결형 사업 기회가 풍부하며, 대기업 주도형 벤처캐피털(Corporate Venture Capital, CVC) 및 종합상사의 투자 네트워크가 기대되는 일본 시장의 잠재력을 주목할 필요가 있다.

대학을 포함한 창업 지원 서비스 관계자 간 정보 교환, 스타트업 성공 사례 비교, 실리콘밸리와 싱가포르 등 제3국에서의 기업 및 인재 교류 촉진, 체재 요건 및 입국 심사 완화에 따른 대기업·대학의 스핀아웃(Spin-out: 대학에서 개발된 기술이나 지적 재산권을 기반으로 독립적인 기업을 설립하는 것), 청년층·여성·시니어 인적 교류 활성화는 창의적인 아이디어 촉진으로 이어질 것이다. 더불어 의료·간병, 농업, 교육, 기후변화, 재난관리 등 긴급한 공통 과제 해결을 위한 시민단체 노력과 스타트업 활성화를 위한 정보 공유 플랫폼 구축도 기대된다.

(5) 에너지 및 환경 협력의 추진

에너지 측면에서 일본은 원료 조달에서 공급까지의 안정성과 에너지 절약을 양대 축으로 정책을 추진해왔으나, 최근에는 구매력 저하와 지리적 제약에 따라 재생에너지를 포함한 비용 절감이 시급한 과제로 대두되고 있다. 한국 역시 에너지 다소비형 제조업을 저렴한 전력 공급으로 지원하는 기존 방식에 한계가 드러나면서, 수출 경쟁력을 유지하기 위해 국제 환경 규제에 능동적으로 대응할 필요성이 제기되고 있다. 이웃 국가이자, 지진 등 자연재해 위험이 상대적으로 적고, 전력 사용 피크 시기가 서로 달라 한일 간 전력 융통 가능성이 언급된 바 있어 우선 협력할 수 있는 영역이라는 점도 고려해야 한다. 현 단계에서 국제 기준이 정해지지 않았으며 기술적 불확실성이 남아있는 수소 등 분야에서의 협력이, 양국의 공통 이해관계에 부합하고 상호 신뢰 기반 협력에 적합한 현실적인 방안이라 할 수 있다.

이 분야에서는 일본이 추진해온 '아시아 제로 에미션 공동체(Asia Zero Emission Community, AZEC)'에 한국이 적극적으로 참여하는 동시에, 기초 연구를 포함한 수소 글로벌 가치사슬(GVC) 형성, 표준화 협력, 그리고 공통적인 시장 수요 전망 작성 등을 제언한다. 수소는 미래 핵심 기술로, 세계 표준의 주도력은 생산·저장·수송·이용 등 공급망 효율성에 좌우될 가능성이 높다. 한일 양국은 자동차, 조선 등과 같은 수송 기계와 화학 분야 등에서 선도 기업을 보유하고 있어, 미국·유럽·중국과 경쟁하기 위해서는 신뢰를 바탕으로 한 전략 소재 공동 개발, 수송선 공동 사용 등 다양한 실험적 협력이 가능하다. 에너지 등 전략 분야에서는 연구자, 기술자, 지식재산권 전문가 육성 및 교류를 통해 인적 자원의 질적 향상을 도모하는 것도 양국의 공동 이익에 기여할 것이다.

(6) 농업재생, 지방경제재생

지방 재생은 한일 양국 모두에게 중요한 전략적 과제이다. 지방 경제의 침체는 농업 기반 붕괴 및 국토 황폐화로 이어질 뿐만 아니라, 수도권의 지가(地價) 폭등과 혼잡, 환경 악화 등의 문제를 야기하여 내수 침체와 국경 안보 약화에도 영향을 줄 수 있다.

내수 주도형이었던 일본은 지방 경제 재생을 위해 막대한 예산을 투입했으나, 수많은 시행착오를 겪은 반면, 농업 재생을 통한 푸드테크(Food-Tech) 발전 및 전통 문화·산업 유지가 인바운드 관광 증대에 기여한 측면도 크다. 일본에서는 고령화 사회에 대응한 특례형 규제 완화가 택시 등 모빌리티, 금융, 의료 서비스 분야에서 선도적으로 시행되며 다양한 사회적 실험이 이미 한국보다 앞서 진행되고 있다. 앞으로 규제 완화의 기반이 되는 데이터·정보 플랫폼이 정비된다면, 한국은 늦어진 고령화 대응 문제를 보완할 수 있고, 일본 역시 디지털화의 혜택을 누릴 수 있을 것이다.

스마트 농업, 푸드테크, 재생에너지(예: 바이오매스 발전 등) 분야는 한일 양국이 비교적 쉽게 협력할 수 있는 영역으로 평가된다. 이들 분야에서의 공동 기초 연구와 실험은 지방 대학의 재생에도 긍정적으로 기여할 수 있으며, 농업 종사자와 농업 이주민, 지역 의료·간병인에 대한 평생(recurrent) 교육 등 인적 자원 향상에도 큰 기대를 걸 수 있다. 지방 경제는 한일 양국 모두에서 이미 외국인 노동자에 대한 의존도가 높아지고 있는 바, 이러한 분야를 통해 외국인도 안전하게 근무할 수 있는 환경을 조성하는 것은 양국의 공통된 이익이 될 것이다.

과학기술을 통한 한일협력의 새로운 지평

한일 양국이 국가 전략기술 분야에서 협력한다면, 상당한 시너지 효과를 기대할 수 있다. 주요국들은 핵심 신흥기술(Critical and Emerging Technologies, CET)과 공급망 확보를 국가 전략의 핵심으로 삼고 있으며, 유사입장국(like-minded countries) 간에는 기술·경제·안보의 블록화 경향이 강화되고 있다. 이는 과학기술 주권이 곧 국가의 성장동력과 안보로 직결됨을 의미한다.

중국은 「중국 제조 2025」 전략을 통해 핵심 기술 및 공급망 내재화·자립화를 추진하고 있고, 6G 통신 등 미래 기술 분야의 국제 표준화도 주도적으로 진행 중이다. 일본 또한 경제안보담당대신 신설과 함께 약 5,000억 엔 규모의 경제안보기금을 조성하여 핵심 기술별 국가전략을 강화하고 있다. 한국은 12대 전략기술을 선정하여 구체적 로드맵을 수립하고, 기술 수준 및 인재 양성 규모를 예측·관리하고 있다. 한국과 일본의 국가전략기술 분야는 상당히 유사한 측면이 많아 협력을 통해 세계 기술 질서와 표준을 주도할 수 있는 잠재력이 크다. 협력 분야로서는 예를 들면, 앞서 언급된 수소 분야뿐만 아니라, 바이오 분야 등에서도 디지털·바이오 융합 인재 육성 및 국제 표준 논의에 공동으로 참여할 경우, 글로벌 과학기술 경쟁력 제고에 큰 기여를 할 수 있을 것이다.

1. 한일 과학기술협력의 추이

한일 정부간 과학기술협력은 1985년 체결된 과학기술협력협정을 기반으로 '한일과학기술협력회의'를 통해 활발한 교류가 이루어졌으나, 2011년 이후 중단되었다. 이후 2019년에는 '한일중 과학기술장관회의'도 중단되는 경험을 겪었다. 다행히 2023년 3월 한일 정상회담을 계기로 양국관계가 회복되면서 과학기술 협력이 중요한 협력 주제로 부각되었다. 2023년 5월 한일 정상회의에서는 우주, 양자, 인공지능(AI), 디지털 바이오, 미래 소재 등 첨단 과학기술 분야의 공동 연구와 반도체 공급망 구축에 관한 구체적 합의가 이루어졌다. 또한, 2023년 8월 한미일 정상회의(캠프 데이비드 합의)에서는 반도체, 배터리, 에너지 안보, 바이오, 핵심 광물, AI 분야에서 3국 간 협력을 구체적으로 명시하고, 국립연구소 중심의 인재 및 연구 협력 추진에 합의했다. 같은 해 11월 APEC 정상회의 기간 콘돌리자 라이스(Condoleezza Rice) 전 미 국무장관 인터뷰에서는 수소, 그중에서도 수소차와 스타트업 분야의 협력이 언급되었다.

2024년 한일 정상회담에서도 과학기술 분야의 협력에 대한 합의가 이루어졌다.

2023년 3월 한일관계 회복 이후 정부 차원의 과학기술 협력 논의가 활발해지고 있다. 같은 해 12월에는 12년 만에 한국 과학기술정보통신부와 일본 문부과학성 간 장관급 회담이 개최되었으며, 이후 차관급 회의에서는 우주, 디지털, 지진 대응, 사용후 핵연료 분야 협력 방안에 대한 논의가 시작되었다. 2024년 6월에는 한국 산업통상자원부와 일본 경제산업성 간 장관급 회의를 통해 국제적인 청정수소 공급망 구축 협력을 확대하기 위해 '청정수소·암모니아 공급망 개발 워킹그룹'을 신설하고, '한일 수소·암모니아 공급망 및 활용 협력 플랫폼'을 발족하여 민간 차원의 청정수소 협력 확대에도 합의했다. 또한, 한국 정부가 주도하는 「무탄소 에너지 이니셔티브(Carbon Free Energy, CFE Initiative)」를 통한 한일협력 추진에도 양국이 합의하였다.

2. 한일 과학기술협력의 방향성

과학기술 협력에서 가장 중요한 과제는 인재 교류이다. 인재는 기술 개발의 핵심이며, 비록 개별 기술은 시간이 지나면서 대체될 수 있지만, 혁신적인 기술을 지속 창출하는 인재는 지속 가능한 경쟁력의 원천이다. 한국과 일본은 글로벌 인재 유치 및 육성 측면에서 상호 협력할 수 있는 잠재력이 크다. 공동 연구소 설립, 한일 협동 전공과정 개설 등을 통해 인재 교류를 활성화할 수 있으며, 다수 대학의 공동 수업과 같은 실질적인 협력 사례도 국가 차원에서 확대할 여지가 있다. 이와 같은 협력을 촉진하기 위해 교류 장학금 대폭 확대가 필수적이다.

다음으로 해결해야 할 과제에 대한 논의를 심화할 필요가 있다. 예컨대, 수소는 미래의 중요한 에너지원으로서 제조업 강국인 한국과 일본 양국에 매우 중요한 자원이다. 기후변화 위기 극복을 위해 양국이 협력하여 수소 생태계를 공동 구축하는 것은 큰 의미가 있다. 유럽과 달리 전력망을 공유하지 않는 한일 양국이 장기적 협력을 바탕으로 수소 공급망을 구축하는 것은 전략적으로 매우 중요하다. 이와 함께 재생 가능 에너지 분야 전반에서도 다양한 협력 기회가 존재한다. 2023년 한일 정상회담에서는 미래지향적 한일관계를 구축하기 위해 '한일 미래 파트너십 기금'에 합의하였으며, 이를 활용해 양국 스타트업 및 과학기술 분야 인재 교류를 적극 촉진하고, 공동으로 미래가치를 창출하는 노력이 필요하다.

3. 제언

과학기술은 한국과 일본을 연결하는 중요한 가교이자 촉매제로서, 양국이 공통의 목표를 설정하고 미래지향적 관계로 발전하는 데 촉매제 역할을 한다. 이러한 기반 위에서 한일 과학기술 협력의 지속성을 확보하기 위해 다음과 같은 구체적이고 체계적인 제언을 제시한다.

첫째, 한국과 일본 양국이 공동으로 지원하고 운영·관리하는 '공동연구소' 설립을 제안한다. 양국은 이미 반도체, 배터리, 차세대 모빌리티, 로봇 분야에서 세계를 선도하고 있으며, 이러한 핵심 분야에서의 공동연구소는 최신 기술과 연구 성과를 공유하고 연구자 간 협력과 교류를 활성화하는 기반이 될 것이다. 아울러, 향후 중요도가 더욱 증대할 것으로 예상되는 양자, 인공지능(AI), 바이오 분야에서도 공동연구소를 구축해 신기술 창출과 실증 연구를 진행함으로써 실제 산업 현장에 적용 가능한 혁신 기술 개발에 기여해야 한다.

둘째, 양국 정부와 민간이 공동으로 기금을 조성하여 과학기술 분야 고등학생, 대학생, 대학원생 등을 대상으로 한 장학금 제도를 확대해야 한다. 한국과 미국 간 사례에서 볼 수 있듯이, 정부 주도의 장학금 기금은 매년 활발한 인적 교류를 촉진하고 우수 인재 양성에 기여해왔다.

한국과 일본도 장학금 및 연구 지원을 단기 예산 사업에 의존하는 것이 아니라, 기금 창설을 통해 지속성을 확보함으로써 양국 학생들이 서로의 나라에서 수업을 듣고 학위를 취득하며, 공동 연구에 적극 참여할 수 있는 토대를 마련해야 한다. 이를 통해 공동 연구 활성화와 인재 교류의 장기적 발전을 기대할 수 있다.

셋째, 기존의 한일과학기술협력회의(1985년 시작)와 한일산업기술

협력재단(1992년 설립) 등 다양한 정부 및 관계기관 협력 체계를 확대·발전시킬 필요가 있다. 이를 위해 한일 정부 간 정책 대화를 정례화하고, 기술 개발, 인재 양성, 투자, 지식재산권 보호, 국제 표준 논의 등 세부 분야별로 특화된 복수의 하부협의체(sub meeting)를 신설하여 상시 소통 및 정보 공유 체계를 구축할 수 있을 것이다. 이와 같은 협의체 운영은 구체적 협력 사업의 기획 및 실행 효율성을 극대화할 뿐만 아니라, 양국 과학기술 전략의 긴밀한 연계를 촉진하는 데 기여할 것으로 기대된다.

마지막으로, 탄소 중립과 인공지능(AI) 분야는 한일 양국이 미래 기술 및 환경 분야에서 리더십을 발휘할 수 있는 전략적 영역으로서, 협력의 폭과 깊이를 확대할 중요한 기회를 제공한다. AI 분야에서는 단순히 소프트웨어 산업에 그치지 않고, 첨단 하드웨어 및 반도체 관련 기술 협력도 함께 추진해야 한다. 양국이 공동으로 반도체 설계, 공정 기술, 생산 체계를 개발한다면 차세대 AI 하드웨어 경쟁력 강화와 국제 기술 표준 수립에 있어 주도적 역할을 할 수 있을 것이다. 아울러 6G 등 차세대 통신 체계의 기술 표준화 협력과 우주 분야에서의 지속적 공동 관심과 연구를 통해 미래 우주 산업 발전에도 기여할 수 있다.

탄소 중립 측면에서 에너지 집약 산업인 철강 분야는 한일 양국이 협력하여 발전시킬 수 있는 중요한 분야이다. 예를 들어, 철강 제조 공정에서 기존의 고탄소 배출 방식을 수소 환원 공정으로 전환하는 연구와 실증 사업을 공동으로 추진함으로써 환경 부담을 획기적으로 줄이는 기술 개발에 함께 기여할 수 있다. 아울러 탄소 포집 위험부담과 함께 활용 및 저장(Carbon Capture, Utilization and Storage, CCUS) 기술과 관련하여 공동 파일럿 프로젝트를 실시하여 이산화탄소를 효과적으로 포집하고 저장 및 재활용하는 기술을 개발한다면,

양국은 국제 사회에 모범 사례를 제시하며 탄소 중립 실현에 선도적인 역할을 할 수 있을 것이다.

이와 같이, 한일 과학기술 협력은 공동연구소 설립, 지속 가능한 장학금 및 연구 지원 기금 마련, 기존 협력체계의 확대와 발전, 그리고 탄소 중립 및 인공지능(AI) 분야의 선도적 협력 등 다각적 접근을 통해 양국의 기술 경쟁력을 한층 강화하고 국제사회에서의 주도적 위상을 확고히 할 수 있다. 이러한 제언들을 체계적으로 실행함으로써, 한일 양국은 미래지향적 파트너십을 보다 공고히 하고, 글로벌 혁신과 지속 가능한 발전에 기여하는 모범적인 협력 모델을 구축해 나갈 것이다.

저출산·고령화에 대한 한일의 정책적 대응

한일 양국은 급속한 저출산·고령화와 인구 감소라는 공통적 도전에 직면해 있다. 일본의 합계출산율은 1970년대 이후 인구 유지에 필요한 대체 수준(replacement level fertility, 인구 대체 출산율, 인구치환 수준)을 밑돌아 지속적으로 하락하고 있다. 미혼율의 상승세도 뚜렷하다. 1970년대 5% 미만이었던 생애 미혼율(50세까지 결혼 경험이 없는 사람의 비율)은 2020년에는 남성 약 30%, 여성 약 20%로 크게 상승했다. 최근에는 코호트 합계출산율마저 인구 치환 수준을 밑돌고 있고, 출산 시기가 늦어지면서 추후 보완적 출산(catch-up effect)을 기대하기도 어려운 실정이다.

일본에서의 저출산 현상은 지역별로 뚜렷한 차이를 보인다. 대도시권을 제외한 동북 지방의 경우, 출산율 저하와 인구 유출이 동시에 진행되면서 소멸 위험이 높은 도시의 비율이 크게 나타난다. 반면 도쿄권은 출산율이 낮지만 사회적 유입 인구가 많아 상대적으로 소멸 위험은 낮은 편이다. 앞으로도 일본의 저출산은 인구 감소를 지속적으로 심화시킬 것으로 전망된다. 65세 이상 인구는 2040년대 이후 감소세로 전환될 것으로 예상되지만, 이로 인해 경제와 고용 측면에서 고령층 의존을 기대하기는 어렵다. 더욱이 고령 인구의 절대 규모가 줄어들더라도 고령화율은 계속 상승하기 때문에, 현역 세대의 부담이 경감될 가능성은 낮다.

한국의 상황은 이보다 더 심각하다. 1960년대 일본의 합계출산율은 약 2명 수준이었던 반면, 한국은 약 5명으로 훨씬 높았다. 그러나 2000년대 초반에 한일 간 추세가 역전되었고, 2023년에는 일본이 약 1.2명, 한국은 0.72명으로 나타나 한국의 출산율 하락세가 두드러지고 있다. 이로 볼 때, 현재 한국의 인구 감소 속도가 일본보다 완만하더라도 장기적으로는 일본을 능가할 것으로 전망된다.

고령층에 대한 부양 부담 역시 한국이 일본보다 더 심화될 것으로 예상된다. 65세 이상 인구에 대한 15~64세 인구의 비율(잠재부양지수)을 살펴보면, 2022년 기준 일본은 2.05, 한국은 4.06이었다. 그러나 2070년에는 일본이 1.35인 반면, 한국은 1 이하로 하락할 것으로 전망된다. 이는 장래 한국에서는 현역 세대보다 고령 인구가 더 많아져 사회·경제적 부담이 한층 가중될 수 있음을 시사한다.

1. 인구감소에 대한 정책 대응

이러한 상황에서 한국과 일본 모두 저출산·고령화 및 인구 감소에 대응하기 위해서는 '인구 감소를 전제로 한 적응정책'과 '인구 감소를 억제하기 위한 정책'이라는 두 축을 균형 있게 추진할 필요가 있다. 후자의 경우 출산율 제고를 위한 저출산 대응 정책과 이민자 수용 정책이 포함되며, 본 보고서에서는 특히 저출산 정책을 중심으로 살펴보고자 한다.

일본의 저출산 정책은 충분하다고 보기 어렵다. 예컨대, 아동수당과 같이 용도가 특정되지 않은 현금 보조의 경우 정책 효과가 제한적일 가능성이 크다. 따라서 단순한 현금 지원보다는 육아 비용을 직접적으로 줄일 수 있는 교육비 부담 완화 등 보다 구체적이고 체감도가 높은 정책에 집중할 필요가 있다.

또한, 젠더 평등 측면에서도 포괄적인 노력이 충분히 이루어지고 있다고 보기는 어렵다. 남성의 육아휴직 사용률 및 일·생활 균형(work-life balance) 향상을 위해서는 성별 고정적 분업 인식을 완화하고, 젠더 평등 문화를 확산시키는 것이 필수적이다. 이를 실현하기 위해서는 사회 전반의 문화적 변혁이 요구된다. 더욱이 젊은 세대의 혼인율을 높이기 위한 지원 또한 미흡하다. 연령이 높아질수록 가임력이 저하된다는 점을 고려할 때, 오늘날과 같이 만혼·만산 현상이 일반화된 사회에서는 평균적으로 일생에 걸쳐 충분한 출산 수준—즉 희망 출산율(1.8명)이나 인구 대체 수준(2.07명)—을 달성하기가 사실상 어렵다.

저출산의 주요 요인이 유배우율의 하락, 즉 만혼화로 인한 만산화에 있다는 점을 감안하면, 젊은 층의 혼인율을 높이는 것은 저출산 극복을 위해 매우 중요한 과제라 할 수 있다. 동시에 저출산·고령화 및 인구 감소를 전제로 한 정책도 병행하여 추진할 필요가 있다. 이는 저출산 정책의 효과가 본질적으로 불확실성을 지니며, 설령 효과가 나타나더라도 단기간 내에는 가시적인 변화를 기대하기 어렵기 때문이다. 따라서 인구 감소가 불가피하게 진행되더라도 경제 성장이 가능하도록 하는 방안 마련이 중요하다.

이와 관련해 공급 측면에서는 ▲노동력 부족 해소 ▲생산성 향상 ▲과학기술 진보 등이, 수요 측면에서는 ▲부가가치가 높은 상품·서비스 개발 ▲수요층 확대 ▲판로 다변화 등이 주요 과제로 고려될 수 있다.

2. 저출산 대책을 둘러싼 한일협력의 의의

저출산·고령화 문제에 대한 공동 대응을 모색한다는 관점에서, 한일협력은 다음과 같은 의의를 지닌다. 첫째, 청년층의 결혼 지원이다. 혼외자 비율이 낮고 결혼이 출산의 전제 조건으로 인식되는 한국과 일본의 문화적 특성상, 유배우율은 출생률에 미치는 영향이 크다. 그러나 최근 들어 출산에 기여도가 큰 청년층의 결혼 건수와 결혼 의지가 모두 저하되는 추세가 나타나고 있다. 이와 관련해 주의할 점은, 국가가 결혼과 출산에 대한 특정 가치관을 강요해서는 안 된다는 것이다. 국가가 개인의 선택과 가치관을 침해할 경우, 오히려 개인의 행복 수준을 저하시켜 저출산을 가속화할 가능성이 있기 때문이다. 따라서 정책적 접근은 문화적 변화를 수반해야 하며, 일본에서 점차 확산되고 있는 결혼·출산 관련 생애 설계(life planning) 지원은 그 유용한 사례가 될 수 있다. 이러한 점을 종합해볼 때, 생애 설계와 같은 방법을 둘러싼 논의와 협의를 한일이 공동으로 추진하는 것은 저출산 문제 대응에 있어 중요한 의의를 가진다고 할 수 있다.

둘째, 저출산 대책에 대한 사회적 수요(needs)를 심층적으로 반영하는 것이 필요하다. 한국과 일본 모두 양육 지원과 관련해 새롭고 참신한 관점에 근거한 정책적 발상의 여지가 여전히 존재한다. 예를 들어 일본의 경우, 학교 외 교육비(학원·예비학교 등)에 대한 부담 경감이 충분히 이루어지지 않고 있으며, 급식비나 대학 등록금의 보편적 무상화도 실현되지 못하고 있다. 또한 결혼과 출산을 희망하는 부부 및 미혼자의 요구를 보다 충실하게 반영할 수 있도록 관련 논의를 심화해 나가는 것이 중요하다.

셋째, 저출산·고령화 및 인구 감소를 전제로 한 정책 추진도 병행되어야 한다. 이와 관련해 핵심 과제는 노동력 부족의 해소와 과도한 인구 집중 현상의 시정이다. 한일협력의 관점에서 전자의 경우 노동력 보완을 위한 양국 간 연계 강화, 후자의 경우 대도시에 집중된 인구를 지역 거점 도시로 분산시켜 집적경제를 형성하는 전략을 들 수 있다. 이는 국토의 균형 발전을 도모할 뿐만 아니라 국가 전체의 생산성 향상에도 기여할 수 있다. 이러한 지방 창생은 한일이 공통적으로 안고 있는 과제로서, 이를 둘러싼 공동 검토와 협의는 큰 의의를 지닌다.

3. 제언

저출산 대책은 고령화, 인구 감소, 지방 소멸과 함께 한일 양국이 공통으로 직면한 핵심 과제라는 인식을 바탕으로, 각료급 회의나 실무자급 회의 등 정책 대화를 통한 한·일 협력이 필요하다. 구체적인 협력 방안으로는 다음과 같은 사항을 들 수 있다.

첫째, 젊은 세대의 결혼 지원 정책의 현황과 과제에 대한 정보 공유 및 검토이다. 결혼 지원은 저출산 대책 중에서도 핵심적 과제임에도 불구하고 양국 모두 정책 시행 수준은 충분하지 않다. 따라서 관련 연구 성과(예: 결혼 지원 서비스 이용 효과)를 참고하여, 현황과 문제점을 상호 공유하고 보완점을 도출함으로써 보다 효과적인 시책을 모색할 필요가 있다.

둘째, 한일이 공동으로 저출산 대책에 대한 수요를 발굴하여 독창적이고 참신하면서도 효과적인 시책에 대해 검토, 협의한다. 출산이나 결혼을 희망하는 부부나 미혼자의 수요가 높고, 효과를 기대할 수 있을만한 정책을 발굴하기 위해 한일 공동으로 조사 등을 실시하여 수요를 발굴하고, 저출산 대책의 효과에 대한 연구 성과를 감안하면서 검토 및 합의한다.

셋째, 저출산·고령화 및 인구 감소로 인한 노동력 부족 완화를 위한 한일 간 상호 보완 방안에 대해 검토·협의한다. 양국 모두 노동력 부족 문제에 직면해 있는 만큼, 노동 수요가 상대적으로 덜 심각한 분야에서 심각한 분야로의 인력 이동을 촉진하는 등 상호 보완적 대책을 모색할 필요가 있다.

넷째, 대도시의 과도한 집중 현상을 완화하고 지역 거점 도시에 인구를 분산·집적시키기 위한 방안에 대해 검토·협의한다. 집적경제(集積經濟, 특정 산업이 한 지역에 모임으로써 비용 절감, 시장 확대 등 긍정적 효과가 발생하는 현상)를 유도하기 위해 거점 도시에 인구와 산업을 전략적으로 집적시키기 위한 방법을 모색해야 한다. 이 과정에서 농업 재생은 한일 양국이 공통적으로 직면한 과제이며, 농업 분야의 집적은 유력한 수단 중 하나로 고려될 수 있다.

Ⅳ

건전하고 안정된 한일관계를 위한 협력

한일 역사 화해를 위한 제언

한일 역사 화해는 국교 정상화 이래 많은 어려움 속에서도 꾸준히 진전되어 왔다. 그 배경에는 화해를 위한 양국의 정치적 리더십, 다양한 학술·문화 교류를 통한 상호 이해 증진, 그리고 양국을 둘러싼 안보 환경이 있었다. 특히, 한국의 고도 경제발전과 저출산·고령화 등 양국이 공통으로 직면한 사회 문제의 공유도 한일 상호 접근을 촉진하는 요소로 작용하였다.

그럼에도 불구하고, 불행한 과거를 둘러싼 양국 정부 간 입장 차이와 복잡한 국민 감정은 여전히 이른바 '역사 문제'로서 해소되지 않은 채 남아 있다. 특히, 일본군 '위안부' 문제와 강제동원 문제 등의 현안에 대해 일본은 법적·외교적으로 해결된 사안이라고 보는 반면, 한국은 지금까지의 해결책에 대해 충분히 납득하지 못하는 상태이다.

한일 양국 정부와 국민은 역사 화해가 장기간에 걸쳐 섬세함과 인내를 요하는 창조적 과정임을 인식할 필요가 있다. 이는 정확한 역사적 사실에 기반한 대화와 교류를 반복하면서, 피해자의 마음을 배려하고 상대방의 존엄을 존중하며 관용의 정신을 발휘하면서 앞으로 나아가는 과정이다. 한일 간 역사 화해가 더욱 진전될 경우, 양국은 식민 지배를 둘러싼 화해의 모범 사례를 제시할 수 있을 것이다. 양국 국민과 사회는 역사 화해의 진전을 위해 지속적인 반성과 관용을 토대로 다음과 같은 방향으로 나아가야 한다.

첫째, 일본군 '위안부' 문제와 강제징용 문제는 법적 책임을 통한 해결보다도, 피해자의 마음을 치유하는 것이 화해로 나아가는 길임을 양국이 공통으로 이해할 필요가 있다.

피해자의 명예와 존엄 회복을 위해서는 가해자의 사실 인식과 진정한 사죄가 중요하다. 피해자는 가해자와 사회가 과거 행위가 부당했으며 자신의 가치가 훼손되지 않았음을 확인함으로써 분노를 극복할 수 있다. 사법적 해결이 반드시 가해자의 사실 인식과 사죄를 보장하는 것은 아니다. 한일 양국 정부는 사법 절차에 의존하지 않고도 가해 사실 인식에 기초한 문제 해결을 위해 지속적으로 노력하며 약속과 원칙을 확인해왔다. 따라서 양국은 이러한 약속과 원칙에 기반하다 기존의 합의를 존중하며, 사법부의 판단을 외교 문제화해서는 안 된다.

둘째, 가해와 피해에 관한 역사적 사실 인식을 바탕으로 화해 노력을 지속해야 한다.

한일 양 정부는 일본군 '위안부' 문제와 강제징용 문제에 관한 기본적 사실을 소개해야 한다. 일본 정부는 일본군 '위안부' 문제에 대해 아시아여성기금의 사업을 실시하고 2015년 12월 한일 외교 장관 합의에서 '다수의 여성의 명예와 존엄에 깊은 상처를 입힌 문제'라는 인식을 표명하는 등, 사죄와 속죄 활동을 수행해 왔다. 그러나, 일본 정부는 일본군 '위안부'의 피해 배경이나 실태에 대해 사실을 소개하고 국민에게 설명을 하는 노력을 강화할 필요가 있다. 문제의 성격은 다를 수 있으나, 피해 사실을 명확하게 소개하는 사례로 네덜란드가 있다. 네덜란드 정부는 과거 노예무역이나 노예제도에 대한 사죄를 표명하는 홈페이지에서 그 배경과 피해의 사실도 명시하고 있다.

셋째, 역사적 사실에 대한 조사 연구를 지속해 나갈 필요가 있다.

가해와 피해의 역사적 사실 인식에 대해서는 논쟁적인 부분이 존재한다. 예를 들어 강제징용은 '모집', '관 알선', '징용' 등 다양한 형태가 있었기 때문에 일괄적으로 '강제동원'이라고 보기는 어렵다. 물론 사실상 징용인 것처럼 모집했다는 증언도 있다. 또한, '강제동원'이 아니라고 해서 자동으로 '강제노동'이 아니라는 해석이 성립하는 것도 아니다. 가혹한 노동 실태는 여러 증언이나 조사에서 확인되고 있다. 과거의 맥락과 현재의 관점 사이의 균형을 유지하면서 한일 정부간 견해의 차이를 좁히려는 노력을 지속해야 한다. 이 같은 접근은 일본군 '위안부' 문제에 있어서 강제성에 대한 논의에도 적용된다.

여기서 중요한 점은 역사적 사실의 복잡성을 그대로 직시하는 것이지, 옳고 그름을 단순화하여 논의하는 것이 아니라는 점이다. 이는 상대방을 이기거나 비난·규탄하려는 목적이 아니라, 스스로에게 불편한 사실을 포함하여 역사적 사실을 있는 그대로 받아들이는 태도를 의미한다. 따라서 학술 연구에 기반한 정확한 역사적 사실의 축적이 매우 중요하다.

이에 더해, 연구자뿐만 아니라 일본 기업, 언론, 대학, 각 도시 등이 일제 통치하 한반도에서 어떠한 활동을 하였는지 조사하는 것도 의미 있을 것이다. 이는 통치의 직접 주체였던 정부뿐 아니라 민간 부문의 활동 실태를 파악함으로써 식민지기의 다양한 양상을 보다 정확히 이해하는 데 기여할 수 있다. 식민 지배에 관여한 기업들은 강제징용 피해자들에 대한 고용 및 관리 실태를 조사하고, 그 결과를 사사(社史) 형태로 기록으로 남길 수 있다. 예를 들어, 폭스바겐사는 전시(戦時) 강제노동에 관여한 사실에 대해 조사를 실시하고, 그 결과를 출판한 바 있다. 또한, 영국 등의 대학, 언론, 중앙은행 등은 과거 노예무역과 그 피해, 그리고 오늘날에 이르는 영향까지 광범위하게 조사한 사례가 있다.

사실 조사와 연구의 축적이 사회에 환원된다면, 국민 감정에서 비롯되는 극단적 기억이 양국의 대화와 화해를 저해하는 것을 방지할 수 있다. 무엇보다 국민 감정은 개개인의 경험과 기억, 그리고 공동체의 기억과도 결부되어 있어 이를 무시할 수는 없다. 역사 화해의 과정에서는 국가적 차원에서 수렴되지 않는 개인의 목소리 또한 중요한 의미를 지닌다.

넷째, 이러한 이유로 한일 역사 화해는 전통적 외교를 넘어 상대의 마음을 존중하며 신뢰를 쌓아가는 긴 호흡의 노력이 필요하다는 점을 인식하는 것이 중요하다.

정부 차원의 외교적 노력으로 일본의 총리 혹은 주한 일본 대사가 진심이 담긴 사죄와 반성의 뜻을 피해자 또는 유족에게 직접 전하는 것을 검토해 볼 수 있다. 이는 피해자의 명예와 존엄을 회복하고 마음의 상처를 치유하기 위한 중요한 의례이자, 한일 화해의 중요한 계기가 될 수 있다. 한편, 국가적 틀을 넘어 신뢰 조성에 성공한 사례가 있다. 2024년 노벨 평화상을 수상한 '니혼히단쿄(일본 원수폭피해자단체협의회)'는 오슬로에서 열린 시상식에 '한국원폭피해자협회' 대표를 초청하여, 히로시마와 나가사키의 원폭 피폭 기억을 한일이 공유하는 모습을 보여주었다. 국경을 초월한 시민 사회의 기억 계승 존중은 동아시아를 넘어, 지구적 화해로 나아갈 수 있는 가능성을 시사한다고 할 수 있다.

국제관계 차원의 화해 과정에서는, 국가의 역사적 서술이나 공적 기억뿐만 아니라, 역사가, 기억 계승 활동가, 박물관, 시민사회 등의 다양한 주체가 국경을 넘어 전파하는 기억도 중요한 역할을 한다는 점을 간과해서는 안 된다. 한일관계에서는 강제징용 문제의 해결을 위한 '일제강제동원피해자지원재단'의 제3자 변제 방안에도 양국 시민 사회의 관심과 협력을 이끌어내는 노력이 필요하다.

1. 역사 화해를 위한 제언

역사 화해에서 중요한 것은 한일 양국이 갖고 있는 역사적 사실에 기반한 해석을 서로 이해하고, 그 간극을 가능한 한 좁혀 나가는 것이다. 양국은 민주주의 사회로서 서로 다른 역사 인식과 해석을 갖고 있고, 때로는 다양한 의견이 충돌하는 것도 불가피하다. 중요한 것은 이러한 차이를 적대적으로 여기지 않고, 역사 해석의 다양성을 인정하면서 상호 해석의 차이가 발생하는 원인을 이해하고, 그 간극을 줄여 나갈 가능성을 모색하는 데 있다.

나아가 국가의 틀을 넘어선 관점이 가져오는 복합적이고 풍부한 역사 해석을 수용하는 것도 중요하다. 일국사(一國史)적 관점은 자국의 민족사만이 옳고 상대 민족사는 틀렸다는 이분법적 사고에 빠지기 쉽기 때문이다. 민중사를 포함한 다양한 시각에서의 식민지 시대 연구는 한일의 교류와 협력, 상호 이해 증진에 기여할 수 있다. 예를 들어 식민지기 인적 이동(조선인의 일본 도항(渡航), 조선 잔류 일본인, 사할린 잔류자 등), 여성사, 노동자사 등을 주제로 한 연구나 조선통신사를 맞이하는 각 도시의 역할 등에 관한 연구는 한일 교류에 대한 심층적 이해를 가능하게 할 것이다. 이와 같은 점들을 감안하여 다음의 사항을 제언한다.

2. 제언 1. 한일 상호 역사 공동 연구

역사 해석에 대한 상호 이해를 증진하기 위해 한국과 일본 연구자들이 공동으로 양국 역사를 연구할 필요가 있다. 이를 위해 연구소 또는 이에 준하는 기관을 양국에 설치하는 방안도 검토할 만하다. 양국 연구자들이 자국의 역사를 상대국 연구자가 어떻게 연구, 해석하는가에 대해 솔직하게 논의함으로써 상호 인식에 대한 이해를 심화할 수 있을 것이다. 공동 연구팀은 다양한 연령대의 연구자로 구성하여, 중층적이고 장기적인 양국 간 연구 네트워크 구축을 고려해야 한다. 또한, 공동연구는 양국의 시민사회와의 대화도 적극적으로 추진하여, 국가 경계를 넘어 복합적이고 풍부한 역사 해석의 조화를 모색하는 데 중요한 역할을 수행할 수 있을 것이다.

3. 제언 2. 초국가적 역사 공동 연구와 기억 공유에 대한 지원

한일의 연구자가 국가의 틀에 얽매이지 않는 초국가적 역사 공동 연구를 수행하고, 그 성과를 사회나 교육 분야 등에 환원할 수 있도록 지원할 것을 제안한다. 초국가적 역사 공동 연구는 한일 양국관계를 상대화 함으로써 보편적 역사 화해 가능성을 탐구하고, 이를 한일관계에도 적용할 수 있는 기반을 마련할 수 있다. 또한, 그 연구 성과를 교육 및 사회 전반에 환원함으로써 한일 간 역사 화해 진전에 기여할 수 있다. 이러한 연구나 교육을 지원하기 위해 한일 연구지원재단이나 관련 단체가 공동으로 설치, 운영하는 틀을 조성하는 노력이 필요하다.

초국가적 역사 연구는 양국의 시민사회 수준의 관계 또한 연구 대상으로 포함된다. 이를 통해 다양한 참여자가 다각적 시각에서 기억을 공유하는 시도도 가능하다. 과거의 기록과 기억은 역사서나 교과서에 국한되지 않고, 영화, 문학 작품 등 다양한 문화 매체를 통해 여러 형태로 전승되고 있다. 기존 연구자 주도의 공동연구에 더해, 영화감독, 박물관 큐레이터, 문화비평가, 역사 소설가, 만화가, 웹툰 작가, 동화 작가, 전문 편집자 등이 함께 모여 동아시아 역사를 공동으로 기록하고 기억하기 위한 연구회를 설립하는 것도 좋을 것이다. 이러한 교류를 통해 서적, 드라마, 영화, 소설, 만화, 웹툰, 게임, 박물관, 미술관 등 다양한 문화 콘텐츠의 공동제작 및 협력사업을 추진할 수 있을 것이다.

4. 제언 3. 역사교사의 상호 교차 연수

일본 역사 교사가 방학 기간 등을 활용하여 한국의 역사 전문가가 진행하는 집중 연수에 참여하고, 반대로 한국 역사 교사도 일본 역사 전문가가 담당하는 집중 연수에 참여하는 상호 교차 연수를 제안한다.

이와 같은 방식은, '임나일본부', '몽골 침공,' '임진왜란', '식민 지배,' '일본군 위안부', '유네스코 세계문화유산', '강제징용' 등 한일 간에 이견이 첨예한 역사 쟁점에 대해 상대방의 논리와 해석을 정확히 이해하고, 의견 차이를 좁히는 기회를 제공할 수 있다. 또한, 공동 역사교과서, 부교재, 역사 지도 작성 등 상호 이해 증진을 위한 다양한 방법을 모색할 수 있다. 상호 연수 과정에서 유엔대학이나 '세계시민교육센터' 등과의 협력 방안도 강구할 필요가 있다. 참고 사례로는 구 유고슬라비아의 내전 이후 세르비아, 보스니아-헤르체고비나, 크로아티아, 알바니아, 그리스, 터키 등의 발칸 지역 역사가들이 실시한 역사 교사 연수 사례를 들 수 것이다.

5. 제언 4. 한국 독립운동에 대한 경의 표명

역사 화해를 진전시키기 위해서는 1998년 한일공동선언에서 언급된 바와 같이, 한일 양국이 과거를 직시하고 상호 이해와 신뢰를 바탕으로 미래를 함께 발전시켜 나가야 한다. 특히, 젊은 세대가 역사 인식을 심화하는 것이 중요하고, 지금까지 한일은 이를 위한 노력을 지속해왔다. 이와 같은 노력을 기반으로, 서로에 대한 존중과 경의를 표한다면, 한일의 상호 이해와 신뢰 구축이 한 단계 더 발전되고 화해가 진전될 수 있을 것이다. 구체적으로는 3월 1일 독립선언일에 파고다공원에 있는 독립선언기념탑을 일본 정부 대표자가 방문하여 헌화와 묵념으로 당시 독립운동에 대한 경의를 표할 수 있을 것이다. 나아가 한일 젊은이들이 3·1독립운동에 참여한 당시 젊은이들의 민족자결 정신을 함께 배운다면 자유와 평화의 진정한 의미를 이해하는 데 도움이 될 것이다. 이는 가해의 역사를 직시하는 것을 넘어 타인의 존엄성을 존중하며 자유와 평화의 진정한 의미를 이해하고 실현하는 토대가 될 것이다. 이와 관련하여, 1991년 가이후 도시키(海部俊樹) 총리 방한 시, 파고다 공원 방문과 제2대 주한 일본 대사 가나야마 마사히데(金山政英) 대사가 3·1절과 8.15 광복절 기념식에 참석하였던 사례를 참고할만하다.

한일 인재육성과 교류의 심화

2024년 한일 인적교류 규모는 1천만 명을 넘어섰다. 이는 1965년 수교 당시 연간 약 1만 명 수준에 불과했던 양국 간 교류가 60년 만에 1,000배 이상 증가한 수치이다. 사실 양국이 처음으로 연간 인적교류 1천만 명을 달성한 것은 2018년이다. 그러나 같은 시기 강제징용문제에 대한 한국 대법원의 판결이 내려졌고, 이듬 해인 2019년 일본은 수출규제 조치를 단행하였다. 그 결과 한국 내에서는 대규모 반일 시위, 일본 제품 불매 운동, 일본 여행 보이콧 등이 확산되었으며, 이어진 COVID-19 확산으로 양국 교류는 급격히 감소되었다. 이렇듯 악화되었던 한일관계는 2023년 한국 정부의 강제징용문제에 대한 대법원 판결 관련 해법 제시와 양국 정상 간 셔틀외교 복원을 계기로 정상화되었고, 이후 인적교류도 빠른 속도로 회복세를 보였다. 이는 한일 간 정치·외교적 관계가 양국 간 교류 전반에 미치는 영향을 단적으로 보여주는 사례라 할 수 있다.

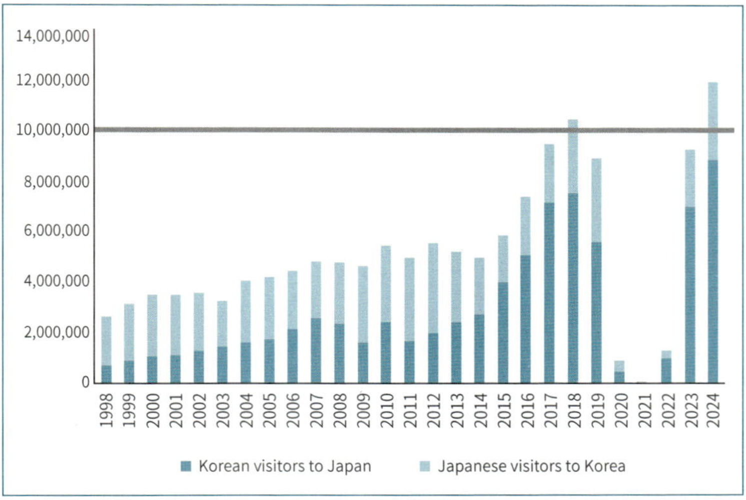

그림 2. 한일 상호방문 관광객 수(1998-2024)

자료: 한국관광공사 및 일본관광통계데이터(JNTO)

돌이켜보면 지난 60년간의 한일관계는 양국이 '우호적 선린관계'로 점진적으로 나아가는 과정이었다. 우호적 선린관계란 외교 관계의 수립을 바탕으로 평화로운 상호작용과 경제·문화 교류를 통해 우호적 협력을 지속하는 국가 관계로 정의할 수 있다. 이러한 관계는 안정적이고 협력적이며 예측 가능한 상호작용을 가능케 한다.

한국과 일본은 1965년 수교 이후 다양한 분야의 교류 활성화를 통해 우호적 선린관계 정립을 위해 노력하는 동시에, 일제 식민지배 청산과 관련된 과거사 문제라는 난제를 극복하기 위해 노력해 왔다. 일본의 식민 지배에 대한 사죄와 반성, 인정을 담은 고노 담화(1993), 무라야마 담화(1995), 간 담화(2010), 그리고 김대중-오부치 공동선언(1998), 한일 일본군위안부 피해자 문제 합의(2015), 강제징용 대법원 판결 관련 한국 정부의 입장 발표(2023) 등이 그 일환이라 할 수 있다. 이는 여전히 해결되지 않은 문제를 보완해 가면서 우호적 선린관계로 나아가려는 과정으로 이해할 수 있다.

특히 1998년의 김대중-오부치 공동선언(21세기 새로운 한일 파트너십 공동선언), 일본 대중문화 개방, 그리고 활발한 인적·문화 교류의 확대는 양국관계의 기반을 한층 공고히 한 새로운 출발점이었다. 일본 영화와 애니메이션이 한국에 소개되고, 한국의 음악과 드라마가 일본 내에서 큰 인기를 얻으면서 일본 사회에서는 '한류 붐' 현상이 나타나기도 했다.

표 3. 한국의 일본대중문화 개방(1차-4차)과 일본의 한류(1차-4차)

한국의 일본 대중문화 개방 (1차-4차)	1차 개방 (1998.10.20)	2차 개방 (1999.9.10)	3차 개방 (2000.6.27)	4차 개방 (2004.1.1)
	영화, 비디오 일부개방, 출판 만화 등	영화, 비디오, 공연 등 일부개방	영화, 비디오, 애니메이, 음반, 게임, 방송 일부 개방, 공연 전면 개방	영화, 비디오, 극장용 애니메이션('06.1.1 부터), 음반, 게임 전면개방, 방송 개방 확대
일본의 한류 (1차-4차)	1차 한류 (1990년대 후반 -2000년대 초반)	2차 한류 (2000년대 후반 -2010년대 초반)	3차 한류 (2010년대 중반)	4차 한류 (2018년 이후)
	겨울연가 등 드라마	동방신기, 빅뱅, 소녀시대, 카라 등 K-pop	BTS, 트와이스 등 K-pop, 뷰티, 패션, 음식 등	사랑의 불시착, 기생충, 오징어 게임 등 OTT기반 K-드라마, 영화 등
	중년층 중심	10-20대 젊은 층에서 ▷▷▷▷ 전 세대로 확산		

이러한 진전에도 불구하고 한일관계는 여전히 불안정한 양상을 보이고 있다. 양국의 정치 변동, 선거, 국내 여론의 영향을 크게 받는

분야 중 하나로, 정치권에서 반일 감정과 혐한 여론을 자극하는 소재로 악용되거나, 선거 과정에서 상대 진영을 공격하는 수단으로 활용되는 사례가 빈번하다. 이 같은 불안정성을 극복하고 지속 가능한 양국관계를 구축하기 위해 한일 양국은 다양한 노력을 기울여 왔으며, 그 과정에서 인적교류의 중요성을 꾸준히 강조해 왔다. 서로 비슷한 문화와 생활 습관을 가진 국민 간 활발한 교류는 양국 간 오해를 완화하고 상호 이해를 증진시키는 중요한 기제로 작용해왔다. 인적교류는 갈등 심화 방지의 완충제이자 관계 개선을 촉진하는 윤활유의 역할을 한다. 이에 따라 앞으로는 인적교류의 양적 확대를 넘어 질적 성장을 도모하는 노력이 필요하다. 한일관계를 우호적 선린관계로 더욱 향상시키기 위해 지금까지의 누적된 교류 경험을 바탕으로 교류의 내용과 방향성을 보다 심도 있게 발전시켜 나가야 할 시점이다.

제언

(1) 제언1. 한일 간 출입국 간소화 제도의 지속 시행

한일 간 인적교류가 양국 국민 상호 방문 1위를 차지할 정도로 급증한 가운데, 공항 도착 후 출입국 심사 대기 시간이 길어 양국 국민들의 불편이 크다는 지적이 끊임없이 제기되어 왔다. 이에, 국민들의 편의를 증진하고 일반 국민이 체감할 수 있는 한일관계 개선의 실질적인 성과를 창출할 수 있는 최적의 방안으로 출입국 절차의 간소화가 제시된다. 단기적으로는 2025년 6월 한 달간 시범 시행된 한일 국민 출입국 간소화 제도의 지속적 운영과 더불어, 일본의 신뢰 여행자 프로그램(Trusted Traveler Program, TTP) 확대, 그리고 한일 우대 프로그램 개발을 추진한다. 중장기적으로는 유럽연합(EU) 회원국 간 여권 없는 자유 이동을 보장하는 솅겐 제도(Schengen)를 참조하여,

양국 간 유사한 상호 무사증 입국 및 자유 이동 체계 구축을 위한 '한일판 쉥겐 제도' 도입도 검토할 필요가 있다.

(2) 제언2. 한일 대학생 교류에 대한 제도적 지원: '한일판 에라스무스(Erasmus) 프로그램' 창설

양국 젊은 세대의 높은 관심과 교류 의지에도 불구하고, 안정적이고 지속적인 교류 기회는 아직 부족한 실정이다. 이에 한국, 일본, 중국이 10년 이상 시행 중인 캠퍼스 아시아 프로그램을 벤치마킹한 한일 간 유사 프로그램 도입을 제안한다. 현재 캠퍼스 아시아 프로그램은 대학원생 중심으로 지원 조건이 까다로운 반면, 한일 프로그램은 이를 학부생까지 확대하고 문턱을 낮춰 보다 많은 청년층이 참여할 수 있도록 제도적 지원이 필요하다. 프로그램은 한국과 일본, 그리고 역내 주요국 대학생들이 1~2학기 동안 자유롭게 원하는 대학에서 학점을 인정받으며 학업 및 생활을 경험할 수 있도록 설계한다. 이를 통해 상대국에 대한 이해와 문화적 감수성을 제고하는 동시에, 과학기술 분야 인재 육성과 인문사회 분야 학문 교류 활성화에도 기여할 것으로 기대된다.

(3) 제언3. 한일 교육-고용의 연계 메커니즘 개발-청년 인턴십 및 취업 데이터베이스 구축

상대국에 대해 높은 관심을 가지고 유학한 청년 세대의 경우, 교육에서 취업으로의 전환 경로가 상대적으로 미흡한 실정이다. 이에 양국은 열정과 역량을 갖춘 청년 인재를 발굴하여 양국 간 가교 역할을 수행할 수 있는 인재로 양성해 나가는 것이 필요하다. 이를 위해 한국경제인협회, 일본경제단체연합회, 대한상공회의소, 일본상공회의소 등 양국 경제인단체가 협력하여 통합 인턴십 및 취업 데이터

베이스를 구축하는 것이 제안된다. 이를 통해 양국 청년들이 원스톱으로 인턴십 및 취업활동을 지원받을 수 있는 제도적 기반을 마련한다. 특히 여름·겨울 방학 기간을 활용한 인턴십 지원을 적극 추진하여 청년 인재 양성에 기여하고, 장기적으로는 양국관계 발전에도 긍정적인 영향을 미칠 것으로 기대된다.

(4) 제언4. 지구적 문제 해결을 위한 '한일 청년 행동의 날' 지정 및 한일판 '아르테(ARTE)' 발신

한일 간 현안 대부분이 양자 관계에 치중되어 있고, 역사 갈등이 발생할 경우 다른 이슈들이 덮히는 상황을 탈피할 필요가 있다. 양국뿐만 아니라 동남아시아, 호주 등 지역 참여자를 확대하여, 함께 대응해야 할 다양한 글로벌 의제를 중심으로 논의의 폭을 넓힐 필요가 있다. 기후변화 대응, 녹색 에너지 개발, 인공지능 발달에 따른 윤리, 인권, 사이버 윤리, ODA 등 전 지구적 문제에 대해 한일을 중심으로 하는 세계 청년들이 제언하고 행동할 수 있는 국제대회를 개최하여, 미래 세대 간 과제 중심 교류와 글로벌 이슈에 대한 관심을 제고할 수 있다. 또한, 독일-프랑스 공동방송 채널 '아르테(Arte)' 사례를 참조하여, 한일판 '아르테'와 같은 공유 SNS 채널을 구축함으로써, 글로벌 청년들의 메시지를 효과적으로 발신할 수 있는 플랫폼을 마련할 필요가 있다.

(5) 제언5. 한일 30·40 오피니언 리더 양성–한일판 'USJLP' 전문가 리더십 프로그램 마련

한국과 일본에 대한 정확한 이해를 바탕으로 양국관계에 건전한 여론 형성에 기여할 수 있는 전문가 및 오피니언 리더가 현저히 감소하고 있으며, 특히 기성 세대에 비해 젊은 세대의 정책 네트워크가 견고하지 못한 실정이다. 이에 미국과 일본 간 'US-Japan Leadership' 프로그램(참가자격: 28세~42세)을 벤치마킹하여, 매년 한일 및 역내 주요국의 우수한 30·40대 정치인, 기업인, 학자, 언론인이 함께 참여하는 포럼을 구성할 것을 제안한다. 이 포럼에서는 상호 협력 방안을 논의하고, 견고한 네트워크 구축도 도모한다. 이 과정에서 한일의원연맹과 한일경제인단체 등 관련 단체와의 적절한 연계를 통해 프로그램의 지속 가능성과 효과성을 강화할 필요가 있다.

(6) 제언6. 청년 중심의 한일교류를 전 세대로 확산

젊은 세대 간 긍정적인 상호 인식과 달리, 기성 세대의 부정적 인식이 한일교류의 걸림돌로 작용하는 문제가 발생하고 있다. 예를 들어, 상대국 유학이나 취업을 결정할 때 부모 세대의 반대와 부정적 인식이 교류를 저해하는 사례가 대표적이다. 이를 극복하고 세대 간 인식 격차를 줄이기 위한 노력이 필요하다. 구체적으로 초등학생 자녀와 부모가 함께 참여하는 가족 단위 한일교류 프로그램, 중·고등학생 대상 수학여행 및 자매결연 프로그램에 대한 제도적 지원과 재정 후원, 중장년층 대상 커뮤니티 및 플랫폼 개발 등이 고려될 수 있다.

또한, '2002 한일월드컵'과 같이 양국이 함께 즐길 수 있는 문화적 경험을 확대하는 것도 중요한 과제이다. 스포츠, 음악, 음식 등은 문화적 공감대를 형성하는 효과적인 요소로, 예를 들어 일본 고시엔(일본 고교야구대회)에 한국 고교야구 팀이 참가하는 정기 친선대회 개최, 한일 등산 애호가 모임, 동일한 식재료를 활용한 요리 대회 및 예능 프로그램 제작 등이 검토될 수 있다. 아울러 제3국에서 한일 간 상호 협력을 통해 창출한 긍정적 사례를 소개하여 양국 국민 간 협력의 가치를 증진시키는 방안도 함께 모색할 필요가 있다.

(7) 제언7. 한일 도심과 지방을 연결하는 초광역경제권 구축: 부산-후쿠오카 초광역경제 구상

현재의 한일교류가 주로 서울-도쿄 중심으로 교류의 편중 현상이 나타나고 있다. 지역 간 교류 격차와 수도권 집중 현상 해소, 지방 소멸 문제 대응을 위해 도심과 지방 도시, 지방 도시 간 연계를 강화하여 지역 통합 발전 및 대도시권과의 균형 있는 연계를 위한 공동 노력이 필요하다. 이를 구체화하는 방안으로, 오랜 기간 축적된 담론과 연구를 바탕으로 부산과 후쿠오카를 잇는 국경을 초월한 국제경제특구 설립을 검토할 수 있다. 이는 동북아 최초의 도시 간 초광역경제 모델로, 지역 활성화와 양국 간 경제협력 심화에 기여할 것으로 기대된다.

한일관계는 1965년 정상화 이후 여러 위기를 극복하며 점진적으로 긍정적 방향으로 발전해 왔고, 정부와 민간이 관계 개선을 위해 꾸준히 노력해 왔다. 하지만 여전히 불안정한 요소도 존재한다. 반일·혐한 정서와 이를 악용하는 정치권과 상업적 이해관계가 존재한다. 따라서 현 단계에서 양국관계를 더욱 건전하고 지속 가능한 관계로 발전시키기 위해서는, 보다 많은 국민이 직접 체감할 수 있는 실질적 성과 창출과 다양한 차원의 교류 및 협력이 긴요하다. 이러한 노력이 지속될 때 한일관계는 한층 더 우호적이고 전략적인 협력관계로 도약할 수 있을 것이다.

【한일2030비전그룹】

한일국교정상화 60주년 기념 보고서

별첨

2025년 3월 14일(서울)과 5월 14일(도쿄)에서 개최된 '한일 미래세대와의 대화'에 참석한 한국 및 일본 청년 세대(20대)의 의견을 정리하여 담았습니다.

한일관계 발전을 바라는 미래 세대들의 목소리: 한국

◎ 청년 교류와 교육 협력 등 시민사회 차원의 소통을 강화함으로써 상호 이해를 높이고 감정을 완화하고, 기후변화, 경제안보 등 글로벌 현안에서 실질적인 협력을 확대함으로써, 공동의 이익을 중심으로 미래지향적인 관계를 구축할 수 있다고 생각합니다.

◎ 혐오 정서를 활용한 잘못된 정보나 정치 유세 행동에 휘둘리지 않고 한국과 일본이라는 선에 갇히지 말고 사람 대 사람으로, 서로 교류하고 감정을 공유하며 발전하는 관계가 되었으면 좋겠습니다.

◎ 역사적 문제가 오늘날의 한일협력과 교류에 있어서 계속해서 걸림돌이 되어서는 안 된다고 생각합니다.

◎ 기술이 각 나라의 안보나 경제와도 밀접하게 연관돼 있는데 한일은 모두 중국과 미국에 비해 떨어지는 기술력(예를 들어 AI, 휴머노이드 등)을 보이고 있는 분야가 있습니다. 이런 부분은 합심해서 기술력을 높이면 좋을 듯 합니다. 지나간 역사는 역사로 남기고 두 나라 모두 발전하고자 하는 열린 마음으로 이웃나라끼리 서로 도왔으면 좋겠습니다.

◎ 한일관계는 점차 세대가 지나갈수록 '효율와 실리'를 목적으로 발전해나갈 기회가 많아진다고 생각합니다. 역사로 인한 소통

의 단절과 정서적인 공유의 어려움이 과제로 남아있지만, 글로벌 다변화로 바뀌어 가는 세계의 트랜드에 맞게 손을 잡을 우방국으로서, 또 함께 살아갈 이웃으로서 발전해 나가야 합니다.

◎ 깊이 박혀있는 인식을 바꾸기 위해서는 교육과 교류가 중요하다고 생각합니다. 겪어보지 않으면 내가 무엇을 잘못 인식하고 있는지 알기 어렵고 고정관념을 깨기 힘듭니다. 인식이 형성되기 시작하는 학생들을 가르칠 때에도 객관적인 사실만을 전하고 스스로 그들이 생각해볼 수 있도록 돕는 것이 중요하다고 생각합니다. 교사의 잘못된 인식이 학생에게 전달되는 경우가 많기 때문에 학생들이 기존의 어른들의 인식에 사로잡히지 말고 직접 교류해보고 생각해보며 새로운 일본에 대한 관점을 키우길 바랍니다.

◎ 역사를 뒤돌아보고 협력을 이뤄 경제 발전을 이뤘으면 합니다. 기업의 측면에서 한일 간 핵심산업에 대한 공동 인재를 육성하면 도움이 될 것입니다.

◎ 한일은 역사적 입장이 많이 다르다고 생각됩니다. 시대가 점차 변화하면서 새로운 시각과 객관적 사실을 토대로한 역사 교육, 감정이 앞선 외교보단 실리적이고 미래지향적인 마인드로 다가가야 합니다.

◎ 상호이해를 위한 지역학 인재 양성의 중요성을 실감합니다.

◎ 더 나은 미래를 위해 올바르고 건설적 방법으로의 과거사 정리가 필요합니다. 공동 교과서 집필 작업, 양국 정부가 지원하는 과거사 데이터베이스화 작업, 전쟁 피해자의 목소리를 반영한 지원 제도 마련 등을 생각해 볼 수 있습니다.

◎ 시간이 지남에 따라, 무조건 반일을 외치는 시대는 지나고, 문화적으로 서로 활발한 교류가 이어지고 있다고 생각합니다. 양

국의 더 나은 관계 진전을 위해, 우리가 여태 주목하지 않았던 정치, 경제, 역사 분야의 오해와 갈등을 해결하기 위한 공동 연구 및 활동이 더욱 활성화된다면 좋겠습니다.

◎ 지금까지는 일률적, 단편적, 단기적 교류를 분야, 계층 등 보다 세밀하게 나눠서 깊이 있고, 체계적으로 지속해 나갔으면 좋겠습니다.

◎ 미래 사회 변화에 대비한 양국 경제의 참여 주체간 협력 가능성을 모색하고 강화할 수 있는 방안이 적극 추진되었으면 합니다.

◎ 외교안보협력과 과거사 문제 등은 양국 간의 정치적, 역사적 입장 차이로 단기간에 가까워지기 어려운 면이 있습니다. 따라서 무역, 대미 상호관세 공동대응 같이 경제적 이익이 되는 부분을 먼저 교류하는 게 좋을 것 같습니다. 그러면 서로에 대한 이해가 깊어지면 더 상위차원의 협력도 가능할 것입니다.

◎ 대학생 교류프로그램이 더욱 활성화되길 기대합니다.

◎ 언론의 보도 편향 완화, 혐오·인식 개선을 위한 다양한 교류 및 시민 참여 이벤트 활성화가 필요합니다.

◎ 한일 양국 간의 정부에서 직접적이고 우호적이며 긍정적인 양국에 대한 입장을 보여줄 필요가 있다고 생각합니다.

◎ 역사적으로 서로 적대적인 관계였던 점은 분명하지만, 이것을 넘어서야 합니다. 한일관계의 발전을 위해서는 문화의 교류는 지금처럼 지속적으로 이어져야 하며, 권위주의가 부상하고 있는 지금, 한미일의 협력이 무엇보다 중요합니다. 그렇기 때문에 한국과 일본이 지속적으로 협력하면서도, 역사적 문제 해결이 점진적으로 이루어져야 할 것이라 생각합니다.

◎ 과거사 문제 등 해결해야 할 과제도 있지만, 국제 정세를 고려

하였을 때 한일 우호와 협력을 강화할 필요가 크다고 생각합니다. 서로에게 가장 우선의 최우방국 중 하나가 되기를 바랍니다.

◎ 역사적 갈등이 아직까지 양국의 협력을 저해하는 요소로 작용하고 있는데, 이를 극복하고 경제 및 안보적으로 타협할 수 있는 바탕을 마련해야 한다고 생각합니다.

◎ 서로를 적이라고 생각하지 않고 인접국인만큼 서로 힘을 합쳐 도와야 한다고 생각합니다.

◎ 피해관계가 명확한 관계였지만 이제 조금은 내려놓고 경제와 안보협력을 위해 노력해야 한다고 생각합니다.

◎ 한국 일본간의 문제에 대한 관심을 가지며 해결하려는 노력이 필요하다 생각하며 마음을 다한 사과와 미래로 나아가는 능동적 사고를 가지는 것이 중요하다고 생각합니다.

◎ 역사 및 식민지 담론에서 벗어난 미래지향적 관계 설정과 대중의 컨센서스 구축 노력이 필요합니다.

◎ 동북아 자유민주주의의 연대, 안보, 경제, 환경 등의 분야에서 서로에게 없어서는 안될 파트너임을 명심해야 합니다.

◎ 한일관계의 실질적 개선에는 상호 이해와 존중을 바탕으로 한 꾸준한 교류가 필수적이라고 생각합니다. 특히, 미래세대인 청년들이 직접 참여하는 다양한 교류 프로그램과 공동 프로젝트가 활성화된다면, 고정관념을 넘어선 새로운 인식이 자리 잡을 수 있을 것입니다.

◎ 한일관계에서 미디어와 SNS를 통한 정보의 확산이 양국 국민의 감정에 큰 영향을 미치는 만큼, 사실에 기반한 균형 잡힌 정보 제공이 중요합니다. 또한, 이에 대해 정부 차원의 외교 노력과 더불어 민간 차원의 소통과 협력이 병행될 때 진정한 신뢰 회복이 가능하지 않을까 하고 생각합니다.

◎ 역사 문제에 대한 한일 간의 진솔한 대화와 상호 공감이 한일 관계의 미래를 긍정적으로 이끌어갈 열쇠라고 생각합니다.

◎ 일본에 대한 한국 사람들의 대다수의 인식이 개선되더라도 "역사 반성이 없는 일본과의 교류는 맞지 않다"는 정서적 저항은 여전히 뿌리 깊게 존재합니다. 이는 단순한 혐오 감정이 아니라, 정당한 과거사 인식에 대한 요구입니다. 따라서 단순히 서로의 장점만을 부각하며 우호를 강조하기보다 일본 내 왜곡된 역사 인식에 대해 꾸준히 문제를 제기하고 바람직한 방향으로 이끌어가려는 노력이 병행되어야 합니다. 잘못된 것을 바로잡으려는 자세가 전제될 때 정치적 환경에 영향을 받지 않고 한일간의 교류도 더 의미가 있을 것입니다.

◎ 유례없는 초고령국가인 한국과 일본은 협력을 통해 다가올 미래의 문제에 대한 대응방안을 강구해야 합니다. 이 문제를 함께 협력해 대응하는 과정에서 양국 국민들은 이러한 노력들을 체감하게 될 것이고 결과적으로는 한일관계는 어느때보다 개선될 것입니다. 이러한 노력들은 거시적으로 보면 국가 간의 교류에 불과하지만, 미시적으로는 양국 국민 개개인의 생활, 즉 나와 내 자식의 미래와 직접적으로 관련이 되어있기 때문입니다.

◎ 한일관계에 있어서 가시적인 개선은 꼭 역사 문제 해결과 외교 갈등 해소에 사로잡혀 있지 않아도 될 것입니다. 한국과 일본의 생존과 경제에 직결하는 협력이 한일관계 개선에 중요한 영향을 미칠 것이라고 생각합니다.

◎ 한일관계를 바라보는 시각이 변화될 필요가 있습니다. 단순히 '한국과 일본'이라고 생각하기보다는 '국제 사회 속 한국과 일본'에 주목해야 합니다. 변화하는 국제 정세 속에서 한국과 일

본이 어떤 관계를 맺을 것인가를 함께 고민해 보며 한국과 일본 모두에게 이익이 되는 실리적인 태도를 갖고 한일관계를 바라볼 수 있을 것이라고 생각합니다. 점진적 갈등 해결을 바탕으로 국제적 사안에 대해 협력하여 대응할 수 있는 관계가 앞으로 만들어 나가야 하는 한일관계의 지향점이라고 생각합니다.

◎ 현재 한일 대학생들의 교류 활동은 주로 학술 세미나, 토론, 문화체험 등 전통적이고 공식적인 형식에 집중되어 있는 것 같습니다. 참가자들은 양국의 사회·문화·역사에 대한 이해를 높이고자 노력하고 있지만 그 방식은 여전히 발표, 토론, 탐방 등 제한된 틀 안에 머무르는 경향이 있습니다. 실생활에서 체감할 수 있는 일상적이고 창의적인 교류, 특히 디지털 시대에 적합한 시각적이고, 감각적 소통이 이루어지면 좋겠습니다.

◎ 젊은 세대의 양국에 대한 호감도와 역사 문제 해결을 동일선상에 놓고 생각할 수는 없을 것입니다. 줄어드는 관심과 기억의 소실로 인한 해결이라면 영원히 역사적인 부문에서 한일관계가 개선될 수 없을 것입니다. 따라서 지속적인 관심과 민감한 주제에 대해 토론하는 용기는 의미 없는 이슈놀이가 아닌, 문제를 해결하기 위한 적극적인 자세로 보아야 하겠습니다.

한일관계 발전을 바라는 미래 세대들의 목소리: 일본

◎ 한일이 협력관계를 지속하기 위해서는 양국이 국제사회의 다방면에 있어 가치관과 과제를 공유하는 '같은 편'이라는 점을 양 정부/양 국민이 널리 이해할 필요가 있다고 생각합니다. 양 정부는 공통 이익을 재인식한 후에 외교, 국내 정치 각 분야에서 정책 형성을 실시해야 하며, 또한 그 이해를 국민에게 침투시킬 수 있도록 교육이나 미디어처럼 국민에게 직접적으로 작용하는 분야의 정책 방침도 재검토 해야한다고 생각합니다.

◎ 한일관계를 발전시키기 위해서는 우선 '다층적 교류'가 필요합니다. 정치나 역사문제에서 대립하더라도 경제, 문화, 인적 교류를 중지해서는 안 된다고 생각합니다. 학생 교류나 기업 간 연계를 강화해 상호 이해도 촉진해야 합니다. 또한 역사 문제는 '대화와 교육'을 통해 해결해야 한다고 생각합니다. 양국의 역사 교육에 다양한 시점을 도입하고, 서로의 입장을 이해하기 위한 교재를 도입하는 것도 바람직하다고 생각합니다. 또한 미래지향적 프로젝트, 예를 들어 디지털 기술이나 AI, 우주 탐사 분야를 공동으로 추진할 필요가 있습니다. 이를 통해 젊은 세대가 협력의 의의를 실감하고, 긍정적인 상호 인식을 조성해 나갈 수 있을 것입니다.

◎ 젊은 세대의 교류를 늘려야 한다고 생각합니다. 교환 학생 프

로그램이나 공동 인턴십의 범위를 대폭 확대해, 어학, 문화에 더해 현대적 과제(기후변화, 인권, 젠더 등)를 다루는 교류 프로젝트를 추진함으로써 미래 세대의 상호 이해를 심화해야 한다고 생각합니다.

◎ 한일관계를 개선시키기 위해서는 젊은 세대가 자연스럽게 의견을 나눌 수 있는 장이 필요하다고 생각합니다. 문화 교류 뿐만 아니라 사회 문제, 국제 관계에 대해 젊은 세대가 솔직하게 이야기를 나눌 수 있는 환경을 교육 기관이 마련해야 합니다. 미래를 짊어질 젊은 세대가 자신의 말로 생각하고, 그것을 나눠야만 한일관계의 본질적인 신뢰 관계가 구축될 수 있다고 믿고 있습니다.

◎ 과거사에 관한 인식의 차이가 관계 개선의 장벽이 되는 경우가 있습니다. 전문가를 중심으로 한 역사 교육의 재검토나 공동 연구뿐만 아니라, 청년을 아우르는 공개 토론 장의 설치 등을 통해 양측의 역사인식을 공유하고 상호 이해를 높이는 노력이 필요하다고 생각합니다.

◎ 한일관계 개선에 있어 문화교류는 하나의 실마리가 될 수 있지만, 본질적인 이해로 이어진다고 할 수는 없다고 생각합니다. 그렇기에 더욱이 문화교류를 단순한 '즐거움'으로 끝내지 않고, 거기에서 한걸음 나아간 직접적인 대화와 공동 학습의 장을 마련할 필요가 있습니다. 거기서 한일 청년 세대는 논의를 통해 양국 간의 '차이'나 '어긋남'을 정면에서 마주할 수 있을 것이고, 그러한 위화감을 이해하는 자세야말로 본질적인 관계의 출발점이 될 것이라고 생각합니다.

◎ 국가 소멸에 이를 수 있는 심각한 저출산 고령화 문제를 공유하고 있는 만큼, 연구자 및 정책 전문가 중심의 교류를 통해 공

동 대책 마련이 필요합니다.

◎ 경쟁 상대가 아닌 하나의 팀으로서의 서로를 인식하고, 이를 토대로 강력한 양국관계를 구축해 나가야 한다고 생각합니다.

◎ 한일관계를 한미일 3국 협력이나 ASEAN과의 다자간 협력 틀에서 생각할 필요가 있다고 생각합니다. 특히 경제안보나 환경 등 한일 양국만으로는 해결하기 어려운 분야의 문제에 대한 공통의 룰 구축 등을 위해 노력해야 합니다.

◎ 문화 교류는 젊은층을 중심으로 이미 폭넓게 이루어지고 있습니다. 따라서 역사 인식 문제를 포함해 보다 복잡한 문제에 대해 논의하고, 해결을 위해 노력하는 교류가 필요하다고 생각합니다.

◎ 젊은 세대를 중심으로 한 긍정적인 움직임을 사회 전체로 확산시키기 위해서는 세대 간 격차를 해결할 필요가 있습니다. 민간, 교육, 지역 차원에서 지속적으로 연결고리를 유지하는 것이야말로 정치적 변동에 좌우되지 않는 한일관계의 토대가 된다고 생각합니다.

◎ 감정에 얽매이지 않는 합리적인 협력 체제를 구축하기 위해 청년 세대뿐만 아니라 다양한 세대 안에서 대화의 기회를 만드는 것이 중요하다고 생각합니다.

◎ 젊은 세대를 중심으로 인적, 문화 교류가 활발히 이루어지고 있음에도 불구하고 역사 문제에 대해서는 민감한 견해를 가진 사람도 많은 점을 감안하면 아직 표층적 상호 이해에 머무르고 있는 것 같습니다. 문화 교류를 가지고 직접적으로 본질적인 상호 이해로 연결시키기보다는, 문화 교류를 통해 형성된 친근감, 호감을 일종의 완충재로 삼는, 이전과는 다른 접근이 필요한 게 아닐까 싶습니다.

◎ 중국의 경제적 위압이라는 리스크에 대해 대화와 압력 사이의 균형을 어떻게 찾아야 할지, 한일이 서로 인식을 공유하는 장이 필요합니다.

◎ 한일은 인접한 초강대국에 맞서 같은 이데올로기를 공유하는 동료이자 동아시아 질서(안보, 경제권)를 주도하는 파트너로서 협력해야 합니다.

◎ 한일관계의 발전을 위해서는 경제, 기술 분야 협력이 필요합니다. 특히 탈탄소나 스타트업 지원, 디지털 기술 등 양국의 공통 과제이면서도 협력 가능성이 있는 분야에서는 시너지 효과를 기대할 수 있습니다. 경쟁이 아니라 함께 성장해 나가는 '공동 창조(Co-creation)'의 관점이 중요하다고 생각합니다.

◎ 젊은 세대의 상호 인식이 다른 세대로 확장될 수 있도록 가족 단위로 참여가 가능한 한일교류의 장을 마련할 필요가 있다고 생각합니다.

◎ 대학뿐 아니라 초중고 교육에서도 한일 상호가 중립적으로 상호의 역사를 이해할 수 있는 기회를 만들어야 한다고 생각합니다. 교과서로 커버할 수 없는 분야는 예를 들어 상대국에서 강연자를 초청해 특별 강의를 실시하거나 이번처럼 포럼을 개최하는 것도 하나의 방법입니다. 오로지 어느 한 쪽의 정보만으로만 스스로의 인식을 구축하지는 않도록 만들어야 한다고 생각합니다.

◎ 위안부 문제 등 역사 인식 문제에 있어 감정적으로 대립할 것이 아니라 냉정한 대화를 통해 해결을 도모함으로써 서로 혐오감을 키워가는 구도에서 벗어나야 한다고 생각합니다.

◎ K-POP이나 일본 애니메이션, 패션 등을 통해 젊은 세대를 중심으로 한일 문화 교류는 착실하게 이어지고 있습니다. 그러나

윗 세대를 중심으로 역사 인식에 기인하는 감정적 대립이나 편견, 소위 '반일'적 자세가 뿌리깊게 남아있다는 현실도 결코 무시할 수 없습니다. 앞으로 한일 양국이 마주해야 할 과제는 난카이 해곡 거대 지진을 비롯한 자연재해에 대한 대비와 북한의 핵개발을 포함한 지역 안보 등, 양국의 협력 없이는 극복할 수 없는 것들 뿐입니다. 민간 레벨의 교류뿐만 아니라, 정치적, 경제적 실무 레벨의 상호 신뢰를 높여 더욱 확고한 협력관계를 구축할 필요가 있다고 생각합니다.

◎ 인도 태평양 지역이나 글로벌 사우스에 대한 지원 등, 한일이 함께 제3국에 공헌하는 구도를 강화함으로써 상호 신뢰를 형성하고 국제사회에서의 존재감을 높여가야 한다고 생각합니다.

◎ '대립의 관리'와 '공통 과제 협력'을 양립시키는 것이 중요하다고 생각합니다. 이를 위해서는 정부 간 대화뿐 아니라 민간 차원의 협력 체제를 강화할 필요가 있습니다. 또한, 미래지향적 교육과 언론 보도를 통해 미래 세대가 편견에 얽매이지 않고 냉정하게 상대국을 이해할 수 있는 환경을 조성하는 것이야말로 지속가능한 관계 발전의 열쇠가 될 것이라고 생각합니다.

◎ 젊은 세대 안에서 어떻게 하면 편견이나 선입견을 없앨 수 있을지는 향후 사회에서 매우 중요하다고 생각합니다. 다양성을 존중하고 다른 문화를 이해하는 힘을 기르기 위해서는 교육의 역할이 필수적입니다. 그렇기 때문에 교육이야말로 협력이 요구되는 분야라고 생각합니다.

◎ 세계 정세가 급박한 오늘날이야말로 역사적·문화적으로 어느 정도 근접성을 가진 한국과 일본이 서로 다가가고, 유연하게 양보하는 자세가 더욱더 필요하다고 생각합니다. 대립이 아닌 대화를 거듭하고, 공통의 과제를 위해 협력해야만 양국관계가 보

다 안정적이고 건설적이게 발전될 수 있을 것이라 생각합니다.

◎ 여론이 감정을 기반으로 형성된다는 것은 불가피하다는 점을 가정한다면, 그러한 여론을 형성하는 요인이기도 한 미디어나 세대 간 교류에 있어, 감정을 부추기지 않는, 사실에 기반한 교류가 중요다고 생각합니다.

◎ 다음 세대를 위해서는, 교육 속에 한일 프로그램을 더 도입하여 양측의 역사를 배우고 논의하는 자리를 마련하는 것이 필요하다고 생각합니다. 현역 세대를 위해서는 국경/비자 관련 제도를 간소화 시킴으로써 비즈니스·관광·학문 어느 목적이든지 양국민에게 있어서 상호가 금방 이동할 수 있는 장소라는 인식을 형성하는 것이 중요하다고 생각합니다.

◎ 과거에 고집하지 않고, 그러나 과거를 잊지 않고, 같은 가치관을 공유하는 국가로서 미래를 향한 협력 체제를 모색해 나가는 것이 중요하다고 생각합니다.

◎ 문화교류나 경제분야에서의 협력 등 한일관계의 발전을 추진하기 쉬운 분야에서 구축된 우호 관계를 반석으로 삼아 상호에 대한 국민 정서를 개선한 후, 역사인식 문제나 영토문제 등 각종 문제의 해결에 힘써야 한다고 생각합니다.

◎ 현재 일본인의 한국에 대한 이미지는 세대 간에 크게 다르다고 생각합니다. 어떠한 이미지를 가지고 있든지, 조기 해결이 필요하지만 대립을 불러일으키기 쉬운 역사 문제를 두고 논의함에 있어서는, 좋은 의미에서 주관이 너무 많이 들어가지 않도록 냉정하게 논의하는 것이 중요하다고 생각합니다. 또 이 문제를 금기시하지 않고 우리와 같은 일반인들 사이에서도 상대국을 제대로 마주하고 생각하고 대화하는 것이 중요하다고 생각합니다.

【日韓ビジョングループ】

日韓国交正常化60周年記念報告書

発刊の辞

韓国のNEAR財団（NEAR）、韓国国際交流財団（KF）、そして日本の中曽根平和研究所（NPI）が約2年間にわたり共同で参加した「日韓ビジョングループ」の最終報告書が、去る9月18日に日韓両国で同時に発表され、このたび正式に書籍として刊行される運びとなりました。本年は日韓国交正常化60周年という節目の年にあたり、本報告書の刊行は、過去60年間の日韓関係を振り返り、新たな未来を展望するうえで大きな意義を有するものです。

日韓ビジョングループは、日韓両国を代表する有力な研究機関やシンクタンクに属する、幅広い分野の専門家10名ずつ、計20名で構成されました。約2年にわたり、ソウルと東京で4回の集中討議を行い、また随時協議を重ねました。さらに、若い世代の意見を反映させるため、ソウルと東京で「日韓未来世代との対話」を開催しました。

これらの議論を基礎としてまとめられた本報告書は、ポスト冷戦時代の複合的な混迷の中で、両国が共に繁栄を図り、ひいてはアジアの責任ある先進国として、東北アジア、インド太平洋地域、さらにはグローバルな次元で平和と繁栄、前進を導く未来ビジョンを包括的に提示することを目的としています。本書には韓国語版と日本語版に加え、非公式の英語訳も併せて収録し、第3国の研究者や政策立案者にも参考としていただけるようにしました。

本年、日韓国交正常化60周年を契機として、両国において日韓関係の将来ビジョンに関する様々な報告書が発表されました。その中でも本報告書は、両国の外交・安全保障・経済・科学技術・歴史・教育・文化など幅広い分野の専門家が協力し、日韓関係の現状を分析し、将来を展望しながら、戦略的パートナーシップを構築していくための方策について「最大公約数」を導き出し、合意に至ったという点で、特別な意義を有していると考えます。

本年6月には韓国で李在明政権が、10月には日本で高市早苗政権が新たに発足しました。これは、日韓関係の一層の進展をもたらし得る重要な転機であると言えるでしょう。本報告書が、健全で安定的な日韓関係の構築に向けた有用な指針として活用され、今後両国の政策に反映され、より実質的な成果へとつながり、日韓関係の新たな飛躍に寄与することを期待いたします。

この2年近くの間、異なる言語と背景を超え、日韓関係の明るい未来という共通の目標を見据え、真摯に議論を重ねてくださった両国の20名の専門家の皆様に、心より感謝申し上げます。2024年の春、新緑の季節に共に踏み出した最初の一歩が、このように豊かな成果として結実したのは、参加者の皆様の深い洞察と不断の努力の賜物であります。また、研究・調査・編集・事務を担当された卞廷娥（NEAR財団研究員）、申娜沇（高麗大学校国際大学院博士課程修了）、韓在恩（ジョージメイソン大学博士課程在籍）のお三方のご献身がなければ、本プロジェクトを円滑に進めることはできませんでした。皆様のご尽力に心より感謝申し上げます。

最後に、本プロジェクトの円滑な運営と報告書の刊行に積極的にご支援くださった韓国国際交流財団と中曽根平和研究所の関係者の皆様に、深く感謝申し上げます。加えて、厳しい出版環境のなか、本書の刊行を快くお引き受けくださったパクヨンサの関係者の皆様にも、温かく感謝の意を表します。

本書が日韓両国のみならず、第3国を含むより広い世界で読まれ、日韓関係に対する理解を深め、両国関係発展の確かな基盤を築き、より良い未来を創造するための貴重な礎となることを願っております。

2025年12月15日

日韓ビジョングループ　韓国側座長　申珏秀

日韓ビジョングループ日本委員

座長	北岡 伸一	中曽根康弘世界平和研究所総括研究顧問 東京大学名誉教授 国際協力機構特別顧問
幹事	西野 純也	中曽根康弘世界平和研究所上席研究員 慶應義塾大学法学部教授、東アジア研究所長
	小野 智子	国際協力機構上席秘書 前 国際協力機構保健第二チーム課長
	兼原 信克	笹川平和財団常務理事 元 国家安全保障局次長
	熊谷 奈緒子	青山学院大学地球社会共生学部教授
	高村 ゆかり	東京大学未来ビジョン研究センター教授
	東野 篤子	筑波大学人文社会科学研究群教授
	平井 裕秀	元 経済産業審議官
	深川 由起子	早稲田大学政治経済学術院教授
	増田 幹人	駒澤大学経済学部准教授

日韓ビジョングループ韓國委員

座長	申玨秀	NEAR財団副理事長 元 外交部第1·2次官 元 駐日本国大韓民国特命全権大使
幹事	崔恩美	峨山政策研究院研究委員 高麗大学校·韓国外国語大学校特任講義教授 外交部·韓日議員連盟·韓日未来パートナーシップ財団諮問委員
	金奎坂	対外経済政策研究院(KIEP)先任研究委員 韓国外国語大学校兼任教授 元 韓日議員連盟諮問委員、北方経済協力委員会国際関係専門委員
	南沂兌	ソウル大学校材料工学部教授 フルブライト米韓教育委員団委員 前 大統領直属科学技術諮問会議審議委員
	朴榮濬	国防大学校国家安保問題研究所長、安保大学院教授 元 国家安保室·外交部·国防部·合同参謀本部など政策諮問委員 元 現代日本学会·韓国政治外交史学会·韓国平和学会長
	李 根	ソウル大学校国際大学院教授 前 韓国国際交流財団理事長 元 ダボス会議朝鮮半島委員会長、ソウル大学校国際協力本部長、外交部諮問委員
	李淑鍾	成均館大学校教授 東アジア研究院シニアフェロー 元 現代日本学会長
	李信和	高麗大学校教授、統一融合研究院長 前 北朝鮮人権国際協力大使 元 東アジア·ビジョン·グループ（EAVG）議長諮問官
	林志弦	西江大学校碩座教授 ウィリアムズ·カレッジClass of 1955 グローバル·スタディーズ客員教授
	張濟國	東西大学校総長 韓日フォーラム代表幹事 元 韓国大学教育協議会長

目次

発刊の辞 …… 133

要約 …… 140

提言 …… 145

はじめに …… 150

- 信頼と持続性に基づく日韓戦略的パートナーシップ …… 150

Ⅰ 危機の国際秩序と日韓戦略的パートナーシップ

- 自由主義国際秩序を守る日韓戦略的パートナーシップの構築 …… 158
- 地域安保のための日韓・日米韓協力ビジョン …… 172

Ⅱ インド太平洋秩序構築と日韓の戦略的連携

- グローバル・ガバナンスを支える日韓パートナーシップの拡大 …… 184
- 国際社会に貢献する日韓イニシアティブー開発援助（ODA）とエネルギー転換 …… 194

Ⅲ 共同繁栄のための新たな日韓協力

- 日韓経済協力のビジョンと戦略 …… 204
- 科学技術による日韓協力の新しい地平 …… 225
- 少子高齢化に対する日韓の政策的対応 …… 232

Ⅳ 健全かつ安定的な日韓関係のための協力

■ 日韓歴史和解のための提言 240
■ 日韓次世代人材育成と人的・文化交流の深化 248

別添

■ 日韓関係の発展に向けた若者たちの意見（日本） 258
■ 日韓関係の発展に向けた若者たちの意見（韓国） 265

要約

世界秩序転換期における日韓戦略的パートナーシップ

日韓関係は1965年の国交正常化から60年の節目の年を迎えた。かつては政府が主導する非対称的な関係であったが、現在は民間が支える対等で多層的な協力関係へと成熟を遂げた。国交正常化当時に両国間に存在した経済力、歴史認識、社会交流の格差は大幅に縮まり、韓国は、民主主義と技術革新を基盤として先進国の仲間入りを果たした。日本は、G7(主要国首脳会議)創設国として国際規範と秩序の維持のために持続的に貢献してきた。

両国は政治・歴史分野で対立した時にも、経済・文化分野では相互依存と交流を拡大し続けてきており、この発展の軌跡は今後の日韓協力の制度化と持続可能性に対する期待を高めている。貿易と投資構造が変化する中でも、両国は依然として主要な経済パートナーとして相互補完的な関係を維持している。人的・文化的な交流は両国民の日常生活のレベルへと拡大し、世代や地域を超えた多様な交流が実現し、多層的な相互連携性が強まっている。このように、日韓関係は過去の構造的な不均衡を超えて、相互補完性と成熟性を兼ね備えた戦略的なパートナーシップへと進化している。

一方、現在の国際秩序は、単なる過渡期を越えて、民主主義の後退、権威主義勢力の台頭、技術覇権をめぐる競争、気候変動とパンデミックがもたらす越境リスクなどが複合的に絡み合う構造的な転換期へと入った。特に、北朝鮮の核・ミサイル能力の高度化と、これに対する中国・ロシアの黙認は、権威主義国家による連携を加速させ、「核なき民主主義国家」である日本と韓国に実存的な安全保障上の脅威となっている。こうした戦略環境は軍事的対応を超えて、国際規範と価値に基づいた秩序を守り、再構築するための共同戦略を必要としている。それは、自由民主主義、市場経済、人権、法の支配という規範を共有する日韓両国にとって、単なる危機管理にとどまらず、国際公共財の提供を通じて、地域および国際社会全体の平和と繁栄を実現することに貢献し得る戦略的な機会でもある。日韓両国がより積極的に主導する形で、グローバルサウス諸国との連帯を深めつつ、規範と実利の調和を図っていく協力戦略が、かつてないほどに切実な状況である。

日韓関係の 60 年は発展の軌跡ではあったが、これまで積み上げてきた政治的、社会的な信頼関係は必ずしも十分に制度化されてはおらず、歴史認識の違いが両国の協力を停滞させることもあった。しかし今後、日韓両国は、短期的な対立や利害の調整を超えた、長期的な観点から戦略的かつ実行力を備えた協力プラットフォームを構築して、これまで以上に力強く協力を推進していくべきである。

第 1 に、日韓両国は複合的な危機の時代において、自由主義国際秩序を守る中心的な国家として共同の戦略を構想して実行すべきである。グローバルサプライチェーンの強靭性の確保、先端技術での連携、デジタル・ガバナンスと AI 倫理規範の確立、カーボンニュートラルへの移行などの多様な分野において多層的な協力が必要とされている。IPEF（インド太平洋経済枠組み）、Quad+（クアッド・プラス）、AUKUS（オーカス）ピラーIIといった新たなミニラテラル（minilateral）の枠組みの中で、日韓は共同のイニシアティブを発揮して、国際的な規範の形成と標準競争における主導権の確保を目指すべきである。また、より包括的な多国間の枠組みであるCPTPP（包括的および先進的な環太平洋パートナーシップ協定）や、NATO-IP4での連携における日韓協力を実現することで、規範に基づく国際秩序の再編過程を先導する役割を果たすことが望ましい。

第2に、北朝鮮の核・ミサイルおよび中露朝の戦略的連携に対応するため、日韓および日米韓の安全保障協力の制度化が必要である。 拡大抑止での協力強化、サイバー・宇宙空間における安全保障の協力体制構築を通じて、抑止力の実効性を高めていくべきである。防衛産業技術での連携や海洋秩序の監視や法的執行など、非軍事分野での協力も進めることで危機管理対応能力を総合的に向上させることも必要である。特に、露朝の戦略的連帯に対応するため、日米韓三か国による戦略資産の運用と共同訓練の定例化など実行力のある協力体制を構築することで、日米・米韓同盟を基盤とする危機対応能力を確保すべきである。

第3に、日韓はグローバルおよび地域ガバナンスにおける責任ある国家として、多国間主義を守ると同時に新たな規範を定めるために協力すべきである。 G7、G20、WTOなどの多国間枠組み内での協力はもちろん、ASEAN、EU、中央アジア、中南米、アフリカ諸国等との連携の拡大を通じて、気候変動、保健、人権、デジタルなどの分野で共同アジェンダを推進して国際公共財の提供を主導すべきである。特に、日本の「自由で開かれたインド太平洋（FOIP）」と韓国の対外戦略を連携・発展させることで、地域の秩序形成を日韓が主導していくべきである。また、日中韓三か国による機能的な協力および「日中韓＋X」と呼ばれる他国との連携も、日韓が協力して推進することで、米中戦略競争がもたらす地域の対立を緩和して、平和と安定のための中心的な役割を果たすことができる。

第４に、日韓は人口構造の変化と産業転換がもたらす共通の課題に戦略的に対応すべきである。釜山 - 福岡を繋げる超広域経済圏構想、水素・洋上風力などの新エネルギー分野での協力、若者によるスタートアップやエコシステム構築、スマート農業、地域均衡発展などは、技術基盤の産業転換とライフサイクルに基づく政策革新を促進しうる、十分に実現可能なアジェンダである。また、半導体、バッテリー、AI などの戦略技術分野での共同研究、技術標準化、人材交流は、グローバルな技術競争において主導権を握るための基盤になりうる。このような協力を実現するために、産業・教育・科学政策の統合的な連携と官民協力のメカニズムの構築が必要になる。

第５に、日韓の協力を停滞させる要因になりうる歴史問題では、歴史的事実の確認と、被害者の心の癒しを通じた和解の努力とともに、記憶の共有に向けた取り組みを続けていくべきである。そのために、国家の枠組みに制約されない歴史の共同研究や日韓の歴史教師による相互研修など具体的な実践が望まれる。歴史和解とは、長期にわたる、繊細さと同時に忍耐を要するものであり、正確な歴史的事実に基づく対話と交流を繰り返しながら、被害者の心情に配慮し、相手の尊厳を尊重し、寛容の精神を発揮することで進むプロセスでもある。こうしたプロセスは、日韓の戦略的パートナーシップ構築のための重要な要素でもある。

最後に、今後の日韓協力を担う人材の育成と人的交流の一層の拡大が必要である。日韓版「エラスムス・プロジェクト」の創設、若手専門家の交流の拡大、家族・世代間プログラムへの支援、恒久的な出入国手続きの簡素化など、人材育成と交流の制度化を通じた持続可能な相互理解の基盤を構築することが望ましい。また、日韓版「アルテ（ARTE）」共同チャンネル、地方同士の交流の活性化、全世代交流への拡大支援などは、日韓両国民が実感できる協力の成果であるだけでなく、今後の日韓協力を支える基盤を構築する取り組みでもある。特に、若者世代を中心に人材育成を進めることで、協力のための共感を涵養すると共に、持続可能性を確保することに繋がる。

提言

Ⅰ.危機の国際秩序と日韓戦略的パートナーシップ

【自由主義国際秩序を守る日韓戦略的パートナーシップの構築】

◎ 二国間より多国間協力を中心とした科学・技術協力

◎ 過去と感情の問題から未来と理性の課題へ―気候変動とグリーン成長、デジタル転換と失業問題、AI と量子技術の安全プラットフォームの構築、仮想現実、メタバース、空間コンピューティングなど仮想空間経済関係のルール設定、人口問題などのアジェンダ

◎ 既成世代から次世代へ日韓戦略的パートナーシップの構築 ― 次世代中心のプラットフォームの転換

【地域安保のための日韓・日米韓協力ビジョン】

◎ 軍事および非軍事的安保分野における実質的な協力の強化および制度化

◎ 日米韓・日米韓豪間における拡大抑止に向けた協力体制の構築

◎ 国連軍司令部体制における韓国のホスト国の役割強化および日本へのオブザーバー地位の付与

◎ IP4 諸国、NATO 加盟国との戦略的連携の強化

◎ AUKUS ピラーⅡへの日韓共同参加

◎ 米国の通常戦力および核戦力強化を支援する包括的協力

◎ 中朝露連携強化を阻止する 21 世紀型デタント政策の推進

Ⅱ. インド太平洋秩序構築と日韓の戦略的連携

【グローバル・ガバナンスを支える日韓パートナーシップの拡大】

◎ 多国間協力の回復・革新に向けた日韓パートナーシップの強化

◎ インド太平洋地域におけるミニラテラル協力への参加および参加国との多様な協力の拡大 — サプライチェーンの安定、気候変動、環境に優しい開発協力

◎ 中央アジア、中南米、アフリカなどグローバルサウスとの協力事業を通じた経済社会発展および民主主義能力強化、自由主義国際秩序の維持・発展への貢献

◎「日韓・ASEAN デジタル協力イニシアティブ」の推進を通じた ASEAN 諸国との協力

◎ 議会および市民社会間の多層的な協力活性化を通じた日米韓協力の強化

◎ 機能的分野における日中韓協力の拡大およびグローバルアジェンダにおけるミニラテラル間の連携

【国際社会に貢献する日韓イニシアティブ——開発援助（ODA）とエネルギー転換】

◎ 東南アジア諸国援助機関の能力強化・連携事業に向けた

日韓協力

◎ DAC 以外の国との連携事業の拡大

◎ USAID 事業縮小の影響を受けた公共サービス改革支援

◎ 洋上風力の導入拡大に向けた連携

◎ アジア地域の脱炭素化支援における連携

Ⅲ. 共同繁栄のための新たな日韓協力

【日韓経済協力のビジョンと戦略】

◎ 共同ビジョンの樹立と人的交流の拡大

◎ サプライチェーン分野における協力 — 米国主導の多国間サプライチェーン協力枠組みの活用と二国間重要鉱物資源協力

◎ 日韓 FTA の締結と韓国の CPTPP 加入

◎ 日韓スタートアップのプラットフォーム設置

◎ エネルギー・環境協力の推進

◎ 農業再生・地方経済再生に向けた日韓共同協力

【科学技術による日韓協力の新しい地平】

◎ 日韓戦略技術分野（半導体、バッテリー、AI、量子、バイオ、宇宙など）共同研究所の設置

◎ 政府・民間が共同支援する奨学金および研究支援基金制度の拡大

◎ 日韓共同学位および共同専攻プログラムの拡大 — 大学間での共同授業や学位の連携強化

◎ 日韓政府および民間協力機関間の協力の拡大および発展

◎ 政策対話および分野別協議の定例化
◎ カーボンニュートラル、AI、次世代半導体、未来通信、宇宙分野での協力

【少子高齢化に対する日韓の政策的対応】

◎ 若者の結婚支援策の現状と課題に関する情報共有および検討
◎ 少子高齢化および人口減少問題に対する検討・協議
◎ 日韓労働力の相互補完の対策の模索
◎ 大都市一極集中の是正および拠点都市の人口集積に向けた政策協議

Ⅳ. 健全かつ安定的な日韓関係のための協力

【日韓歴史和解のための提言】

◎ 日韓相互の歴史共同研究
◎ 国家の枠組みを超えた歴史の共同研究と記憶の共有への支援
◎ 歴史教師による相互研修
◎ 韓国の独立運動に対する敬意の表明

【日韓次世代人材育成と人的・文化交流の深化】

◎ 日韓の出入国手続き簡素化制度の継続施行
◎ 日韓大学生交流に対する制度的支援 — 日韓版「エラスムス（Erasmus）プログラム」の創設

◎ 日韓教育・雇用の連携メカニズム開発 ― 青年インターンシップ・就職データベース構築

◎ 地球規模の課題解決に向けた「日韓青年行動の日」の指定および日韓版「アルテ（ARTE）」発信

◎ 日韓若手オピニオンリーダーの育成 ― 日韓版「USJLP」など専門家リーダーシッププログラムの創設

◎ 青年交流中心の日韓交流を全世代交流へと拡大

◎ 日韓都心と地方を結ぶ超広域経済圏の構築 ― 釜山－福岡超広域経済圏構想

はじめに

信頼と持続性に基づく日韓戦略的パートナーシップ

日韓関係は今年で国交正常化 60 周年を迎えた。両国政府は 14 年間の長きにわたる交渉を経て、第二次世界大戦が終結してから 20 年が経過した 1965 年 6 月 22 日にようやく国交を正常化した。以降の 60 年間、日韓関係は幾度の危機を経験したが、それらの危機を短期間で克服し、着実に関係を発展させてきた。冷戦期には両国政府が関係の発展を主導したが、ソウルオリンピックと冷戦の終結を契機として民間交流が拡大するとともに文化交流が進展し、協力も深まった。しかし、2012 年以降、両国関係は悪化状態へと陥り、10 年間にわたり困難な時期を経験した。幸い、2023 年には首脳間のシャトル外交が再開して日韓関係は急速に回復軌道に乗った。これまでの 60 年を礎にして、これから新たな 60 年に向けて歩みを進める日韓関係が健全かつ安定的に発展していくよう、日韓両政府と国民は共に知恵を出し合い、実践していくべきである。

現在の日韓関係は、両国の国内状況の変化、両国関係そのものの変化、そして両国を取り巻く国際環境の変化により、これまでとは全く異なる環境に置かれている。この 60 年の間に、韓国は 1 人当たり所得が 100 ドルの開発途上国から世界 10 位圏内の経済大国となり、先進国の仲間入りを果たした。民主化を達成して自由主義国際秩序を支えるようになり、北方外交を通じて冷戦時代に閉ざされていたユーラシア大陸への扉を開き、韓流ブームを通じてソフトパワーを増大させた。一方、日本は1968年に世界第2位の経済大国となり、1970年代半ばにはアジアで唯一のG7サミット（主要国首脳会議）創設メンバーとして、自由主義国際秩序の維持のために重要な役割を担ってきた。2000年代以降は、「自由で開かれたインド太平洋（FOIP）」を掲げて、地域の平和と繁栄に貢献している。

両国関係にも多くの変化があった。過去の歴史を直接経験していない戦後世代が両国社会の主流を占めるようになり、これによって相手国への認識やアプローチにも変化が生じている。国交正常化の際には、1人当たり国民所得の差が9倍もある非対称な関係であったが、現在は対等なパートナーとなり得るほどその格差は縮まった。また、1965年には相互訪問者数が年間1万人に過ぎなかったが、現在では1日あたり3万人が行き来するほどに人的交流が拡大した。両国を往来する航空便は1日あたり370便に達し、名実ともに一日生活圏となった。文化交流の面でも、日韓の大衆文化は相手国で大きな人気を得ており、両国民の相互理解と好感度を高めることに貢献している。かつての政府主導による関係発展とは異なり、現在では民間レベルで多様なネットワークが形成され、日韓関係の拡大と深化を牽引している。

経済関係に目を向ければ、両国の貿易は、2011年から2012年にかけて1,000億ドルを超えた後、次第に減少して、最近では800億ドル前後を維持している。貿易関係における相手国の比重はかつてほどではないが、依然として両国は互いにとって重要な貿易パートナーである。現在、日本にとって韓国は輸出3位、輸入7位、貿易5位であり、韓国にとって日本は輸出4位、輸入3位、貿易4位である。また、投資について見ると、日本の対韓投資は2012年に44億ドルをピークに10億ドル台まで下落したが、2024年には61億ドルへと大きく伸びた。韓国の対日投資は2018年以降、10億ドル台を維持している。

日韓両国はその国際的な地位に照らして、二国間のレベルを超えて、地域およびグローバルなレベルでの相互協力を通じて、国際平和と世界経済の繁栄に貢献する能力と国際社会に対する責任を有するようになった。今後、日韓協力の枠組みを拡大し、その質を深めることで、今日の時代的要請に応え得る健全かつ安定した善隣友好関係を発展させていく条件を整えた。

一方、両国を取り巻く国際環境も大きく変化している。冷戦時代、ユーラシア大陸の共産圏に対抗する一軸であった日韓関係は、ソ連崩壊後に米国が唯一の超大国となったポスト冷戦時代においても、約10年前に関係が悪化するまで着実に発展してきた。しかし、2020年代に入ると、中国の拡張的な行動、ロシアの復古主義的な傾向、グローバルサウスの台頭など、いわゆる地政学の復活とともに、国際秩序は混沌として危機的な状況に陥った。ロシアのウクライナ侵攻や、ガザ地区のハマスによるイスラエル攻撃に端を発したイスラエルとイランの代理勢力間の戦闘のように、地政学的な断層帯における武力衝突の危険性はかつてなく高まっている。

戦後世界の平和と繁栄を牽引してきた自由主義国際秩序の基盤も揺らいでいる。中国・ロシア・イラン・北朝鮮を中心とする危険な連携による挑戦と、グローバルサウスの独自行動は、自由主義国際秩序を弱体化させる遠心力として作用している。一方、この秩序を構築し維持してきた米国は、トランプ政権の登場以降、「アメリカ第一主義」に没入しており、欧州と日本も相対的な経済力が弱体化してかつての求心力を失いつつある。ポスト冷戦時代に資本・技術・人材の自由な移動によって経済的繁栄をもたらしたグローバリゼーションも、強まる保護主義と産業政策によって勢いを失い、世界の貿易成長率は経済成長率を下回っている。

東アジアでは、北朝鮮が核・ミサイル能力を高度化し、事実上の核保有国としての地位を確立しようとしており、攻勢的な核ドクトリンによって東アジアにおける核の脅威を増大させている。中国は急速な経済成長を背景に国防力を急速に強化しており、核戦力も現在の弾頭数600発から、2030年代半ばには米露と並ぶ1500発まで増えることが予想される。さらに、地域の戦略的断層帯に位置する台湾海峡、南シナ海、東シナ海、朝鮮半島でも緊張が高まっている。

国際社会の経済社会の条件も大きく変化している。新型コロナウイルスのパンデミックは、約7億人が感染し、700万人が犠牲となった。世界経済に大きな打撃を与え、その社会経済的な後遺症は今も続いている。今後、ウイルスの宿主となる生物が生息環境の荒廃によって人間の居住地に侵入し、より強力で頻繁に発生する類似のパンデミックに対する実効的な備えが世界的な課題となっている。温室効果ガスによる地球温暖化は地球沸騰（global boiling）へと進展し、世界各地で異常気象・砂漠化・海面上昇などで甚大な被害をもたらしている。国際社会はパリ協定により自主的な温室効果ガス削減を試みているものの、2100年までに地球の気温上昇を摂氏1.5度に抑えるという目標達成は困難な状況である。また、地球温暖化の主因である石炭・石油・ガスなどの炭素エネルギーをグリーンエネルギーに転換するエネルギー転換も、世界経済と地政学に大きな影響を及ぼしている。

一方、人工知能（AI）を中心とした第4次産業革命は、各国の産業地図を塗り替えるとともに、ウクライナ戦争が示すように軍事技術にも重大な影響を及ぼし、米中戦略競争の核心を占めている。また、アフリカと南アジアを除く世界の国々で出生率が低下し、人口減少の危機に直面している。高齢化社会への移行に加え、人口問題はゆっくりではあるが、国際社会の大きな変化を促進する重要な要因となっている。さらに、ポスト冷戦期にグローバリゼーションと情報化の波に乗って民主化の流れが続いてきたが、2000年代半ば以降、民主主義が後退する現象が世界各地で続いている。民主主義の砦とされる先進国においても、ポピュリズム、過激主義、排外主義などにより民主主義の力が弱まり、新興国や発展途上国でも合法・非合法的な手段による権威主義が強化されている。このような民主主義の後退は、長期的に国際社会の平和と繁栄に影を落とすことになる。

日韓両国が迎えた新たな60年の始まりは、極めて不確実かつ不安定であり、複雑で曖昧な戦略環境となっている。現在、両国が直面している世界は、二極体制の冷戦と一極体制のポスト冷戦時代とは異なり、唯一の超大国としての米国の地位が揺らぎ、多極化へと向かっている。日韓両国が戦後80年間にわたり平和と繁栄を実現してきた基盤である自由主義国際秩序と米国との同盟体制も、もはや以前と異なる状況にある。こうした歴史的な分岐点において、日韓は共有している価値観と利益を最大化するための戦略的パートナーシップを構築すべき時代的要請に直面している。2023年以降、日韓関係は長期の停滞から脱却して改善軌道に乗っており、これを安定的かつ持続的なものにするために注力すべき時期である。関係発展の妨げになる歴史問題という課題が消えたわけではないが、緊密な意思疎通と協力を通じて課題を克服し、明るい未来を共に築くために力を合わせる時である。

以上の問題意識に基づいて、日本の中曽根康弘世界平和研究所と韓国のNEAR財団、韓国国際交流財団は、国交正常化60周年を迎える2025年に向けて日韓関係の未来ビジョンを策定することで合意して、2024年から報告書の作成を進めてきた。日韓双方の専門家10名ずつで構成された「日韓ビジョングループ」を立ち上げて、2024年3月（東京）、24年7月（ソウル）、24年12月（東京）、そして25年3月（ソウル）に計4回の会議を実施して意見を集約した。さらに、未来ビジョンの担い手となる日韓の若い世代の意見を聴取・反映するための場として、25年3月（高麗大学校）と25年5月（慶應義塾大学）において「日韓未来世代との対話」を開催した。

未来ビジョンの作成にあたっては、次のような方針で臨んだ。**第1に**、歴史和解への取り組みも重要であるが、現在および未来の日韓関係を健全かつ安定した友好関係へと発展、定着させるための提言により重点を置いた。**第2に**、日韓両国の国際社会における地位に照らして、日韓は二国間レベルの相互利益を超えて、両国が東アジアおよびインド太平洋地域の平和と繁栄を主導していく責任があることに着目した。**第3に**、これまでの日韓関係の発展の中で、必ずしも十分な関心が払われてこなかった分野の潜在力に注目した。中央だけでない地方の役割、女性の視点と立場の尊重、政府レベルだけでない民間レベルの重要性、将来の担い手となる若い世代の視点、などを意識して報告書に幅広く取り入れるよう努めた。**第4に**、実用的な観点から政策としての実行可能性を念頭に置き、具体的かつ実現可能な提言を多く盛り込んだ。**第5に**、日韓両国は似ている部分もあるが実際には多くの違いがある。こうした違いに由来する双方の異なる立場や理解をできるだけ収斂させて、より多くの共通点を見つけ出すことに努めた。今後、報告書が提言した協力が実現し、関係がさらに進むことで、共感の領域は次第に拡大し、関係の基盤は一層強化され、持続性のある関係へと発展することが望める。

本報告書が日韓両国の政府と民間で幅広く読まれて「未来ビジョン」として受け入れられ、具体的な協力を通じた成果が積み重ねられることを期待したい。それにより、日韓の戦略的パートナーシップは強固なものになり、地域および世界の平和と安定、繁栄に大きく貢献することになるであろう。日韓両国が過去60年の関係発展を礎としつつ、互いに光輝いて周囲をより明るく照らす21世紀の「瓊瑤世界」(けいようせかい)を実現することを切に願うところである。

2025年 9月 18日

日韓ビジョングループ 日本側座長 北岡 伸一

韓日ビジョングループ 韓国側座長 申珏秀

I

危機の国際秩序と
日韓戦略的パートナーシップ

自由主義国際秩序を守る日韓戦略的パートナーシップの構築

1. 国際環境評価

(1) 自由主義国際秩序を守る責任

自由主義国際秩序は三つの柱で構成される。第一の柱は、自由貿易を通じた開かれた国際市場の形成である。この国際自由市場経済は、1945 年以降、自由主義国際秩序に含まれる国々の目覚ましい経済成長を牽引してきた。戦後の西ヨーロッパと日本の復興を皮切りに、1960 年代以降、韓国、台湾、香港、シンガポールというアジアの四匹の龍の急速な産業化、そして 1990 年代以降の中国の二桁経済成長、ASEAN の経済成長もすべてこの多角的に開かれた国際市場で実現された。現在、産業革命以来、初めて先進工業民主主義国家群（G7 等）の世界 GDP に占める割合が 50%を切り、グローバルサウスの台頭が取りざたされるようになった。それも戦後の自由主義貿易体制が生んだ一つの結果である。

第二の柱は、規範と価値観である。自由主義国際秩序は、その秩序を構成する国家が合意することによって立法する国際法により規律される。国際社会にも法の支配がある。したがって、自由主義国際秩序を法 / 規範に基づく国際秩序（Rules-based

International Order）とも呼ぶ。20世紀に入ってから国際社会の組織化が進み、専門的な国際組織の誕生が始まったが、1945年以降は特に違法な武力行使を禁止した国連憲章が書かれ、また、自由貿易体制の基盤となったGATT（General Agreement on Tariffs and Trade, 関税と貿易に関する一般協定、後にWTOに変更）やIMF（International Monetary Fund, 国際通貨基金）が生まれた。

法の支配という考え方は、もともと英米法的な考え方であり、個人の良心と愛を倫理的に重視する自由主義的価値観を根底に持つ。民主主義、自由、人権、平等などの人類普遍の価値がこれに該当する。「すべての人は平等であり、生命と自由を守り、自己を実現して幸福を実現する天賦の権利を有する。その権利を守るために政府が建てられる。だから議会での公論を通じて形成される人々の一般意思こそが、法となり政府をも縛る。」この考え方は、米国独立宣言にも明瞭に書かれているが、それは西洋的な価値観であるというだけではなく、韓国、日本、中国などアジアの仏教、儒教、民族宗教の思想にも古くから現れているまさに人類普遍の価値観と言える。中国の哲人である孟子は、2000年以上も前に、人に固有の性は善であり、また、暴虐な王は弑してもよいとさえ書いている。

第三の柱は、秩序の基盤ともいえる大国間の戦略的安定、すなわち、勢力の均衡である。戦後秩序は米ソの力の均衡の上に成り立っていた。自由主義国際秩序とは、戦後、米国が西側諸国と共にその圧倒的な国力で築き上げ、支えてきたパックス・アメリカーナ（Pax Americana: 米国による平和）に他ならない。米国はそのために、大西洋および太平洋の同盟網を築き上げ、超大国化したソ連との核の対峙、および、自由主義対共産主義の絶対的な価値観の対立、国際政治におけるイデオロギー的影響力の競争を戦いぬいた。特に、北大西洋条約機構（NATO）と日米同盟、米韓同盟、米豪同盟などの二国間同盟中心の米国の太平洋同盟網が、国際秩序全体の軍事的安定を担保してきた。米ソ間の核による相互確証破壊の成立も冷たい平和を通じた国際秩序の安定に寄与した。

日本と韓国はこの自由主義国際秩序の恩恵を最大限に享受しながら、20 世紀後半に責任ある大国の地位に上り詰めた国々である。現在に至るまで、両国の国民は共にこの国際秩序を通じて民主主義と繁栄、幸福追求と安定を享受してきている。したがって、日本と韓国にとって、この自由主義国際秩序の安定的な持続と建設的な発展こそがまさに国益に該当する。それは両国に共通の国益である。

しかしながら、頼りの米国もまた、世界 GDP に占める割合がすでに 25％に落ち込んでいる。「すでに世界の警察官ではない（オバマ大統領）」、「アメリカ・ファースト（トランプ大統領）」という声が太平洋の向こうから聞こえてくるようになった。だからこそ北太平洋における米国の二大同盟国である日韓両国が、引き続き米国の側面を支えて、インド太平洋地域における自由主義国際秩序全体を支える責任ある大国とならなければならない。しかし、その日韓両国もまた国力の最盛期を過ぎている。フィリピン、タイ、豪州などの米国の同盟国だけではアジアの自由主義国際秩序は支えきれない。私たちは、自由主義国際秩序を共に支える新しいパートナーたちを必要としている。

(2) 自由主義国際秩序の拡張と挑戦課題

(a) グローバルサウスの登場とインド太平洋への秩序拡大

1980 年代から本格的に始まったアジア諸国の産業化は、アジアで日本に続いて韓国、台湾、香港、シンガポールという先進産業国を登場させた。東南アジアでは ASEAN が続いて急速に成長し、間もなく日本の経済規模に追いつくと予想されている。特に ASEAN 人口の半分を占めるインドネシアの成長潜在力は世界の注目を集めている。中国も 1980 年代以降の改革・開放の後、経済成長が軌道に乗り、世界貿易機構（WTO）加入後、一気に世界第 2 位の経済大国に成長し、今では日本の 4 倍の経済規模を持つようになった。インドもまた中国より多い人口と平均年齢 28 歳の若い人口構成で巨大な成長潜在力を持っている。今世紀最後の超大国となるであろう。21 世紀中にこれらアジアの GDP は世界 GDP の 60%を占め、ヨーロッパとアメリカの経済規模を超えると予想されている。上述の国々は、グローバルサウスの主力の国々である。日韓両国は、自由主義国際秩序に背を向け始めた中国を除く他のアジアの新興国を先進国として認め、同時に自由主義社会の責任あるリーダーとしても受け入れて、共に成長していくために汗をかくべきである。

21 世紀の世界経済を更に繁栄させ、地球的規模で国際秩序を安定させるためには、これまで大西洋中心だった自由主義国際秩序をインド太平洋地域に拡大、発展、定着させることが非常に重要である。日韓両国がこの試みに失敗したら、この地域での経済成長が停滞する。また、一方的な力による現状変更が頻繁に起これば、日本、韓国だけでなく全世界に甚大な否定的影響を与えることになる。今日の自由主義国際秩序は、ジャングルの掟が支配した19世紀の国際社会から、戦争の違法化、植民地支配の終焉、人種差別の撤廃、ソ連をはじめとする共産圏の崩壊という先人たちの忍びない苦労と偉大な業績を経て、ようやくたどり着いた人類の至宝である。それがまた揺らげば、人類は再び1945年以前の不安定な国際秩序に戻りかねない。

(b) 中国の台頭と現状変更の脅威

21世紀に入って、自由主義国際秩序への最大の挑戦者となったのは中国である。冷戦期後半、西側と共にソ連に対峙した中国は、1991年のソ連崩壊と同時に対露関係修復、中露国境確定交渉に動いて北方の脅威を排除した。しかしその後、2008年のリーマンショック後、西側経済の停滞をみた中国は、自らの国力に自信を深め、西側に対して挑戦的な姿勢をとるようになった。中国の国力増進の一つの結果として、中国の民族主義と結びついた中国中心の帝国的世界観が指導部に投影されるようになり、中国が自由主義国際秩序から徐々に離脱する兆しを見せている。これは習近平主席の執権期に顕著に現れ始めた。それは、次のような形で具現化している。

① 多国間主義に中国的価値と影響力を植え付けようとする「多国間主義の中国化」、
② 統合された自由主義国際秩序を複数の極（多極体制）に分けようとする分裂的国際政治観、
③ 自国中心の自給自足産業構造の追求（「双循環」経済戦略および「中国製造2025」など）、
④ コロナ時期の全面的ロックダウンのようにいつでもグローバルサプライチェーンを遮断できる反市場的行動、

⑤ 政府主導の重複投資による過剰生産の海外ダンピングと外国の知的財産権の奪取行為、

⑥ 安全保障を理由とした自国インターネットプラットフォームのデカップリングとサプライチェーンの武器化、

⑦ 台湾統一の野望と核戦力強化、周辺国への影響力および軍事力投射という修正主義的路線の追求、

⑧「一帯一路」やBRICS、SCOなどの代替的多国間プラットフォームの構築など、である。これらの中国の行動は自由主義国際秩序とその秩序の受益者である日本および韓国にとっては脅威要因として作用している。

(c) ヨーロッパの地政学的危機と自由民主主義の後退

自由主義国際秩序の維持のためには、米国を含むインド太平洋地域の自由主義国だけではなく、その宗家であり「揺り籠」でもあった欧州諸国との協力が必要である。しかし、その欧州におけるウクライナ危機が自由主義国際秩序を激しく揺さぶっている。国連安保理常任理事国であり、かつ世界最大の核兵器保有国であるロシアによるウクライナ侵略戦争がどのように終結するのか、そしてその後ウクライナに対する安全保障措置がどうなされるかによって、ロシアの再侵攻可能性も排除できない。西側諸国がウクライナの自由意思を尊重するべしと考えるのに対し、ロシアはウクライナがロマノフの大地であると主張して譲らない。今回のウクライナ戦争では、ロシアは核兵器による恫喝まで行っている。

NATOの主柱である米国は、第2次トランプ政権となって以降、ロシアにすり寄る姿勢を見せて、停戦を実現しようとしているが奏功していない。アジアに注力したい米国は、ウクライナ戦

争終結後のヨーロッパの防衛に以前よりも消極的な立場を取るようになり、欧州の自助努力を促している。米国の突然の欧州への安全に対する消極的姿勢は、欧州諸国の危機意識を高め、NATO内での防衛力の強化と組織の構造調整、役割調整が進んでいる。そのためには相当な欧州側の費用負担（Transition Cost）増が伴うであろう。

同時に、欧州諸国では、大規模の難民流入および移民の受け入れと失業率の増加に起因する極右政党、ポピュリズムの台頭が進んでいる。これは先進国における企業の海外流出と産業空洞化、少子高齢化による外国人労働者受け入れに伴う必然的な結果でもある。この動きは、保護主義やナショナリズムと結びつきやすく、自由主義国際秩序の基盤である自由民主主義および普遍的価値に対する挑戦となっている。

(d) 第2次トランプ政権

トランプ政権の再登場も自由主義国際秩序に対する不安定さを増幅している。冒頭に述べた通り、依然として軍事的にも経済的にも世界随一である米国の国力であるが、地球的規模の工業化の始まりによってインド、中国などのグローバルサウスが台頭し、相対的に縮小が始まっている。米国が提供してきた国際社会の安定、自由貿易を通じた経済的繁栄、そして、米国が唱導してきた自由や民主主義、法の支配といった価値観が揺らぎ始めている。これはパックス・アメリカーナという名の国際公共財の脆弱化と呼んでもよい。

米国の国力低下によって、世界のリーダーシップに空白が生まれることが危惧される。国連憲章によって世界の平和と安定を託されたP5（国連安保理常任理事国5ヶ国）については、植民地を失った英仏両国は既に中規模サイズの国となっており、ロシアは軍事大国であるが経済規模は韓国サイズであり、国際法違反のウクライナ侵攻によって安保理全体の権威を失墜させている。中国もまた、国連憲章が下敷きにしている自由主義的価値観に背を向けて少数民族を弾圧し、かつ、一方的な海洋権益の拡張に動きつつある。国連安保理は、拒否権のない再選可能な任期 4 年の準常任理事国を加えるなどの改革をしない限り、最早、その正統性も実効性も維持できないであろう。

G7 は欧州偏重であり、このままでは、これから巨大化するインド太平洋地域でリーダーシップを発揮することは難しい。韓国、豪州、インド、インドネシアなどを正規メンバーに加えることを考えるべきである。なお、中露を含む G20 や東アジアサミットは、政治的なコンセンサスを生み出すことが難しい。全く新しい枠組みとして、海洋権益で結びつく自由主義国を中心に、日本、韓国、東南アジア諸国（の一部）、豪州、ニュージーランドなどと西太平洋共同体の設立に動くことも考えてよい。

既に米国が世界の警察官であった時代は過ぎ去っているが、第 2 次トランプ政権は、更に進んで「アメリカ・ファースト」を標榜しており、米国の国益を最優先に考える姿勢を鮮明にしている。その考え方は、同盟国との関係では、より公平な負担の分担要求となって表れる。NATO と日米同盟、米韓同盟などに対して、より多くの費用分担および役割分担を要求してくるであろう。米国は、欧州からアジアへ戦略的重心を移したいと考えているが、欧州にしてもアジアにしても、米国が同盟国側の負担をより大きくするよう強く要求してくるであろうことに変わりはない。

第２次トランプ政権は、気候変動のような地球的規模の環境問題に対しても懐疑的な視点を示している点が危惧される。また、トランプ政権は、一方的に高い関税率を設定して貿易交渉を有利に運ぼうとし、また、移民排斥によって国内の労働市場を守ろうとしている。このような保護主義的な措置は、自由貿易体制に衝撃を与えるのみならず、米国経済自身にとってもマイナス効果の方が大きいであろう。第２次トランプ政権の政策的方向性は、いずれかの時点で修正されるかもしれないが、現在のところ自由主義国際秩序に対する一定の懸念要因と言える。

(e) 混乱の軸（Axis of Disruption）と修正主義国家の核（nuclear）の連帯

ロシア、北朝鮮、イラン、中国が連携したいわゆる「混乱の軸」は自由主義国際秩序に根本的な脅威を与える挑戦要因となりつつある。これらの国々の共通の問題点は、地政学的な強大国を夢見る時代錯誤的な「指導者」が存在することである。特に、中露朝はすでに核兵器を保有しており、また、イランも核保有の野望を持っている。

彼らはあたかも帝国主義時代の欧州列強のように、領土ないし海外権益の拡張と影響圏（sphere of influence）構築という外交安全保障目標を追求している。これは一方的な力による現状変更を認めない自由主義国際秩序の中では、明白に修正主義的な（revisionist）行動である。そのため、彼らの冒険的な行動は自由主義国際秩序への根本的な脅威となりえる。例えば、ロシアのウクライナ侵攻、中国の台湾統一の野望、イランの覇権政策と核開発、北朝鮮の核開発、ロシア、中国の核戦力増強などは、自由主義国際秩序だけでなく、日本と韓国に対して、直接的、間接的な実存的脅威である。特に、中朝露は、日韓の直接の隣国である。彼らの引き起こす武力紛争は、直ちに日韓両国を前線国家として巻き込む可能性が高い。

これらの国々が平時には戦略的に連携し、有事に際して協調行動を取れば、核を持たない日本と韓国にとっては根本的な脅威となりえる。日韓両国と米国は攻撃兵器（中距離ミサイル等）から核兵器の使用まで、紛争のエスカレーションを厳密に管理し、中朝露のいかなる挑発に対しても常に優位にたって柔軟に対応できる防衛体制を組み上げる必要がある。そこには将来登場するであろう水中発射、空中発射、地上配備の戦術核搭載米ミサイルの配備の問題も含まれる。さもなければアメリカの拡大抑止の実効性も、同盟国側の米拡大抑止に対する信頼も弱まる可能性がある。

(f) 情報技術、人工知能の発展

情報技術の驚異的な発展は、サイバー空間が物理的な人類社会を圧倒するという現象を生んだ。連日、洪水のように膨大な量のデータがサイバー空間を流れている。80 億の人間の多くがスマホを持っている時代である。人工知能（AI）を使うことで、言語の壁もなくなりつつある。多くの国において社会の底辺で日々の生活に一生懸命だった人々が、スマホからあふれ出す情報によって、政治的に覚醒した。その数は膨大である。新しい民主主義の時代である。

ラジオが登場した時、ヒトラーが登場した。メディアの技術力が急激に上がるとき、過激なポピュリズムが登場しやすくなる。新しく政治的に覚醒した人々が、政治的に成熟し、賢明になる以外に、それを防ぐ方法はない。青少年教育の役割は大きい。

透明性が確保された開かれた自由主義社会の中では、独裁国家からの悪意ある偽情報発信や影響力工作が成功しやすい。自由主義社会の分裂・分断、階級間・人種間の憎悪の誘発等、社会の団結をかき乱す情報戦（Information Warfare）が勢いを増している。日韓両国は、優れた情報技術を有する先進国であり、偽情報等に対する対策について国際社会をリードする責任がある。

2. 日韓戦略的パートナーシップ関係

(1) 共通の課題

日本と韓国は自由主義国際秩序の守護という共通の政策プラットフォームの上で、グローバルサプライチェーンの安定的な確保および管理、北朝鮮の核と中国およびロシアの影響力拡大への対処、トランプ政権下での同盟調整という共通の課題に対処しなければならない。これに加えて、気候変動というグローバル課題とAI技術の確保および規制という時代の変化への課題も共に抱えている。

より具体的には、経済安全保障上の要請から中国市場とアメリカ市場のデカップリングで、部分的にブロック化されつつある世界経済への対処、同盟国によるより一層高い防衛費分担およびより強力な防衛態勢構築の要求への対応、米国の拡大抑止の実効性とそれに対する同盟国側の信頼の強化、インド、ブラジル、東南アジア諸国などの新興工業国家の自由主義国際秩序への取り込み、台湾有事の抑止と北朝鮮の核兵器開発の阻止、中国によるサプライチェーンを武器化した経済的威圧への対処、烈度を上げている中国、ロシア、北朝鮮のサイバー脅威とプロパガンダ・認知戦への対応、人口減少に伴う兵力や労働力の不足、国内市場の縮小、少子高齢化の進む福祉社会における財政負担、AIおよびグリーンエネルギーなどの未来技術分野での米中へのキャッチアップ、および、国際標準をめぐる国際社会での協力などの問題に、共同で対処しなければならない。

(2) 協力の方向性と提言

(a) 二国間協力より多国間協力を中心に科学・技術協力を

日韓両国の既存の二国間協力は、依然として出てくる歴史問題のために、往々にして容易に進展しなくなり得る。また、直接の軍事的協力関係の増進は、韓国の国民感情に照らせば依然として難しいであろう。このような点を考慮し、協力の場を既存の多国間、あるいは新しい多国間に移して、科学技術や文化分野に関する協力関係を推進することを提案する。

国連や世界貿易機構（WTO）、あるいはAPEC、G7、G20などの伝統的な多国間枠組みだけでなく、例えば日本と韓国が、QUADやAUKUSのような新しいミニラテラルな枠組みの中で協力と分業を行うことができないだろうか。日韓米豪あるいは日米韓加間のAIおよび量子技術協力体のようなTrans-Pacific QUAD（TPQ）を新たに構想して協力の枠組みを作ることもできるだろう。文化産業と科学技術、ソフトパワー、未来アジェンダ設定を追求する多国間EXPOを韓国、アメリカ、日本、イギリス、フランスなどの国々と（仮称）C5を構成して毎年共同開催することなども例として挙げられる。また、先に述べたように、G7を拡大して韓国、豪州、インド、インドネシアなどを加えてG10またはG11として、その枠組みの中で日本と韓国が協力することも望ましい。

(b) 過去と感情の問題から未来と理性の課題へ

従来の日韓関係は歴史問題と民族主義、自尊心、一方的な世界観に埋没して協力の機会を逃してきた。しかし、両国とも自由主義国際秩序という未来志向的な市場秩序、理性と科学中心の近代的な国際秩序に参加しながら両国の誤解と葛藤が武力紛争や断交に発展するのを防いできたこともまぎれもない事実である。つまり日韓両国は、未来と理性と市場を通じて歴史問題と地政学的な葛藤を克服する奇跡を成し遂げてきた。したがって、両国の協力アジェンダも、気候変動とグリーン成長、デジタル転換と失業問題、AIと量子技術（quantum technology）の安全なプラットフォーム構築、仮想現実（Virtual Reality）、メタバース（Metaverse）、空間コンピューティング（Spatial Computing）など世界を跨ぐ仮想空間における経済ルール構築、人口問題など、科学と理性を中心とした分野に集中する必要がある。

(c) 既成世代から次世代へ一日韓戦略的パートナーシップ関係の構築

異なる国の、異なる世代は、異なる時代を生きてきた。その経験が各々の世代の心に押した刻印は深い。シニアの既成世代間の協力は、異なる世界観が確固として存在しているため、歴史問題を超える未来志向的な協力にはなりにくい。一方、青年および若い世代である次世代は人類普遍的な価値を共有し、相手に対する歴史的な偏見、民族的な偏見も少なく、新しい未来技術に適応する速度も速いため、既成世代よりもはるかに協力の可能性が高い。現在の日韓協力プラットフォームは主に既成世代中心、伝統的なプラットフォーム中心、論争的なアジェンダ中心で構成される傾向があり、これをより創造的で、躍動的で、未来志向的な日韓協力プラットフォームに変えねばならない。バイデン米大統領時代にようやく動き始めた日米韓の戦略的関係を、一層深めていくことは、新しい世代にこそ可能である。

地域安保のための
日韓・日米韓協力ビジョン

1. 問題の提起

1965年の日韓国交正常化は、米国と個別の同盟を結んでいた冷戦時代の日本と韓国にとって、共同の安全保障態勢を強化する契機としての意味を持つものであった。1968年8月の日韓政府閣僚間の共同声明や、1969年11月の佐藤・ニクソン間の日米首脳会談の共同声明において、共通して韓国の安全保障が日本の安全保障にも緊要であると明示されたことは、両国の安全保障の相互依存性と協力の重要性を確認するものであった。

その後、両国はそれぞれの国内状況や国際情勢の変化の中でも、段階的に安全保障協力の制度化の過程を経てきた。1970年代と1980年代の冷戦時代には、両国の軍高級幹部間の人的交流が開始され、1990年代以降には、1998年の金大中・小渕共同声明で表明された両国間の安全保障対話および防衛協力の活性化の方針に基づき、共通の同盟国である米国を含めた北朝鮮の核開発関連情報を共有する三国間協力が模索され、韓国軍と日本の自衛隊間の部隊交流や日韓共同訓練も実施され、信頼が構築されてきた。

日韓両国は2000年代以降、外交や経済のみならず、国際安全保障秩序における地位や役割が拡大している。その中で、国際安全保障秩序において現れている大国間競争の台頭、ロシアによるウクライナ侵攻、中国による台湾に対する軍事的圧力、そして高度化する北朝鮮の核能力や攻勢的な軍事態勢などは、国際秩序の安定を望む日本と韓国にとって、共同で対応すべき挑戦要因となっている。国交正常化 60 周年を迎える日本と韓国が、朝鮮半島とグローバル安全保障秩序の安定のために、二国間の安全保障協力をより促進すべきであることは、避けられない安全保障政策の選択肢となっている。

2. 朝鮮半島およびグローバル安全保障秩序の不安定性

1990 年代以降の国際秩序は、冷戦期の宿敵であった米国とロシアの間で相互協力的な条約と制度が制定され、対話と協力の局面へと変化した。ポスト冷戦期に入り、米国とロシアは START 条約、モスクワ条約、そして 2010 年の New START 条約の締結を通じて、相互の核軍備統制を実施した。1992 年にはオープンスカイ（Open Sky）条約の締結を通じて、相互の軍備統制を検証するために相互の領空を開放する決定もなされた。1998 年にはロシアを先進経済国家のグループである G7 に加入させ、G8 体制へと転換させた。米国はロシアのみならず、当時鄧小平の指導の下で改革開放政策を推進していた中国を WTO に加入させ、「責任ある大国（responsible stakeholder）」としての道を歩むよう関与政策を展開した。

ポスト冷戦期における大国間の協力の流れの中で、朝鮮半島でも 1991 年から 1992 年にかけて南北基本合意書が締結され、お互いを統一過程にある民族関係として規定し、南北非核化共同宣言が採択され、相互に核兵器の開発、保有、配備を行わないことを合意した。しかし、ポスト冷戦期の国家間協力関係は2010年代以降、冷戦時代を彷彿とさせる大国間の対立関係へと変化し始め、南北関係も北朝鮮の核能力の高度化に伴い、軍事的対立関係が顕在化している。

(1) 大国間戦略競争時代の再来

米国と中国間の覇権競争と戦略的競争の様相は、2010年代以降加速している。中国は日本を抜いて世界第2位の経済大国へと台頭し、増大した国力を基に、軍事、経済、科学技術の分野で米国の既存の地位に挑戦している。特に、2012年の習近平政権発足以降、このような挑戦的な様相はさらに顕著になっている。南シナ海および台湾海峡方面で、九段線などの領有権主張を強化し、フィリピンやベトナムなどとの紛争を繰り返している。米国はインド太平洋戦略を公表し、日本、豪州、インドなどとクアッド（QUAD）を結成し､航行の自由作戦を頻繁に実施し、中国の軍事力拡張を抑止する構えをとっている。また、米国は英国、豪州などとAUKUS条約を締結し、豪州に原子力潜水艦の技術を提供するなど、戦略的な協力を強化している。

加えて、ロシアは2014年のクリミア半島併合、2022年2月のウクライナへの戦争挑発を通じて、既存の国際秩序および国際法の規範に挑戦している。米国はウクライナの戦争遂行を直接・間接的に支援し、ロシアとの対立関係が形成されることになった。この過程で、ポスト冷戦期に米国などと共に参加していたG8からロシアは排除され、ロシアが包括的核実験禁止条約からの脱退を宣言したことに続き、米露間で合意されたNew START核軍備管理条約は2026年の満了時に更新されず終了する見通しとなった。

第2次トランプ政権の発足以降、米国はカナダ、グリーンランドやパナマ運河に対する管轄権を主張し、ウクライナへの間接的な軍事支援の中止を表明するなど、むしろ国際安全保障秩序の不安定さを増大させている。これによって、現在の国際秩序は、ロシアと米国などの大国が一方的な国家利益を追求し、相互の戦略的競争が激化する局面へと変化している。このような核保有大国間の対立と葛藤関係の深化は、他の地域にも否定的な影響を与え、長期間にわたって持続すると予想される。

(2) 朝鮮半島の新冷戦的様相

大国間の対立が深まる中、北朝鮮のならず者国家的な行態は、域内の緊張をさらに煽っている。2006年に第1回核実験を強行した北朝鮮は、2017年までに6回の核実験を持続し、核戦力の完成を宣言した。2019年の米朝ハノイ会談が決裂した後、北朝鮮は2022年9月、「核武力政策」を公布し、核の先制使用の範囲を5つに拡大するなど、攻撃的な核戦略を明らかにした。さらに、ウクライナとの戦争を遂行しているロシアは、北朝鮮から砲弾やミサイルなどの武器提供を受けただけでなく、2024年6月19日にはプーチン大統領が直接北朝鮮を訪問し、両国関係を再定義した「包括的戦略的パートナーシップ」条約を締結するに至った。この条約を通じて、両国は一方が軍事的攻撃を受けた場合、遅滞なくあらゆる手段を動員し、軍事的あるいは非軍事的な協力を行うこと約束し、事実上の軍事同盟の復活を宣言した。北朝鮮・ロシア条約締結後、2024年10月から北朝鮮軍約1万2千人がロシアに派兵され、クルスク戦線に参戦し始めた。北朝鮮軍のウクライナ戦線派兵は、2020年代以降NATO首脳会議と国防相会議に参加している日本と韓国が、グローバルな安全保障秩序の安定のために協力を拡大する重要な契機を提供している。

3. 韓国の安全保障資産としての日韓協力、日米同盟、日本国内の国連軍後方基地

国際安全保障秩序の不安定さの増大、北朝鮮の核能力の高度化およびウクライナ戦線への派兵など攻勢的な対外戦略は、韓国および日本の安全保障にとって共同の不安要因となっている。北朝鮮の軍事的脅威の増大に対応し、韓国は独自の三軸体系の強化などを通じて抑止力を増強し、米韓同盟のレベルでは核協議グループ（NCG）の構築を通じて米国との拡大抑止態勢の強化を進めてきた。また、2022年のインド太平洋戦略の公表により、国際安全保障秩序の安定に向けた役割の拡大を表明している。

一方、日本は2022年12月に公表した国家安全保障戦略書を通じて、北朝鮮、中国、ロシアを潜在的な脅威要因として明記し、それに対応して、日本の安全保障能力の強化、日米同盟の強化、そしてクアッド（QUAD）および韓国など同志国との安全保障協力の強化を表明した。このような安全保障戦略に従って、防衛費の増額および反撃能力など自衛隊の軍事力強化が進められている。日本は1953年の朝鮮戦争の停戦以降、日本に設置された国連軍司令部後方基地7カ所を支援している。日米同盟

のレベルにおいては、2015 年に米国と公表したガイドラインを通じて、重要影響事態、存立危機事態などの場合に集団的自衛権を限定的に行使し、日米間の共同作戦を実行できる体制を構築した。韓国としては、このような日本の安全保障政策の変化、日米同盟の態勢の強化、そして日本国内に存在する国連軍司令部後方基地 7 カ所の存在が、朝鮮半島の安全保障態勢を構築する上で重要な資産であることを認識し、日韓および日米韓の安全保障協力の継続を通じて、このような資産を活用する必要がある。

さらに、日本と韓国は、世界的水準にある両国の経済力および安全保障能力、そして国際的地位を基盤として、北朝鮮の軍事的脅威の抑止だけでなく、ロシア－ウクライナ戦争の長期化、中国による威圧的な外交の展開、そして米国トランプ政権の一方的な対外政策の見通しなどに起因する大国間の対立の緩和に寄与すべきである。また、両国はグローバルな安全保障秩序の安定を維持するための安全保障政策の開発と推進においても、共同の努力を傾けるべきである。

4. 日韓あるいは日米韓安全保障協力の方向

日韓、あるいは日米韓においては、大きく二つの目標に向けて安全保障協力を推進することができる。

第一に、北朝鮮の核脅威など軍事的脅威に対応し、共同抑止態勢を強化すべきであるという目標である。すでに日韓の間には北朝鮮の核・ミサイルおよびその他の軍事的動向に関する情報共有のための GSOMIA（軍事情報包括保護協定）体制が正常に稼働しており、日米韓でも情報共有体制が構築されている。また、日韓および日米韓では、海上および航空での共同訓練、多領域訓練なども実施されている。これらの実績を基に、追加で次のような基盤の構築と協力が求められる。

(1) 軍事および非軍事的安保分野における実質的な協力の強化および制度化

安全保障分野における日韓協力は歴史的、政治的な理由による敏感な領域ではあるが、北朝鮮の核・ミサイル脅威と露朝の連携強化など構造的な挑戦の中で、難しくはあるが取り組むべき課題である。こうした北東アジアにおける安保環境の不確実性に対応するためには、軍事および非軍事的分野における協力の強化および制度化が求められる。緊急時における意思疎通の強化のための防衛当局間のホットライン設置などの情報共有システムの構築、航空および海洋監視の情報共有、国防技術・防衛産業協力の拡大など、軍事的安保分野での実質的な協力が望ましい。また、サイバー、災害救助、海洋安保、人道主義支援など、非軍事的な分野における多層的な協力および対応システムを強化しなければならない。

(2) 日米韓あるいは日米韓豪における拡大抑止のための共助体制の構築

北朝鮮の核脅威を抑止するため、非核保有国である日本と韓国はこれまで個別的に米国の拡大抑止に依存してきた。しかし、今後は日韓、あるいは豪州を含めた日韓豪で拡大抑止協力体制を構築し、北朝鮮の核問題およびグローバルな核秩序に関する情報共有を図りつつ、米国の拡大抑止に対する信頼性を高めるための相互協力を促進する必要がある。

(3) 既存の国連軍司令部加盟国に日本と韓国を適宜含める

国連軍司令部は、朝鮮半島の停戦管理と有事の際に米韓連合軍司令部へ戦力を提供する任務を担っている。日本は、国連軍後方基地7カ所の管理という役割を果たしてきたが、国連軍の政策協議には参加していない。この点を補完するため、国連軍のオブザーバー地位を付与し、同時に国連軍のホスト国である韓国軍の将官にも国連軍参謀としての役割を与える形で停戦体制の補完が必要である。

第二に、日韓、あるいは日米韓では、インド太平洋地域秩序およびグローバルな安全保障秩序の安定のためにも協力を拡大すべきである。そのため、次のような課題が提示されうる。

(1) 日本と韓国の主導によるインド太平洋地域のIP4諸国とNATO加盟国との戦略的連携の拡大

ロシアによるウクライナ侵攻は、国際秩序と国際規範に対する重大な挑戦であることは言うまでもない。さらに、北朝鮮がロシアと包括的戦略的パートナーシップ条約を締結し、1万人以上の兵力をウクライナ戦線に派兵したことは、北朝鮮の軍事力強化が朝鮮半島周辺の戦略環境を深刻に脅かすことを示すもので、日本と韓国は注意を払うべきである。日本と韓国が豪州、ニュージーランドと共に2022年以後NATO首脳会議および国防相会議に定期的に参加していることを踏まえ、IP4諸国とNATO

加盟国との協議体を構成する必要がある。これを通じてロシアによるウクライナ侵攻や、ロシアに派兵された北朝鮮軍に関する情報を共有し、共同の協力方策を模索すべきである。このような協議体を通じて、インド太平洋地域に対する中国の威圧的な外交に対して、NATO 諸国からの安全保障協力の提供を受ける可能性もあるだろう。

(2) 日本と韓国のAUKUSピラーⅡへの共同参加

2021 年、米国・英国・豪州は、原子力潜水艦を豪州に提供するためにAUKUS を締結し、先端技術分野での協力のためにAUKUS ピラーⅡという形で別途の協議体を構築した。半導体、ロボット、量子コンピュータ、人工知能（AI）などの先端科学技術分野で世界的水準の能力を有する日本と韓国は、AUKUS ピラーⅡのプラットフォームに共同で参加し、民主主義国家群の全体的な安全保障能力の強化に寄与すべきである。また、その延長線上で、米国・日本・豪州・インドが結成したクアッドに対し、2022 年にインド太平洋戦略を発表した韓国の参加が模索される必要もある。

(3) 中国・ロシア・北朝鮮の軍事能力増強に対応するため、米国の通常戦力および核戦力強化を支援する包括的協力の拡大

北朝鮮の核能力増強に加え、New START 条約から離脱したロシアが今後核戦力を強化する見通しであり、中国もまた 2035 年までに核弾頭 1,500 発までと急激に核戦力を拡大しようとしている。特に、北朝鮮とロシアの包括的戦略的パートナーシッ

プ条約の締結により、両国間の核態勢が強化される可能性も排除できない。これに対応すべく、米国の通常戦力および核戦力態勢の再構築を支援するために、日本と韓国は世界レベルの製造業を活用して米国を支援し、さらにはNATO型の核共有態勢の構築と戦術核の共同配備の可能性についても議論することができる。

(4) 中国・ロシア・北朝鮮の連携強化を阻止するための21世紀型デタント政策の推進

中国は台湾や南シナ海地域において攻撃的な軍事態勢をとっているが、一方、露朝との協力強化については慎重な姿勢を見せている。日本と韓国は、2008年以降継続されている日中韓協力体制を通じて、中国を露朝との連携からデカップリングさせるための協力方法を模索する必要がある。さらに、国連やWTOなどの国際機関を通じて、国際安全保障秩序や経済秩序の安定のために中国に建設的な役割を果たすよう共同で働きかける努力を行う必要がある。このような対中共同外交の取組みにおいては、NATO諸国との協議を並行して進める必要がある。

II

インド太平洋秩序構築と日韓の戦略的連携

グローバル・ガバナンスを支える日韓パートナーシップの拡大

2025年の国際秩序はウクライナおよび中東・アフリカ一部国家での戦争、米中戦略競争の深刻化、権威主義勢力の拡散、グローバル公共財の提供停止など、複合的な危機に直面している。パンデミック、気候変動、食料危機、水とエネルギーの不足、難民問題など、地球規模の問題は依然として放置されており、デジタル・AIなどの新技術の急激な発展は今まで経験したことのない新しい挑戦課題を生み出している。国際社会はこうした挑戦課題に一緒に対応するよりも、大国中心の外交に振り回され分裂している。特に、インド太平洋地域では米中戦略競争の深刻化の影響で、多国間協力に積極的だった中堅国は自律性と影響力の確保に苦戦している。

米国優先主義を掲げる第2次トランプ政権の発足は、ここ数年にわたって回復してきた多国間協力の秩序回復の流れに大きな制約要因になっている。価値に基づくよりも実益だけを重視する取引主義外交は同盟国の軽視に現れ、また多国間の協力体制への不信はパリ協定やWHOの脱退として再び現れ、相互関税の導入と貿易保護主義の強化は自由貿易体制を大きく揺るがしている。また、開発途上国の発展と民主的ガバナンスを支援してきた米国国際開発庁（USAID、United States Agency for International Development）の閉鎖などといった海外支援の縮小は、グローバルサウスにおける中国やロシアのような権威主義諸国の戦略的な空間を広げるという皮肉な結果を生み出している。

日本と韓国はアジアを代表する自由民主主義国家として類似した外交、経済、安保環境を有している。両国はそれぞれ米韓同盟、日米同盟のパートナーとしてこれまで強化してきた日米韓三か国の協力を通じてインド太平洋地域、ひいては世界における平和と繁栄に共に取り組んできた。国際秩序の不確実性の時代を迎えた日韓両国は、これからは短期的な対応を超え、より構造化かつ制度化された協力体制を模索しなければならない。インド太平洋地域はもちろんEU、中央アジアおよびその他のグローバルサウス地域において、多国間協力の枠組みの中で日韓協力を図り、国際法と民主的な規範を根幹とするルールに基づく秩序の擁護と公共財の提供に乗り出さなければならない。

1. 多国間協力の中の日韓協力

日本と韓国は、それぞれ異なる歴史的背景と経路を経て、多国間協力を発展させてきた。韓国は冷戦期の米韓同盟中心の二国間外交から出発し、経済成長、国際的な位置づけの向上などを背景に漸進的に多国間協力を拡大してきた。日本は戦後平和国家のアイデンティティと経済力に基づき早くから多国間外交の枠組みを設け、日米同盟を軸に国際的な役割を安定的に拡大してきた。外交基調に違いはあれども、現在日韓両国は国連、G20、OECD、インド太平洋地域など、様々な多国間協力の舞台で主要なアクターとして活動しており、主要国際機構における意思決定過程での投票行動の一致度も高い。

日韓両国はグローバルレベルで多国間主義体制の回復と革新に向けてパートナーシップを強化しなければならない。国連安保理の無力化に対応するため代表性と地域均衡性を高める改革の議論に積極的に参加し、総会においてはグローバルな規範の守護と政策調整の強化に向けた共同イニシアティブを推進しなければならない。また、開発、気候、人権、保健など、国連関連機構のプログラムにも共に参加し地球規模問題の解決に貢献すべきであり、G20、WTO、WHO、OECD など主要国際機構においても緊密な協力を通じて民主主義、法の支配、市場経済などの核心となる価値を守らなければならない。特に韓国は、G7 入りを通じて先進国クラブ内で積極的な役割を果たしたいと考えている。今後、G7 拡大が実現した場合、G7 内のアジアの声を強化する観点から、韓国の加入に日本の積極的な協力と支持が望まれる。

インド太平洋地域における日韓協力はここ数年で実質的な進展を見せている。サプライチェーンの安定と経済安全保障の強化という共通の戦略課題を意識しつつ、日本は素材・部品・装置、韓国は半導体、バッテリー、AI 技術においてそれぞれ強みを持っており、相互補完的なパートナーとして協力できる。韓国の「環太平洋パートナーシップに関する包括的および先進的な協定(Comprehensive and Progressive Agreement for Trans-Pacific Partnership, CPTPP)」加入問題でも手続き的な検討や要件審査を超え、域内サプライチェーンの再編、技術規範の設定、機微品目の保護など、経済安全保障の核心分野で両国の実質的な連携と共同戦略構想に発展する余地が大きくなっている。

ASEANは日韓両国において非常に重要な地域といえる。文在寅政権の「新南方政策」は経済、外交の多角化を重視しながら安保の問題においては中立的な立場を取ったことに対し、尹錫悦政権の「韓・ASEAN連帯構想（Korea-ASEAN Solidarity Initiative)」は政治・安保協力を強化し、インド太平洋戦略との連携を強めようとする性格が強い。一方で日本は、早くから「自由で開かれたインド太平洋（Free and Open Indo-Pacific)」構想を通じてASEANとの連携性（connectivity）を多次元的に図ってきた。こうした戦略認識の違いは、イシューによっては共通のメッセージを作り出すことや政策を調整することを難しくする可能性を秘めている。しかし、ASEAN中心性を超えて、より効果的な多国間協力を推進するという意味で日韓両国の利害は一致している分、両国はASEAN関与政策においてイシュー別に共同対応するか、もしくは先制的な外交を展開する必要がある。

日韓協力は日々戦略的な価値が増大しつつある中央アジアまでその範囲を拡大する必要がある。ヨーロッパとアジアの間に位置する要衝でもある中央アジアは旧ソ連の五つの共和国とアフガニスタンを含む。中央アジアはロシアや中国といった隣接した大国よりも日韓のような第三の信頼できるパートナーを好む特徴がある。両国は、ODA、教育、保健、制度化能力の強化などにおいて相互補完的なそれぞれの資産を用いて実質的な貢献ができる。中央アジアの発展と安定のために日韓両国は、この地域が特定の国の影響力下に置かれることのないよう、バランサーの役割を果たしながらユーラシアとインド太平洋の連携をサポートすることもできる。

2. 日米韓三か国協力の強化と持続可能性に向けた日韓協力

ここ数年尹錫悦政権と岸田政権の間で日韓関係が大きく改善したことで日米韓三か国協力の「脆弱な輪」が回復された。韓国政府は2022年12月インド太平洋戦略を発表し、包容・互恵・信頼の三原則の下、「規範とルールに基づくインド太平洋地域秩序の構築」などの9つの課題を提示した。同報告書は日米韓三か国の協力と、その更なる発展に向けた日韓関係の改善についても強調している。つまり、既存の確固たる米韓同盟に加え、日韓関係の強化を通じた日米韓三か国の協力が三か国の協力そのものだけでなく、インド太平洋地域のおける安全保障と繁栄に重要であるという認識が共有されているである。

2023年発表された「キャンプ・デービット精神：日米韓首脳会談共同声明」は日米韓三か国の協力の精神と青写真を提示することで三か国協力の枠組みを提示した。同声明は「領域横断的に、また、インド太平洋およびそれを超えた地域において、我々の協力を三か国で拡大し、我々が分かち合う大きな野心を新たな地平へと引き上げることにコミットする」と記している。経済的レジリエンスと繁栄の増進、地域およびグローバルな平和と安全保障のための米韓同盟と日米同盟間の戦略的連携、民主主義の促進と人権保護に向けた協力を強化するという意味である。これに向け同声明は首脳レベルを含む主要分野における三か国間コミュニケーションメカニズムを構築し、日本と韓国に対する米国の拡大抑止のコミットメントのための三か国共同訓練の年単位の定例化、経済安保と技術分野の三か国協力、サプライチェーン攪乱に対応するパートナーシップ強化など、様々な協力分野を提示している。

しかし、米国の政権交代と日韓の国内政治の不安により三者協力のリーダーシップと推進の原動力が弱まっている。第2次トランプ政権に日米韓協力を重視させるためには米軍駐留経費の負担増額といった消極的な対応に留まるべきではなく、日韓が協力することこそインド太平洋地域における米国主導のルールに基づく秩序の維持および優勢（primacy）に役立つという点を強調しなければならない。同時に、日韓両国は行き過ぎた米中競争が軍事的衝突につながらないように、米中の緊張を緩和させることに励むべきである。そのためには日韓両国が同盟国である米国との協力を優先しつつ、中国とも非軍事的分野で様々な協力を図ることで中国からの信頼も得る必要がある。

3. 日中韓協力のための日韓協力

米中競争が激化する中、米国の主要な同盟国である日韓は、日米韓三か国協力に力を注いできた。このため、日中韓三か国協力が疎かになったことも事実である。しかし、1990年代後半から2000年代前半にかけて、日中韓は東アジア地域協力において意味のある進展を成し遂げた経験がある。最近日中韓協力は体制を整え直し始めた。2023年には保健と文化コンテンツ分野での実質的な協力が開始され、2024年5月には第9回目の日中韓首脳会議がソウルで開催された。当時採択された共同宣言は、首脳会議、外相会議、高級実務会議などの定例化を明示し、第8回首脳会議で採択された「次の10年に向けた3か国協力に関するビジョン」を履行するというコミットメントを再確認した。

同宣言文は、三国の国民が三か国協力の実質的なメリットを享受できるよう、人的交流（特に若者未来世代)、気候変動への対応などを通じた持続可能な発展、経済・通商（地域的な包括的経済連携（RCEP）を基に三か国FTAの実現を目指す；金融協力；知的財産協力など)、保健・高齢化、科学技術・DX、災害救助・安全など国民の日常生活と密接に関連する6大分野を中心に、相互互恵的な協力事業を積極的に発掘し、実行することを明記している。

インド太平洋におけるミニラテラル協力のレベルで注目すべき点は、三か国協力のメリットが他国にまで拡大できるよう、「日中韓+Xの協力」を促進するという原則を明らかにしたことである[1]。中国はASEAN中心性を支持しながら、日韓とともにASEAN+3（APT)、東アジア首脳会議（EAS)、ASEAN地域安全保障フォーラム（ARF）など、インド太平洋地域における多国間協力の枠組みで共に活動してきた。したがって、こうした多国間協力の枠組みの中で、日中韓三か国協力を他のインド太平洋諸国と連携しミニラテラルな協力を拡大していくことができる。

日韓両国は米中競争が深まる中でも、中国との協力を疎かにしてはならない。中国は朝鮮半島や北東アジアはもとより、インド太平洋地域の平和と繁栄においても核心的な利害関係者だからである。日韓両国は、経済協力、人的交流、文化交流、保健、災害管理、気候変動などの機能的な領域で中国との協力を強化

1 「第9回日中韓首脳会議共同宣言」、https://tcs-asia.org/ko/data/documents.php

しながらも、安全保障や経済安全保障のようなデリケートな分野においては、米中の対立が先鋭化しないよう調整者の役割を模索しなければならない。日韓両国は、中国が周辺国に対し攻撃的な外交を展開することや台湾海峡において急な現状変更を図ることのないよう、中国に対し絶え間なく共に訴え続けなければならない。日韓が米中の間で調整者の役割を果たす上ではその他のインド太平洋地域のミニラテラル協力諸国である、インド、豪州、ニュージーランド、インドネシアなどとイシュー別に協力を図り、中堅国の連帯を通じて調整役としての力をつけることもできよう。

4. 提言

新技術の急速な発展と共にパンデミック、気候変動、水とエネルギーの不足、食料危機、難民問題など、地球規模の挑戦課題は日々増えつつあり、内乱は勿論のこと、国家間の戦争まで拡散していることで国際社会の不安は増している。こうした混乱の時代は国際社会に迅速で効果的な対応を求めているが、多国間協力は大国外交の再登場により徐々に力を失いつつある。先進民主主義国家である日韓両国は個別の国益を超えて、地域と世界の平和と繁栄に向けた公共財の提供に先立ち、国際社会において自由と人権、法の支配が尊重されるよう共に行動しなければならない。提案の詳細は次の通りである。

(1) グローバルレベルで日韓両国は二国間体制の回復と革新に向けてパートナーシップを強化しなければならない。両国は国連および関連の国際機構が再びグローバル・ガバナンスの中枢的な役割を担えるよう協力しなければならない。

(2) インド太平洋地域において日韓両国は、クアッド・プラス（Quad+）やインド太平洋経済枠組み（Indo-Pacific Economic Framework）など制度化の初期段階にあるミニラテラルな協力枠組みに積極的に参加し、他の参加国と共に協力を拡大していかなければならない。ミニラテラルな協力の優先分野としては、サプライチェーンの安定といった経済安保や環境に優しい開発協力などが考えられる。

(3) 日韓両国は中央アジア、中南米、アフリカなどグローバルサウス諸国と多様な協力事業を展開し、経済・社会の発展と民主主義の能力強化に資することで、自由主義国際秩序の維持と発展に貢献すべきである。

(4) ASEAN については、日韓両国を含む三か国の協力を様々な分野で図る必要がある。ASEAN が興味を示している DX に向けた「日韓－ ASEAN デジタル協力イニシアティブ」を推進し、AI 倫理、サイバー安保、データ保護および共有、デジタル通商などにおいて協力を推進することができる。また、中央アジアに日韓共同の関与戦略を構築し、この地域における持続可能な発展と安定を図る必要がある。

(5) 日米韓三か国協力は日韓両国の安全保障はもちろん、北東アジアの平和と安定にも重要である。日韓両国は三か国協力がこれからも持続的に強化されるよう、トランプ政権に対し共同の戦略を立てて対応し、米国が北東アジア、ひいてはインド太平洋地域においてこれからも自由主義国際秩序の守護者として貢献できるようにしなければならない。揺るぎない三か国協力のために日米韓は、今まで政府レベルの協力に限られていた三か国協力を日米韓の議会、もしくは市民社会で多層的に活発化できるようにする必要がある。

(6) 日韓両国は、インド太平洋地域のミニラテラル協力が日中韓三か国協力を通じても強化されるよう、革新的な努力をする必要がある。既存の災害救助、環境保護、保健、人的交流など機能的な分野で日中韓協力を発展させることができる。その中で、気候および環境や保健分野のように、地球規模のアジェンダについては、日米韓三か国協力を含むその他のミニラテラルな協力との連携を試みることもできる。

国際社会に貢献する日韓イニシアティブ―開発援助（ODA）とエネルギー転換

国際秩序やグローバル・ガバナンスの枠組みが根底から覆される危険性を帯びている今、世界の連帯をつなぎとめるために日本と韓国の役割が問われている。両国の具体的かつ機能的な分野として、国際援助および気候変動の領域での協力について検討してみる。

1．開発援助

(1) 国際援助の今―米国政府の方針転換の衝撃

国際援助は、各国では対応しきれない課題のセイフティ・ネットとして、また世界の平和と安全を維持し、貧困の軽減を推進するため、さらに世界各国の連帯を示すために存在しており、その援助枠組みが作られてから 70 年以上の歴史を持つ。

しかし、2025 年 1 月に就任した米国トランプ大統領は、WHO (World Health Organization、世界保健機関）を含む複数の国連機関や、パリ合意等国際協定からの脱退を決め、国際援助の一次凍結を発表した。また、2 月には、国務省傘下の対外援助機関である米国国際開発庁（USAID）は事実上閉鎖に追い込まれ、7

月１日をもって国務省に合併となった。米国は世界最大の援助提供国であり、その総額は633億ドル（約10兆円、2024年）、うちUSAIDの予算は約400億ドルと言われている。USAIDの支援は特に保健・人道支援に重点が置かれており、また国によってはUSAIDの支援なしには一部の公共サービスを提供できないほどである。

また米国政府はロシア・ウクライナ戦争において、ウクライナに対して巨額の支援を提供してきたが、その援助継続も危ぶまれている。アメリカが防衛面でも欧州から手を引く中、欧州は自国の防衛費の増強とウクライナ支援を優先せざるを得ず、その結果、アジア・アフリカの貧困国に対する国際支援は一層厳しい状況に置かれている。

(2) 先進国と途上国の関係の変化

先進国と途上国の間の亀裂はここ数年顕著になりつつあった。具体例をあげれば、COVID-19下で、感染状況を迅速に開示した途上国に対して先進国が移動制限を掛ける、ワクチンの配分に関し支払う能力が低い途上国が取り残される等、途上国が先進国を頼ることのリスクを知らしめた。

またウクライナ戦争により、小麦、肥料、燃料の価格が高騰し、ロシア・ウクライナからの輸入に依存してきたアフリカの国々はインフレに苦しむこととなった。西側諸国が対ロシア制裁を進める一方で、多くの新興国・途上国はロシアのウクライナ侵攻に対しては非難するものの、対ロ制裁には同調せず、独自の立場をとってきた。更にガザの惨状は、多くの途上国とりわけイスラム圏の国々で、イスラエルを擁護するアメリカに対しての反発を招き、反米感情を増大させてきた。

途上国、特に新興国は「グローバルサウス」としての存在感を増し、西側諸国とは一線を画した動き・主張をし始めている。国際支援の文脈において言えば、新興ドナーとして台頭してきた中国、トルコや中東だけでなく、東南アジアの国々も自国の援助機関を設立し始めている。これまで欧米が牽引してきた国際援助・開発援助は、この世界情勢を踏まえれば、大きく変わらざるを得ない。先進国・途上国という二極対立を防ぎ、世界の連帯と信頼をつなぎとめるための国際援助のあり方を考える必要がある。

(3) 日本・韓国に求められていること

この国際情勢の混沌の中で、OECD DAC（Development Assistance Committee、開発援助委員会）33か国の中で唯一のアジア諸国メンバーである日本・韓国は何ができるだろうか。現在、米国の支援に頼ってきた国々や地域連合体は、その代替案を模索し始めている。国際援助に依存してきた公共サービスを、自己資金で提供できるよう改革を進める国に対しては、その結果に透明性と持続性が担保されるよう開発援助のプロセスに積極的にかかわる必要がある。一方で、紛争などが原因となり、政府が必要な公共サービスを提供することが困難な国、また政府の保護を受けることが困難な人々も確実に存在しており、これらの人々の命を救う人道支援資金を補完する努力も求められる。

米国や欧州諸国が国際援助予算の削減を発表する中、韓国は国際援助予算の増加を約束している数少ない国の一つであり、日本は円安の影響を受けつつも、同じ水準を維持しようと努力している。一方で、2024年の日本のODA総額は168億ドル、韓国は39.4億ドルとなっており、両国のODA総額を足しても、米国の633億ドルの3分の1にも満たない。

欧米の「伝統的ドナー」が国際援助の資金を大幅にへらす中、今まで通りの国際援助のやり方の維持はできないことは明確である。途上国が、この危機を国際援助・自国の制度・戦略改革の機会に使おうという機運もみられる。

日韓にできることは、OECD DAC等国際援助の取極めや欧米との連携を堅持しつつ、新興の国際援助パートナーと多極的な協力関係を構築し、その連携を深めることにある。欧米vs中露などの二極化で国際援助を語ることを極力避け、中進国・新興国の発展の経験を途上国への支援へとつなげる役割を日本・韓国が担うことで、分断が進む世界をつなぐ役割を果たすことができる。

日本は、過去に日本の支援を受けた国が別の途上国の開発を支援する相互プログラム（南南協力・三角協力）を1975年から実施しており、上記に挙げた複数の東南アジア等新しい援助機関との連携関係を持っている。また、パレスチナ開発のための東アジア協力促進会合（CEAPAD、Conference on Cooperation among East Asian Countries for Palestinian Development）は、日本・韓国も参加しているアジア主導のパレスチナ支援の枠組みであり、今後の参考になりえる。韓国は、国連南南協力事務所（UNOSSC, United Nations Office for South-South Cooperation）と協力してメコン川流域の国々に対して、水・エネルギー・食料の持続可能な開発と気候変動対応を支援している。韓国は、援助を受ける国から援助を提供する国へと移行した近年の経験を持ち、その援助への取り組みにおいて他の新興国・新興ドナーを牽引する力がある。このように日韓が欧米に追随するのではなく、途上国のオーナーシップと尊厳を尊重する日韓共同の「アジア型」の国際援助の形を提示できれば、日韓それぞれにとって大きな国際貢献となりえる。

(4) 提言

(a) 東南アジアの国々の援助機関の能力強化・連携事業に日韓で連携

日韓が共にこれまでの強固な関係を築いて来た東南アジアの国々は、経済成長とともにこれから援助提供国となる。これらの国々が国際援助の文脈で活躍できるように、日韓協働で東南アジア諸国の新興援助国が他の途上国において支援を実施するための技術的・資金的サポートを拡張する。特に、新興ドナー側・支援受益側双方の関心や開発課題の共通点を踏まえてマッチングを支援し、また支援手法やモニタリングシステムの構築等についてもアドバイスすることで、実質的な連携効果の向上を図る。

(b) DAC以外の国と連携した事業の形成

OECD DAC メンバーの支援はウクライナ、インド、バングラデシュ等、特定の国家に集中している一方、OECD DAC に入っていない新興援助国（トルコ、中東諸国等）はシリア、パキスタン、イエメン、パレスチナ等、援助対象が明らかに違い、国際援助の対象国でも分断が如実に表れている。地政学的・治安的に介入が難しい地域においては、言語的・文化的・宗教的に親和性が強い国家間での支援が有効な場合が多々あり、日韓が率先してこれらの新興援助国と協力することで、国際協力の連帯と連携を実践する。

(c) USAID事業縮小により影響をうける公共サービス改革支援

途上国の国内資金調達や改革を後押しするため、これまでUSAIDの支援が下支えしていた公共サービス事業体の自立を目指す国に対して、優先的に支援を行い、経営の改善とサービスの担保の協力を行う。日韓ODAは共に借款のツールを持っていることから、途上国の財政課題とあわせた公共サービス改革の着手が可能である。

2. 気候変動対策とエネルギー転換

気候変動問題について、主要先進国は、徐々に現実化し、かつ深刻化する気候変動の影響を回避することだけでなく、気候変動対策を通じて、輸入化石燃料から国産のクリーンエネルギーに転換しようとしている。また、これらを通じて、エネルギーの自給率の向上とエネルギー安全保障の確保を目指すと同時に、脱炭素経済社会に対応した産業構造へと転換し、国内に産業と雇用を作り、経済・地域の活性化を図ろうとしている。

とりわけ気候変動対策の一つである輸入化石燃料のクリーンエネルギー転換に関する現状は次の通りである。日本（2023年基準）は、一次エネルギー供給の80.8%を輸入化石燃料に依存しており、G7では依存度は最大、エネルギー自給率は最低水準（12.6%、2022年基準）である。電力も、電源構成の70%以上を輸入化石燃料に依存し、G7では最も高い依存度である。韓国（2023

年基準）についても、一次エネルギー供給の 80％弱を化石燃料が占める。電力も、電源構成の 60％強を化石燃料が占める。両国ともに、他の先進国と比べて、輸入化石燃料への依存度が高い。

ロシアのウクライナ侵攻で経験したように、海外で生じる何らかの要因により化石燃料価格が急激に変動すると、両国の国内のエネルギー価格に影響を及ぼすだけでなく、国民生活や経済にも多大な影響を与える。昨今の中東地域の情勢も鑑みると、両国のエネルギー供給はこうした地政学的リスクも抱えていると言える。

こうしたエネルギー、特に電力の脱炭素化は、輸入化石燃料依存から転換することで両国のエネルギー安全保障の強化を促す。また、デジタル化に伴いデータセンターや半導体産業等は脱炭素の電源の利用を要望しており、これらの産業の誘致にも必須の条件となっている。また、温室効果ガス排出の削減が企業に対する資本市場、取引先からの評価を左右するようになった現状において、電力の脱炭素化は、両国企業の企業価値の向上にも資する。

(1) エネルギーおよび電力の脱炭素化に向けた日韓協力方法の提言

(a) 洋上風力の導入拡大に向けた連携

日韓両国が今ともに拡大を試みているのが洋上風力である。日本は、2030 年までに 5.6GW の洋上風力の稼働を始める見通しであり、2040 年までに浮体式も含む 3,000 万 kW ～ 4,500 万 kW（30 ～ 45GW）の洋上風力の案件を形成する計画である。韓国は、

2030年までに14.3GW、2038年までに40.7GWの洋上風力の導入を計画している。風況の観点から九州北部海域や韓国南部海域もまた洋上風力発電事業の候補の一つであり、日韓が洋上風力事業において協力しやすい条件を兼ね備えている。

一方で洋上風力事業は、開発から操業、設備の廃止まで50年超にもわたる事業である。従って、日韓両国は長期的な視点にたって、連携した海域の調査、SEP（self-elevating platform）船や港湾の相互融通、設備・部品の共同調達や、工事やOMにあたる人材の交流や融通などの相互連携により、両国が直面する電力の脱炭素化を進めることを検討すべきである。そうした中で、将来は、欧州諸国が北海において行っているように、洋上風力の開発や送電のための共同プラットフォームを設置する、場合によっては、洋上風力を軸に両国間を送電線で結ぶという可能性も検討の対象にしてもよい。両国の洋上風力共同開発や電力融通は、双方の電力システムのレジリエンスを高め、両国の連携のシンボルとなりうる。

(b) アジア地域の脱炭素化支援における日韓連携

アジア地域は、世界の約50%の温室効果ガスを排出する地域であり、日韓企業がサプライチェーンと市場を持つ主要地域である。アジア地域の脱炭素化は、世界の温室効果ガス排出量を削減するという観点からもちろん重要だが、日韓両国の企業にとって、そのサプライチェーン、バリューチェーンでの温室効果ガスの排出（スコープ3の排出）を削減するという観点からも、両国企業が持つエネルギー効率の高い製品やクリーンエネルギー技術などの市場形成という観点からも、連携して取り組むことができる分野である。

従って、日韓両国がこれまで築いてきた開発援助の政策と実践を尊重しつつ、特にアジア諸国が抱える気候変動対策をはじめとする地球規模課題への援助について、相互に連携し合うことを検討すべきである。これらを通じて、両国企業の競争力の強化、並びに地域の持続可能な発展を同時に図ることができよう。

III

共同繁栄のための新たな日韓協力

日韓経済協力のビジョンと戦略

1. 日韓経済関係を取り巻く環境と展望

(1) 日韓経済社会摩擦の背景

これまでの日韓両国間の経済社会的摩擦の背景には三つの面があった。一つ目は雁行型（flying geese）の発展がもたらす摩擦である。新興国が先発国の後を追って発展する際、先行企業から追上げ企業への技術移転や流出は、いかなる国・企業間にも「一定程度は」発生する事象であり、米国から日本、近年では日米韓のそれぞれから中国企業に対しても発生し続けている。ただし、これがいかに普遍的な事象でも、当事者・当事国からすれば経済ナショナリズム[2]を含めた感情論を惹起しやすい。

二つ目は歴史的背景がもたらす摩擦で、多くは植民地支配に起因する。日韓の社会全体で解決して行く必要のある問題だが、旧朝鮮半島出身労働者問題（韓国では「強制徴用問題」と表記）に対する日本企業の賠償を命じた韓国の大法院判決と、日本の韓国に対する半導体部素材の輸出管理強化（韓国では、「輸出規制」

2　一国が経済活動で自国の利益を優先し、他の国の経済的干渉を最小化しようとする態度。外国との貿易などで関税などの進入障壁を通じて海外労働、資本、商品などを統制し介入することを意味する。

と表記）は日韓両国の民間企業の予見性を失わせ、協力意欲を削ぐ結果となってしまった。

三つ目は経済構造の違いがもたらす摩擦で、貿易赤字と黒字はどこの国にも存在し、それぞれの産業構造の変化と共に変化する可能性を持つ。しかしながら二国間貿易赤字を政治問題化しようとする勢力はどの国にも存在し、日韓間ではこれが歴史感情に結び付けられることが多かった。産業構造に根差す事象はどの政策的な措置を取ったとしても、短期間で劇的に改善させることは難しい。

さまざまな摩擦要因が、日韓双方で政治的に利用される過程で、ゼロ・サムではなく、Win-Winを目指そうという議論が持ち上がっては消され、2023年春の両国首脳のシャトル外交の開始以降も摩擦の火種は完全に消えたとはいえない。日韓の摩擦が複合的であるだけに、大きな政治枠組みでの日韓関係の改善が続いたとしても、実際の経済構造変化のスピードは緩慢と想定すべきであろう。

(2) 両国が直面する経済社会の課題

他方で、日韓の経済社会には、共通の課題が数多く存在し、年々深刻さを増している。ここに着目すれば、両国間協力の潜在的な利益は大きく、その便益の大きさを両国間の経済協力の意義として訴え続けていくことには大きな意義がある。具体的には以下の点を挙げる。

(a) 人口動態の変化

両国にとって共通かつ最大の経済社会課題は人口減少で、有効な手立てが打たれることなく問題は益々深刻化している。両国がこの人口減少のスピードを凌駕する生産性の向上を図らない限りは、GDPの縮小から著しい国防力の低下、および国力の悪循環的低下に陥りかねない。人口減少がもたらす国内経済規模の縮小問題を、これまで韓国は日本よりもうまく産業構造改革と輸出産業基盤強化によって補ってきた。しかし、第2次トランプ政権の動向に関わりなく、今後も世界経済のブロック化が進むものなら、これまでの成功パターンはもう保証されにくい状況にある。

(b) 地政学的緊張

また、日韓両国は台湾海峡と北朝鮮の二つの大きなリスクを抱える北東アジアにおいて、安全保障負担が高まっており、この負担が経済課題解決にとっての足かせになることの危惧もまた両国に共通する。さらに、米中対立を起因とする世界経済のブロック化は、単なる貿易ブロックのみならず、先端技術ブロックにまで波及しつつある。先端電子部品等の製造、そして販売はこうしたグローバルな経済環境の変化の中で大きな岐路に差し掛かっている。

(c) 中国経済の減速

さらに日韓両国の最大の経済パートナーである中国の経済成長鈍化は、不動産価格調整による一時的なもの、という従来の見方は姿を消し、構造的なもの、とする見方が主流となってきている。日韓同様、中国も難しい人口オーナス（population onus）時期に突入しているからである。中国当局は経済安全保障の顕在化から米国への輸出が難しくなることも想定し、むしろ国営企業と自国内のサプライチェーン重視の姿勢をとっており、日韓共に中国事業は様々な見直しを余儀なくされつつある。

2. 日韓経済の収斂と新次元協力

1962 年の最初の経済計画以来、韓国の成長戦略は一貫して製造業輸出中心で、日本は長らくその「キャッチアップ」対象であり、競争相手だった。この記憶から製造業、特にハードの最終製品シェア騰落を「国家競争力」とみなす伝統的な経済ナショナリズム、例えば対日貿易赤字批判は韓国に根強く、他方、韓国の「キャッチアップ」を許した日本の側にも資本財や部素材に代表される基礎技術力の差を誇示する感情が最近まで存在した[3]。しかしながら、近年では (1) 自由貿易体制そのものの行き詰まり、(2) 製造業のパラダイムシフト、および (3) 日韓所得水準の漸進的な収斂の 3 つの現像が浮上した。これにより、日韓は競争よりも共通利害の方を優先する方向に転じ、新次元の経済協力を模索する時期に来ている。

(1) 自由貿易体制の行き詰まりと通商協力

韓国経済は工業製品の輸出に大きく依存してきた。1996 年には 23%程度だった対 GDP 比の輸出依存度は 2012 年には 46%に上がり、23 年でも 37%の高水準である。同時期、日本の輸出依存度も上昇したが、9%から 12%、そして 17%に上昇しただけだった。

自国で垂直統合が進んでいた日本企業の産業再編は遅く、円

3 文在寅政権時の日韓関係悪化に際し、日本側がとった半導体部素材についての「輸出管理強化」は製造業中心の競争に対する日本側の感情を率直に示すものだった。

高に見舞われる度に海外生産移管と生産縮小が続き、米中の牽引する外需拡大機会を生かせなかった。これに対し、韓国は1997年の通貨危機から輸出主導で経済回復に成功した。先進国の垂直統合が崩れ、国境を越えた適地生産で巨大なグローバルバリューチェーン（GVC, Global Value Chain）が形成される21世紀型分業の発展は国内の垂直統合度がまだ低かった韓国には大きな追い風となった。メモリー分野に集中して製造力を上げ、高付加価値化した半導体はその象徴だった。

だが、2020年代以降、世界の通商環境は急激に変化した。一つは自由貿易体制そのものが大きく揺らいだことである。輸出依存度の高い韓国はWTOなど多国間主義を重視し、これを補完するものとして関税中心の二か国間自由貿易協定の締結を急ぎ、ルール形成を目指すプルリ協定ではむしろ出遅れた。反面、日本は重要な海外拠点ネットワークを原産地規則などの共通ルールでカバーしようと、環太平洋経済連携（TPP）のようなプルリ協定を重視し、「経済的威圧」（Economic Coercion）にもG7のような有志連合で対抗しようとしてきた。韓国がプルリ協定に関心を高めれば日本と協力する意味は大きく、日本にとっても通商グループ全体の交渉力強化につながる。

もう一つの変化は経済安全保障や環境規制など様々な理由で、企業のサプライチェーンに関する情報収集や共有が極めて重要となったことである。日韓大企業は日韓間だけでなく、グローバルに事業を展開しており、経済安保規制が急速に増える米中はもちろん、炭素国境調整メカニズム（Carbon Border Adjustment Mechanism, CBAM）など様々なサプライチェーンへの環境規制を強めるEU、新興市場として重みを増すASEANなど、世界の主要市場で大きな取引を行っている。不確実性の高い経済安保規制に対処し、環境への配慮を示す上でも相互信頼に基づく情報共有は欠かせない。対外依存度の高さから韓国の当局や大企業は優れた情報網を持つ。日韓の分業関係は既に濃密で、官民の情報交換の機会を増やし、中小企業を含めた標準化などで協力すれば、実務的なメリットは大きいだろう。

(2) 製造業のパラダイムシフトとDX協力

第2次トランプ政権による恣意的関税政策は世界に衝撃と混乱をもたらしているが、製造業ではこれ以前からデジタル化によるパラダイムシフトが急速に進行している。製造業のデジタル化（DX）は1990年代には一定のサプライチェーン情報を管理する程度（DX1.0）だったが、2000年代には製造で収益を上げることが困難となり、先進国の製造プロセスの外注化と新興国の製造受託企業が一気に台頭した（DX2.0）。主導的企業は参照設計や標準規格といった技術力基盤のモノづくりにシフトし（DX3.0）、2010年代に入ると、製造プロセスのデータ化が始まり、生産技術の一括請負事業者（ラインビルダー）までが登場した（DX4.0）。2020年代には流通や企画で膨大な顧客データを持つ企業の製造業参入（DX5.0）さえ出現した。EV自動車生産が示すように、デジタル化で製造業の参入障壁は下がり、製造業のサービス化やプラットフォーム化は急速に進展している。

この間、海外生産拡大ばかりが続いて国内の設備投資が停滞した日本の製造業はこうしたDX化の進んだ最新工場が国内に少ない。また、標準化の遅れで国内に残った中小企業との情報共有も希薄で、サプライチェーン全体の見える化が遅れてきた。

日本はデジタル機器も、さらにはコンピュータサービスなど専門サービスも揃って貿易赤字で、製造業のデジタル化により、企業は地政学リスクなど国境リスクに脆弱となっている。

一方、韓国は行政サービスなどデジタル社会でも、製造業現場でのロボット投入でも世界のトップクラスだが、製造業全体のDXは相対的に劣後している。韓国が得意としてきた効率的な大量工業製品生産では急速にDXが進み、豊富なデータを有する中国との競争が急速に困難となっている。

米中はもちろん、EUと比較しても、日韓は市場規模からデータの量に限界があり、データ駆動型のモノづくりにハンディを負う点が共通する。日本は標準化の遅れと共にプラットフォーム事業者の立ち上げが遅れ、韓国は狭小な国内で閉じたプラットフォームの寡占化[4]が進んでしまった。

自前主義での技術開発に執着し、コア技術の切り出しができないまま、パラダイムシフトに遅れた日本と、その弱点を突いてグローバルなサプライチェーンの立ち位置を確立してきた韓国との関係は自由貿易協定（FTA）さえないことに象徴されるように、微妙な関係が多々ある。欧州のような製造ソリューションやデータ連携の標準化は簡単ではないが、ひとまず製造業DXに資する人材の育成やリスキリングの推進、製造業支援に当たるプラットフォーム事業者間の協力、知的財産専門家の交流は信頼構築に向けて大きな意味があろう。

4　韓国の国内市場はネイバーなど国内企業の支配力が強く、Google、Amazon、Apple、Metaといった米系プラットフォーム事業者の影響力が極めて乏しいガラパゴス型のデジタル社会が形成されている。

(3) 日韓経済の収斂と課題解決型協力

韓国の一人当りGDPは購買力平価(Purchasing Power Parity, PPP)では2015年に、名目レートでも2022年には日本を凌駕し、キャッチアップは完全に完了した(IMF統計による)。しかしながら、日韓は既に潜在成長力自体の低下に直面し、①イノベーションの推進、②持続的成長の追求、③エネルギー・食糧安保の確保、④労働力不足への対処、⑤農業や地方経済再生など、多くの共通課題への対応を迫られている。政治とビジネスの切り離しが新次元で進めば、地理的近さや文化・生活様式の近さ、言語障壁の低さなど、自然な貿易パートナー(Natural trading partner)として、日韓の市場統合のポテンシャルは大きい。例えば韓国では通貨危機後の対日文化輸入解禁が大きな社会的な議論を生んだが、日本は有力市場を提供し、日韓間でコンテンツ産業のバリューチェーン(Value Chain、VC)が形成され、韓国のコンテンツ産業は飛躍的に発展した。

韓国が製造業輸出とこれを主導する大企業主体の成長戦略に執着する限り、双方にとって市場でも生産拠点でもない日韓の協力には限界がある。しかし、両国が市場構造と向き合い、競争時代のゼロ・サムではなく、課題解決型のプラス・サムを志向し、双方とも縮小する国内市場のパイを広げる観点に立てば新しい展望が開ける。課題解決に向けては一定の競争があるからこそ、協力を通じて生産性向上やイノベーション促進を享受することが可能となる。また研究開発の促進や規制緩和でも知見を共有する意義が大きい。限りある人的資源に基づいて中国との競争で生き延びるためには日韓とも戦略的な基礎研究、強みを生かした応用研究や商品開発などで協力する必要があるからだ。また、韓国の労働市場改革や、日本のDX推進のように政策アジェンダでありながらその進展の速度が遅く、潜在成長力を下押ししている分野もある。ここでは規制緩和のサンドボックス情報など知見を共有し、改革競争を促進する必要がある。医療・介護や教育、社会サービス、農業や地方経済再生なども多くの共通、或いは「似て非なる」課題を抱える。

ここで例えば韓国は内需制約にもかかわらず、ユニコーン企業（評価額が10億ドル以上で設立10年以内の未上場ベンチャー企業）を多数輩出している。課題解決に向けて起業を促進できれば、日本は起業支援政策のスピード感や柔軟性、国際事業の支援策などの知見を韓国から得られ、他方、韓国は経験のない高齢化に立ち向かうために日本から先制的アイデアを得て社会サービスの起業につなげられるだろう。さらに出生率反転にはジェンダーへの取り組みが不可欠で、日韓とも大企業には男性の育児休暇取得の活性化などその先頭に立つことが期待される。ここでも前向きな競争が必要だ。

もう一つの方向性は共通利害に向けた協力で、エネルギーや食料自給率の低さから来るコストの削減やリスク回避が挙げられる。日韓はエネルギーや食料自給率が極めて低く、地理的にも輸送コストの高さに直面する。例えば二酸化炭素回収であれ、水素転換であれ、島国の日本はもちろん、韓国も北朝鮮の地政学リスクはむしろ加重の一途、ロシア制裁や中国との関係悪化で地理的な孤立が存在する。特にエネルギーミックスの点では日韓とも再生エネルギーへの取り組みは盤石ではなく、原発回帰は容易ではない。

一方、自動車産業が早くから水素を重視したこともあって水素への関心の高さは共通する。各国が水素戦略を次々と発表する中で海上輸送の比重が高いことが欧州の主導する基準で不利にならないか、また、原材料供給、生産設備、貯蔵、輸送などのバリューチェーンの組み方にも共通の関心がある。また、炭素排出量が多くコストも高い海上輸送を効率化するために船舶を共有するなどのアイデアが既に浮上している。

日韓間には歴史認識など国民感情に結び付きやすい問題が多々存在し、解決は容易ではない。民主主義体制の下にあればこそ、政治が国民感情に左右される構造も変えにくい。しかしながら、少なくとも経済面ではもう一つの体制共有、即ち感情とは別の市場の論理、効率性の論理が存在する。近隣において経済的収斂を達成した国の登場は日本にとっては初めての経験であり、これまでの「上から目線」での経済協力ではその果実から多くを裨益することはできない。他方、経済的収斂は韓国にとっても国民感情や道徳論、問題の政治化で経済協力を当然のように要求する「下から目線」が通用しなくなることを意味する。韓国の経済的収斂を共通資産とし、双方が果実を得るには官民挙げての、つまり国民全体での努力が必要であり、それ自体が関係成熟のプロセスとなると相互に自覚するべきである。

3. グローバル経済秩序の変容と日韓経済関係

米国の自国中心の保護主義と対中デカップリング政策は、日本と韓国にサプライチェーン協力という新たな「協力機会」を生み出している。2021 年 1 月に発足した米バイデン政権は、第 1 次トランプ政権と同様の文脈で、先端半導体を中心とした対中輸出規制の強化、CHIPS および科学法（CHIPS and Science Act）とインフレ削減法（IRA、Inflation Reduction Act）の制定を通じて、半導体および電気自動車（EV）・バッテリー産業の育成など、中国を念頭に置いた自国中心の産業政策を堅持した。2025 年 1 月発足した第 2 次トランプ政権の対中デカップリング政策および自国中心の産業政策（関税政策）はさらに強化されている。

(1) 日韓の対中依存度

韓国は日本に比べて中国への輸入依存度が高く、バッテリー用の鉱物や希土類といった重要鉱物分野では、日韓ともに中国への依存度が非常に高い状況にある（表 1 および表 2 参照）。これは、日韓両国には、中国による経済的威圧に対する共同対応として、サプライチェーンの安定化に向けた協力および重要鉱物資源分野でのサプライチェーン協力案を具体化する必要があることを示唆している。

表1. 韓国の対中/対日輸入依存度分布の比較（2023年）

	対中輸入			対日輸入		
	品目数[1)]	構成比（品目数基準）	構成比（輸入金額基準）	品目数[1)]	構成比（品目数基準）	構成比（輸入金額基準）
90%以上	148	11.3%	18.1%	21	3.7%	3.8%
80~90%	109	8.3%	17.6%	20	3.6%	3.3%
70~80%	146	11.1%	10.4%	15	2.7%	7.7%
60~70%	141	10.7%	10.2%	21	3.7%	5.8%
合計	1314	100%	100%	562	100%	100%

注：1) 2023年に中国と日本から1,000万ドル以上の輸入実績があった品目（中国:1,314品目、日本:562品目、HS6コード分類基準）を対象とした。

出所：韓国貿易協会。

表2. 韓国と日本の重要鉱物の対中輸入依存度比較（2023年）

鉱物資源	韓国		日本	
	品目	対中依存度	品目	対中依存度
リチウム	酸化リチウム	99.7%	酸化リチウム及び水酸化リチウム	85.9%
	水酸化リチウム	79.6%		
天然黒鉛	塊状黒鉛	92.6%	粉末またはフレーク状のもの	89.5%
	土状黒鉛	93.9%		
希土類	テルビウムグループ	99.6%	酸化イットリウム	78.2%
	エルビウムグループ	97.4%	酸化ランタン	99.5%
	イットリウム	95.4%	その他のもの	83.4%

出所：対外経済政策研究院（2024）

(2) 米中の覇権競争と日韓経済

日韓両国は潜在経済成長力を高め持続的な経済成長を実現しなければならない共通課題に直面している。2022 年 5 月、フランス国際経済研究センター（CEPII）は、2035 年頃日本が第 3 位の経済大国の座をインドに譲り、第 4 位に後退すると予測した。しかも、2023 年 4 月の IMF の予測ではその時期が 2027 年に前倒しされ、2023 年には円安効果で日本の GDP 経済力がドイツに逆転される事態も生じた。韓国の場合、現在は GDP 規模で第 12 位を維持しているものの、2030 年には第 16 位に下がると見込まれ、その後も 15 位～ 16 位にとどまるなど、グローバル経済ランキングで 10 位圏に入ることは困難であるとの見通しが示されている。日韓両国は、人口構造の変化（少子化および地方消滅問題）、米中技術覇権競争の激化によるグローバルサプライチェーンの再編、国際情勢の不安定化に伴うエネルギー・資源の安全保障、さらには2050 年のカーボンニュートラルの実現など、共通の課題に共同で対応し、持続可能な経済成長を実現する必要があることを示唆している。

2023年3月日韓首脳会談の再開を契機に、両国の経済関係が貿易と投資を中心に大きく回復されるのではないかという期待もあったが、韓国側からみれば、なかなかその成果は見られない。日本は韓国にとって3大輸入相手国であり、4大輸出相手国であると同時に、韓国は日本にとって3大輸出相手国であり、7大輸入相手国となるほど、日韓両国は互いに非常に重要な貿易パートナーである。

それにもかかわらず、韓国の対日貿易額は、2011年に1,080億ドル（輸出397億ドル、輸入683億ドル）をピークに持続的に減少し、2024年においても停滞から脱却できなかった。韓国の全貿易額で日本が占める割合は、中国がWTOに加盟した2001年以降、一貫して減少傾向があり、輸出の場合、2001年には11.0%をピークに、2023年には4.3%にまで下落し、輸入の場合でも、2004年の20.6%をピークに、2023年には7.4%にまで下落した。

特に、過去に韓国政府が重点を置いていた日本企業の対韓直接投資の誘致は、日韓関係が正常化したにもかかわらず、依然として2010年代前半の活気を取り戻せていないように見える。特に、新型コロナウイルスのパンデミックと米中間の覇権競争の激化が重なり、2020年以降は日本企業の対中国および対韓国の直接投資の減少が同時に進行しているように見られる。

このような推移は、日韓の経済関係が外交関係から自由ではないことを示す一方、韓国の経済成長により垂直的分業関係を基盤としてきた両国企業間の競争・協力関係が本質的に変化していることを示唆する。つまり、日韓の貿易を活性化させる政策支援と新しい協力が求められているのである。

[韓国の輸入相手国としての日本の比重]

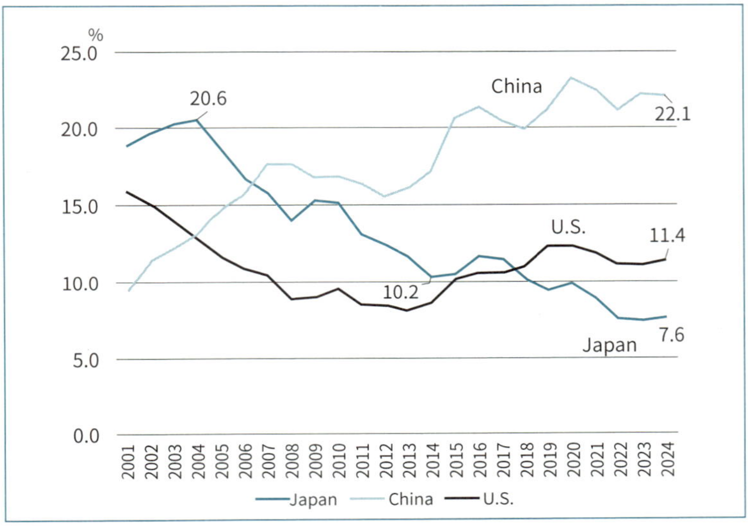

[日本の対韓海外直接投資の推移]

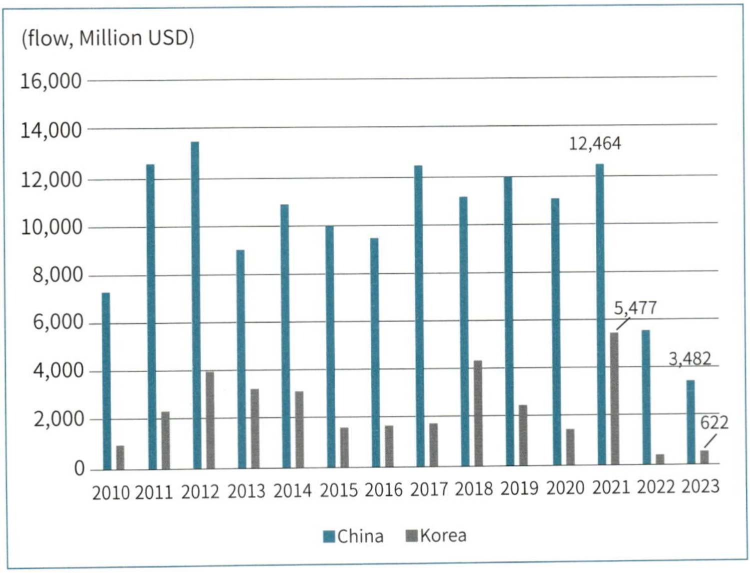

図1. 韓国の対日経済関係

出所：韓国貿易協会およびJETRO

4．提言

(1) 共同ビジョンと人的交流の拡大

日韓では共通課題を踏まえた上で、両国の産業界でなかなか進めることのできない個別の協力プロジェクトを地道に継続していくことに重点をおくべきである。そもそも、現実には両国間でのビジネス関係は現在でも極めて平和的に行われているものも多く、ヒト・モノ・カネの交流も一定水準にある。二か国間の貿易収支を政治化させることなく、ビジネスの拡大を目指せば自然に経済社会の紐帯の強化に繋がり、人的交流が増え、それがさらに次のビジネスの拡大を産むと考えられる。無理な（政治的な）プロジェクトの立ち上げではなく、特に若い世代を中心とした両国間の人的交流ベースの拡大を図ることは有益であろう。

日韓両国が共通の視点を持つ上では両国の経済人同士が一緒になって共同の経済ビジョンを作成することを提案する。対日、対韓感情も、かかる継続的対話と交流が変化をもたらしていく可能性も持っている。共同のビジョンを持つことにより、両国間の協調で得られる利益実現に向け、逆算でそれが実現されるためにはどんな両国経済社会にならなければいけないのかを考えることができる。そしてその主体は、若い世代にリードされるべきである。特に両国を代表するであろうスタートアップ企業のリーダーに、既存の大企業経営者の発想から解き放たれた新しい議論を期待したい。

(2) サプライチェーン分野における日韓協力

中国の経済的威圧によるサプライチェーン断絶リスクを緩和するためには、日韓二国間のサプライチェーン協力のみでは不十分であることを踏まえ、米国が主導するIPEFのような多国間のサプライチェーン協力枠組みを活用することが望ましい。2023年11月のIPEF閣僚級会議では、サプライチェーン協定(IPEF Agreement relating to Supply Chain Resilience)に署名(2024年4月発効)し、2024年7月には韓国がIPEFの三つの実施機構の一つである危機対応ネットワークの初代議長国に選出された。しかし、2025年1月のトランプ米国政権発足により、バイデン政権が主導したIPEF構想の行方には不確実性が露呈している。それにもかかわらず、韓国政府はIPEF危機対応ネットワークの議長国としての経験を十分に活かし、IPEFのサプライチェーン協力プログラムを維持するとともに、後続プログラムを日本と協力して開発する必要がある。

政策手段は大きくMSP (Minerals Security Partnership) のような米国主導の多国間協力機構の活用と日韓の二国間協力に大別できる。まず、第2次トランプ政権の発足後、MSPの行方についてはまだ確定していないものの、2024年7月からMSPの議長国を1年間務める韓国政府としては、MSPの各種フォーラムを活用し、第三国において日本と共同で重要鉱物開発事業を推進する方策は有効であると考えられる。日韓二国間協力は、関連政府機関間の政策対話、資源外交、政府系機関の活用など、多様な政策手段が想定される。この中でも、日韓両国の政府系機関、すなわち、鉱物資源の開発を担う韓国の韓国鉱害鉱業公団(KORES, Korea Resources Corporation)や日本のエネルギー・金属鉱物資源機構（JOGMEC, Japan Organization for Metals and Energy Security）、そして政策金融機関（韓国輸出入銀行、JBIC、韓国貿易保険公社、NEXI）を活用した第三国での鉱物資源共同開発事業は2010年代初頭の経験を活かし、再推進する方策を検討する必要がある。

さらに、最近、両国政府が重要鉱物のリサイクル政策を積極的に推進している点を踏まえると、政府間の政策対話を通じて、リサイクル政策の具体的な内容（性能評価、安全管理、制度・インフラなど）に関する相互ベンチマーク可能な分野を探り、EUのリサイクル規制に対する共同対応策を模索することも有意義な協力アジェンダと言える。

(3) 日韓FTAの締結・韓国のCPTPP加入

現在、日韓間にハイレベルの自由貿易協定（FTA）は締結されていない。日韓両国は2003年12月に二国間FTAの交渉を開始したものの、2004年11月の第6回交渉を最後に頓挫した。2020年12月には日韓両国がRCEPに参加したものの、RCEPの実質的な日韓間の貿易自由化率は80％程度と低く、他の分野における市場自由化率も低いため、21世紀型のFTAとは言い難い。これは、日韓両国政府が資本力と技術力を融合し、経済的なシナジー効果を創出し、自国の経済成長の潜在力を引き上げるにはハイレベルの自由貿易協定が必要であることを示唆している。

現時点で韓国政府が選択できる日本とのハイレベルの自由貿易協定の締結は、日韓二国間のFTAの締結、または韓国のCPTPP加入である。2003年当時、日韓FTAに関する産官学共同研究では、日韓FTAを締結した場合、韓国のGDPはむしろ減少(-0.07%)するという結果が報告され、韓国にとっての日韓FTAの経済的効果がプラス(0.06%)に転じたものの、依然として限定的な水準にとどまっている。一方、韓国のCPTPP加入による経済的効果は、実質GDPが0.33〜0.35%増加する(2022年3月の韓国政府のCPTPP公聴会資料)とされている。米国第2次トランプ政権のIPEFのサプライチェーン協定に対する立場が不明な中、日本を中心とするCPTPP加入国が中国の経済的威圧や市場歪曲的な慣行への対応、サプライチェーン強靭化などに重点を置き、協定文の改訂を推進していることに着目すれば、韓国のCPTPP加入はIPEFサプライチェーン協力の維持といった観点からも意義が大きいだろう。

(4) 日韓スタートアップのプラットフォーム設置

イノベーションとその推進役となる日韓スタートアップは双方の優先分野である。規制緩和などを通じた市場創造、投資環境の整備、アイデアを持った人材の還流などでスタートアップの生態系を整備し、日韓市場の統合を促す意味は大きい。

韓国はスタートアップ支援で先行したが、政策に依存することから来る政治リスク、進まない規制緩和と国内市場の制約、出口戦略も国外に依存するなどの課題を持つ。一方、デジタル化で大きく立ち遅れた日本はデフレ脱却への努力と共にスタートアップへの関心がようやく高まってきた段階であり、最初から海外事業を志向する韓国の開放性、事業速度、試行錯誤を経た資金調達手法など、日本が学べることは多い。また韓国にとっても競争の激しい米国や中国、不確実性の高い東南アジアや中東などに比べ、課題解決型事業機会が多く、大きなコーポレートベンチャーキャピタル（Corporate Venture Capital, CVC）や総合商社の投資ネットワークが期待できる日本市場の潜在性は大きいだろう。

大学を含む起業支援サービス関係者の情報交換、スタートアップ企業の成功事例比較、シリコンバレーやシンガポールなど第三国での交流を含む企業や人材の交流促進、滞在要件や入国審査要件の緩和による大企業や大学のスピンアウト、若年層、女性、それにシニアなどの人的交流はアイデア促進につながる。また、医療・介護、農業、教育、気候変動・防災など、切迫した共通課題には市民団体の取り組みも多く、スタートアップ活性化に向けた情報共有のプラットフォーム形成が期待される。

(5) エネルギー・環境協力の推進

エネルギー面で日本は、原料調達から供給までの安定化と省エネ推進の２本立てで取組んでいたが、近年、購買力の低下や前述のような地理的不利に直面し、再エネを含めたコスト削減が急務である。他方、韓国はエネルギー多消費製造業を安価な電力供給で支援する従来の方法が限界に達し、輸出競争力を維持するためにも国際的な環境規制に能動的に対応する必要がある。隣国で相対的に地震などの災害が少なく、電力使用のピークにズレがある日本と韓国では電力融通が提起されたこともある。ただ、現段階では、共通利害が目に見え、定まった国際基準もなく、技術の不確実性が残る水素などでの協力を元に相互信頼を構築しながら進めることが現実的であろう。

この分野では日本が展開してきた「アジア・ゼロエミッショ

ン共同体（Asia Zero Emission Community, AZEC）」への韓国の参加、基礎研究を含む水素グローバルバリューチェーン（GVC, Global Value Chain）の形成、標準化協力、共通市場の需要展望作成などが提言できる。水素は未来技術であり、世界標準の主導力はサプライチェーン（生産、貯蔵、輸送、利用）の効率性に左右される可能性が高い。日韓は自動車・造船といった輸送機械、化学分野でのリード企業を擁しており、欧米や中国との競争に伍して行くためには信頼関係に基づく戦略資材の共同開発、輸送船の共同使用などを通じて協力を試せることも多い。エネルギーのような戦略分野では研究者・技術者、知的財産などの専門家育成や交流で基礎研究を推進することも共通利害といえよう。

(6) 農業再生・地方経済再生

地方再生も日韓の戦略アジェンダである。地方経済の疲弊は農業基盤の崩壊や国土の荒廃を招き、他方で首都圏の地価高騰や混雑、環境劣化などの問題を引き起こし、内需を下押し、さらには国境線の安保にまで直結する。

内需主導型だった日本は地方経済再生に向けて膨大な予算を投入し、多くの失敗を経てきたが、農業再生を通じたフードテックや伝統文化・産業の維持がインバウンド観光の伸びを支えてきた面はある。日本では高齢化社会維持に対応するための特例型規制緩和がタクシーなどのモビリティや金融、医療サービスなどで行われ、多くの社会実験で韓国に先行している。規制緩和の土台となる様々なデータや情報プラットフォームが整備されれば韓国にとっては高齢化対応の遅れをカバーし、日本はデジタル化の恩恵を期待できるだろう。

スマート農業、フードテック関連、再エネ（バイオマス発電等）も日韓が比較的取組みやすい分野かもしれない。これらの分野における共同基礎研究や実験は地域大学の再生にも資する上、農業者や農業転入者、地域医療や介護者のリカレント（re-current）教育などでも人的資源向上に期待できる。地方経済は日韓とも既に外国人労働に依存する面が増えており、こうした分野を通じて外国人に安全で働きやすい環境を整備することも日韓の共通利益といえよう。

科学技術による
日韓協力の新しい地平

日韓両国が国家戦略技術分野で協力すれば、大きなシナジー効果が得られるだろう。主要各国は、新興・重要技術（Critical and Emerging Technologies, CET）とサプライチェーンの確保を国家戦略の中核に位置付けており、有志国（like-minded countries）同士では、技術・経済・安全保障のブロック化傾向が強まっている。これは「科学技術主権」が国家の成長の推進力に直結することを意味する。

中国は「中国製造 2025」という政策を通じて、重要技術・サプライチェーンの内製化および自立化を目指しており、6G 通信など未来技術分野でも自国主導で国際標準化を進めている。日本も経済安全保障担当大臣の新設とともに、5,000 億円規模の経済安全保障基金を設け、重要技術別の国家戦略を強化している。韓国は 12 大戦略技術を選定し、具体的なロードマップを策定し、技術レベルと人材育成規模を予測・管理している。日本と韓国の国家戦略技術分野は非常に類似しているので、協力を通じて世界をリードすることができるだろう。協力分野としては、例えば、前述の水素分野における協力に加え、バイオ分野でもデジタルとバイオの融合人材の育成などが挙げられる。

また、国際標準化の議論に日韓が共に参加することは、科学技術の競争力の向上につながる。

1. 日韓の科学技術協力の推移

日韓両政府間の科学技術協力は、1985 年に締結された科学技術協力協定に基づき、活発な交流の場となった「日韓科学技術協力会議」が 2011 年以降中断された後、2019 年以降には「日中韓科学技術大臣会合」も中断された経験を有している。幸いにも、2023 年 3 月の日韓首脳会談を契機に日韓関係が回復し、科学技術協力が協力のテーマの一つとして浮上した。2023 年 5 月の日韓首脳会談では、宇宙、量子、人工知能（AI）、デジタルバイオ、未来素材などの先端科学技術分野における共同研究と、半導体のサプライチェーン構築に関する具体的な合意が行われた。2023 年 8 月の日米韓首脳会議（キャンプ・デービッド合意）では、半導体、バッテリー、エネルギー安全保障、バイオ、重要鉱物、AI 分野における三か国間協力が具体的に言及され、国立研究機関を中心に人材および研究協力の推進が合意された。さらに、2023 年 11 月の APEC 首脳会議期間中、コンドリーザ・ライス（Condoleezza Rice）元米国務長官のインタビューでは、水素分野、中でも水素自動車とスタートアップ分野における協力が言及された。2024 年の日韓首脳会談でも科学技術分野における協力について合意がなされた。

2023 年 3 月の日韓関係の回復以降、政府レベルにおける科学技術協力の議論も活発化している。同年 12 月には、12 年ぶりに韓国の科学技術情報通信部と日本の文部科学省の間で閣僚級会談が開かれた後、次官級会議では、宇宙、デジタル、地震対応、使用済み核燃料分野における協力案について議論が始まった。2024年6月には、韓国の産業通商資源部と日本の経済産業省間の閣僚級会談で、国際的なクリーン水素サプライチェーンの構築協力を拡大するため、「クリーン水素・アンモニアサプライチェーン開発ワーキンググループ」を新設し、「日韓水素・アンモニアサプライチェーンおよび活用協力プラットフォーム」を発足させ、民間レベルでのクリーン水素協力を拡大していくことで合意した。また、韓国政府が主導する「無炭素エネルギー・イニシアティブ（Carbon Free Energy, CFE Initiative）」を通じた日韓協力にも合意がなされた。

2. 日韓科学技術協力の方向性

科学技術協力において最も重要なのは人材交流である。人材は技術開発の中核をなすものである。新たな技術は時間が経つにつれて他の技術に取って代わられる可能性があるが、革新的な技術を創出する人材は、持続可能な競争力の源である。日本と韓国は、グローバル人材の誘致および育成において相互に協力することができる。共同研究所の設立と日韓共同専攻の設定などを通じて人材交流を活性化させることも可能であり、さらに複数の大学の共同授業のような実質的な協力事例を国家レベルで拡大することもできる。そのためには、交流のための奨学金を大幅に拡充することが必要である。

次に、今後取組むべき課題についての議論を深める必要がある。例えば、水素は将来の重要なエネルギー源であり、製造業強国である日韓両国にとって重要な資源である。気候変動の危機を製造業大国である両国が共に克服するという意味において、水素エコシステムを共同で構築することは極めて大きな意義がある。ヨーロッパのように電力網を共有していない日韓両国が、長期的な協力を通じて水素のサプライチェーンを構築することは戦略的に非常に重要と言える。また、他の再生可能エネルギー関連分野においても協力の可能性がある。2023 年の日韓首脳会談では、未来志向的な日韓関係を構築するために、日韓未来パートナーシップ基金に関する合意がなされた。この基金を活用し、両国のスタートアップおよび科学技術分野における人材交流を促進し、両国が未来志向の価値を創出するように努力すべきである。

3. 提言

科学技術は日本と韓国を結びつけ、お互いに共通の目標を設定し、未来志向的な関係へと発展させる重要な架け橋であり、触媒の役割を果たすものである。これに基づき、日韓科学技術協力の持続性を確保するために、次のような具体的かつ体系的な提言を提示する。

第一に、日韓両国が共同で支援し、運営・管理する「共同研究所」を設立することを提案する。すでに半導体、バッテリー、次世代モビリティ、ロボットの分野において、両国は世界をリードしている。このような中核分野における共同研究所の設立は、最新技術と研究成果を共有し、研究者間の協力と交流を活性化するための基盤となるだろう。また、今後その重要性がさらに高まると予想される量子、人工知能（AI）、バイオ分野においても共同研究所を設置し、新技術を創出し実証研究を進めることによって、実際の産業現場で応用可能な革新的な技術の開発に寄与する必要がある。

第二に、両国政府および民間が共同で基金を創設し、科学技術分野の高校生、大学生、大学院生などを対象とする奨学金制度を拡大すべきである。米韓の事例が示すように、政府主導による奨学金は、毎年の人的交流を活性化させ、優秀な人材の育成に貢献してきた。

日本と韓国もまた、奨学金および研究支援基金を短期予算に依存した事業ではなく、基金創設という形で持続性を確保することで、両国の学生がお互いの国で授業を受け、学位を取得し、共同研究に積極的に参加できるための基盤を整えるべきである。これらを通じて、共同研究の活性化と人材交流の長期的な発展が期待できよう。

第三に、既存の日韓科学技術協力会議（1985年開始）および日韓産業技術協力財団（1992年設立）など、様々な政府および関係機関の協力体制を拡大・発展させる必要がある。そのため、日韓政府間の政策対話を定例化し、技術開発、人材育成、投資、知的財産権の保護および国際標準の議論など、詳細分野に特化した複数の協議体（sub meeting）を新設することで、常時コミュニケーションと情報共有の体制を構築することが可能となる。このような協議体の運営は、具体的な協力事業の企画および実行において効率を最大化し、両国の科学技術戦略を緊密に連携させることに寄与すると期待される。

最後に、カーボンニュートラルおよび人工知能（AI）の分野は、日韓両国が未来技術および環境分野においてリーダーシップを発揮し得る戦略的領域であり、協力の幅と深さをさらに拡大する機会を提供する。AI 分野においては、単なるソフトウェア産業に関する協力を超え、先端ハードウェアと半導体関連技術分野での協力も推進する必要がある。両国が共同で半導体の設計、プロセス技術および生産体制を開発すれば、次世代 AI ハードウェアの競争力向上とともに、国際技術標準の策定においも主導的な役割を果たすと考えられる。また、6G などのような新たな通信システムにおける技術標準化に協力し、宇宙分野においても継続的な共同関心と研究を通じて、未来の宇宙産業の発展に貢献することが可能である。

カーボンニュートラルの側面では、エネルギー集約的な産業である鉄鋼分野において、両国が共に協力を前進させることができる余地はある。例えば、鉄鋼製造過程で既存の高炭素排出工程を水素還元工程に転換する研究と実証事業を共同で推進することで、環境負荷を画期的に低減する技術開発に寄与することができる。さらに、炭素回収と利用（Carbon Capture, Utilization and Storage; CCUS）技術に関する共同パイロットプロジェクトを実施し、二酸化炭素を効果的に回収し貯蔵・再利用する技術を開発することができれば、両国は国際社会において模範的な事例を提示し、カーボンニュートラル実現に向けて主導的な役割を果たすことができるであろう。

このように、日韓の科学技術協力は、共同研究所の設立、持続可能な奨学金および研究支援基金の整備、既存の協力体制の拡大発展、そしてカーボンニュートラルと AI 分野での先導的な協力など、多角的なアプローチを通じて、両国の技術競争力を一層強化し、国際社会における主導的地位を確立することができるであろう。これらの提言を体系的に実行することにより、日韓両国は未来志向的なパートナーシップをさらに強固にし、グローバルな革新および持続可能な発展に貢献する模範的な協力モデルを構築していくことができると考えられる。

少子高齢化に対する日韓の政策的対応

日韓は共に急速な少子高齢化と人口減少という挑戦に直面している。日本の合計特殊出生率は、1970 年代から人口を一定に維持可能な人口置換水準（replacement level fertility）を下回り低下を続けている。未婚率の上昇も著しい。1970 年頃には 5%を切っていた生涯未婚率は 2020 年では男性 30%程度、女性 20%程度にまで上昇している。また、最近ではコーホート合計特殊出生率も人口置換水準を下回っており、晩産化によるキャッチアップ効果も十分に期待できない状況にある。

日本の少子化には地域差がある。大都市圏を含まない東北地方の県では、出生率の低下・人口流出いずれも激しく、消滅可能性都市の割合は高い。一方で、東京圏の都県では、出生率は低いが社会増減率がプラスで大きく、消滅可能性都市の割合は少ない。日本の少子化は、将来にわたり持続的に人口を減少させる。65 歳以上人口も 2040 年代から減少するため、それ以降、経済や雇用の面で高齢者に頼ることが難しくなる。また、高齢者人口が減少したとしても高齢化自体は持続的に進行するため、現役世代の負担が解消されることはない。

韓国はさらに深刻な状況にある。1960 年代の日本の合計特殊出生率は 2 程度であるのに対して、韓国は 5 程度と韓国が圧倒的に高かった。しかし、2000 年代前半に日韓の水準が逆転し、2023 年では日本が 1.2 であるのに対して韓国は 0.72 となり、韓国の低下傾向が際立っている。こうしたことを背景として、韓国の人口減少の程度は現在日本よりも弱いが、将来的には日本を上回る。

また、日本では現役世代の高齢者負担も今後さらに強まるが、韓国では将来的には日本よりも負担の程度が強くなる。65 歳以上人口に対する 15-64 歳人口の比率（潜在扶養指数）を見ると、2022 年では日本 2.05、韓国 4.06 であるが、2070 年には日本の 1.35 に対して韓国は 1 を下回る。すなわち、将来においては、韓国では現役世代よりも高齢者の人口の方が多くなり、社会的および経済的な負担が更に大きくなることを示唆する。

1. 人口動態への政策対応

こうした状況において少子高齢化および人口減少に対応するためには、日韓とも「少子高齢化・人口減少を前提とする政策」と、「少子高齢化・人口減少を抑制するための政策」という二本柱で対応していくことが望まれる。後者については、出生率を上昇させるための少子化対策と移民の受け入れが対象となるが、ここでは少子化対策について論じる。

日本の少子化対策の実施状況は以下の通り十分だとは言えない。まず、児童手当のような使途が決められていない給付については、効果が限定的になる可能性がある。このため、子育て費用の負担軽減に直結する教育費負担の軽減のような、より具体的で実感できる施策に注力する必要がある。

また、ジェンダー平等に対しても包括的な取り組みが行われているとは言い難い。男性の育児休業取得割合の向上やワークライフバランスの推進にとって、性別役割分業意識を弱め、ジェンダー平等の文化を進めることは必要不可欠である。これには、文化的な変革が必要である。さらに、若者の婚姻率を上げるための支援は十分でない。年齢が上がるほど妊孕力は下がることを考えると、今日の晩産化社会においては、平均的に一生涯で十分な出生水準（希望出生率 1.8 や人口置換水準 2.07）を達成することは難しい。

少子化における主要な要因が有配偶率の低下であること（すなわち晩婚化が晩産化の主因になっていること）を踏まえると、若者の婚姻率を上げることは少子化を克服するために極めて重要である。他方で、少子高齢化・人口減少を前提とする政策も同時に進めて行く必要がある。特に、少子化対策の効果には不確実性を伴い、また効果があったとしても即効性はないため、少子高齢化・人口減少が生じても経済成長を達成できるようにするための施策の重要性は高い。

これについては、供給側では労働力不足の解消、生産性の上昇、科学技術の進歩が、需要側では付加価値の高い商品・サービスの開発・販売、需要層の拡大、販路の拡大などが主要課題として挙げられる。

2. 少子化対策を巡る日韓協力の意義

日韓が少子化・人口減少問題に共同対策を模索する上で、意義が大きいと考えられる点は以下の通りである。第一に、若者の結婚支援がある。非嫡出子の割合が低く、結婚が出生の前提条件とされる文化が強い日韓では、有配偶率が出生率に及ぼす影響は大きい。しかし、出生に大きく貢献する若者の結婚件数や結婚意欲は低下傾向にある。ただし、ここで注意を要するのは、国が価値観を押し付けるのではなく、あくまで個々人の価値観に基づく必要があるということである。国が個々人の価値観に踏み込むと、個々人の幸福度が逓減し、逆に少子化を加速させる可能性もあると考えられるからである。これには文化的変革を伴うが、日本で進みつつある結婚・出産などについてのライフプランニングが一つの有用な方法であろう。こうした点を踏まえた上で、ライフプランニングのような方法についての検討や協議を日韓共同で行っていく意義は大きいと考えられる。

第二に、少子化対策に対する社会的なニーズの掘り起こしについてである。日韓ともに、子育て支援について、ユニークかつ斬新な視点に基づく政策の余地は残っているように思われる。例えば、日本では学校外教育（塾や予備校）支出に対する負担軽減策は十分でなく、給食費や大学授業料のユニバーサルな無償化は実現できていない。出産や結婚を希望している夫婦や未婚者のニーズが十分に満たされているとは言い難く、こうしたニーズを掘り起こす必要がある。これらについても日韓共同で検討・協議していくことは重要である。

第三に、少子高齢化・人口減少を前提とした政策についてである。これには、重要なものとして、労働力不足の解消や、過度な一極集中の是正などが挙げられる。日韓協力の観点から前者について考えるならば、日韓での労働力補完に向けた連携強化が考えられる。また、後者の大都市への過度な一極集中は各地域の拠点都市に人口を集中させ、集積の経済を発生させることができる。これができれば、均衡ある国土の発展をもたらすとともに、国全体の生産性の向上にもつながる。こうした地方創生は日韓の共通課題であり、そのために日韓で検討・協議を行う意味はあると考えられる。

3. 提言

少子化対策は、高齢化、人口減少、地方消滅など、日韓両国が共通して直面している課題の一つであるという認識の下、政府間閣僚級会議や実務者級会議といった政策対話（Policy Dialogue）が望ましいと思われる。この際、具体的な日韓協議の施策は以下の通りである。

第一に、若者の結婚支援策の現状と課題を日韓で情報共有し、効果的な施策について検討・協議する。若者に対する結婚支援策は、少子化対策の中で最重要であるにもかかわらず、実施状況は不十分である。当該分野の研究成果（婚活サービス利用の効果など）を踏まえつつ、現状と課題を共有することで足りない点を炙り出し、より効果的な施策を模索する必要がある。

第二に、日韓共同で少子化対策のニーズの掘り起こしを行い、ユニークかつ斬新で効果的な施策について検討・協議する。出産や結婚を希望している夫婦や未婚者のニーズが高く、効果が期待できそうな政策を見出すため、日韓共同で調査等によりニーズの掘り起こしを行い、少子化対策の効果に関する研究成果を踏まえつつ、検討・協議を行う。

第三に、少子高齢化・人口減少による労働力不足を緩和するための方法として、日韓における労働力の相互補完について検討・協議する。日韓ともに、労働力不足に直面しているため、日韓間で労働需給が逼迫していない分野から逼迫している分野への労働移動を促すといった、労働力の相互補完の方法について検討・協議する必要がある。

第四に、大都市への過度な一極集中を是正し、集積の経済を発生させるため、各地域の拠点都市に人口を集積させるための方策について、日韓で検討・協議を行う。農業再生は日韓ともに課題であるため、農業分野の集積は一つの有力な手段と考えられる。

IV

健全かつ安定的な日韓関係のための協力

日韓歴史和解のための提言

日韓の歴史和解は、日韓国交正常化以来、紆余曲折を経ながらも着実に進展してきた。その背景には、和解のための両国の政治的リーダーシップ、そして多様な学術・文化交流による相互理解の増進、そして両国を取り巻く安全保障環境があった。さらに、韓国の高度経済発展、そして両国における少子高齢化など共通の社会問題の共有も、日韓相互の歩み寄りを促進したといえる。

それでも、不幸な過去を巡る日韓政府の立場の違いや複雑な国民感情は、いわゆる歴史問題として現在も両国の間に横たわっている。特に、懸案となった慰安婦問題と徴用工問題をめぐり、日本は法的、外交的に解決したとみる一方、韓国はこれまでの解決策に十分には納得していない。

日韓両政府および国民は、歴史和解とは、長期にわたる、繊細さと同時に忍耐を要する創造的プロセスであることを理解する必要がある。それは、正確な歴史的事実に基づく対話と交流を繰り返しながら、被害者の心情に配慮し、相手の尊厳を尊重し、寛容の精神を発揮することで進むプロセスである。日韓間の歴史和解がさらに進めば、日韓両国は植民地支配をめぐる和解の模範事例を提示することができる。両国の国民と社会がさらなる歴史和解へと進むべく、引き続き反省と寛容を通じて次のような方向へと向かうことが望ましい。

第一に、慰安婦問題および徴用工問題は、法的責任による解決よりも、被害者の心を癒すことが和解への道であるとの共通の理解が必要とされる。

被害者の名誉と尊厳を回復するためには、加害者の事実認識と謝罪が重要である。加害者や社会が、過去の行いは不当であり、被害者の価値は損なわれていないと確認することで、被害者は怒りを克服する。司法解決は加害者の事実認識と謝罪を必ずしも保証するわけではない。これまでも、日韓両政府は司法の手続きによることなく被害事実の認識に基づいた問題解決の努力を続け、約束と原則の確認を積み重ねてきた。そのため、両国は約束と原則に基づいて既存の合意を尊重し、司法府の判断を外交問題化することは避けるべきである。

第二に、加害と被害の歴史的事実の認識を通じた和解の努力を続けていく。

日韓両政府は、慰安婦問題と徴用工問題に関する基本的な事実を紹介する必要がある。確かに、慰安婦問題について、日本政府は、アジア女性基金の事業や2015年12月の日韓外相による合意で「多数の女性の名誉と尊厳を深く傷つけた問題」という認識を示し、謝罪や償いも含めたこれまでの活動を紹介している。しかし、慰安婦の被害の背景や実態などに関しても、日本政府による事実の紹介や説明がなされるよう努めることが望ましい。問題の性質は異なるが、被害事実を明確に紹介しているものとして、オランダの事例は参考になるかもしれない。オランダ政府は、過去の奴隷貿易や奴隷制度への謝罪を紹介したホームページにて、その背景と被害の事実も説明している。

第三に、歴史的事実の調査研究を継続する必要がある。

加害と被害の歴史事実の認識に際して論争もある。例えば、徴用工問題は、「募集」、「官斡旋」、「徴用」など多様な形態があったため、一括して「強制動員」とは言い難い。もちろん、事実上の徴用であるかのような募集もあったとの証言もある。また、「強制動員」ではないからといって「強制労働」ではないとの解釈がすぐ成り立つわけでもない。過酷な労働実態は、証言や調査からも報告されている。過去の文脈と現在の観点のバランスをとりながら、日韓政府間の見解の相違を縮める努力を続けていく必要がある。これは慰安婦の強制性に対する議論にもあてはまる。

その際に重要なのは、是か非かの単純化した議論ではなく、歴史的事実の複雑性を直視することである。それは、相手を打ち負かしたり非難または糾弾するのではなく、自身に不都合な事実も含めた歴史的事実をそのまま受け入れようとする姿勢を持つことでもある。だからこそ、学術研究による正確な歴史的事実の蓄積が重要となる。

加えて、研究者だけでなく、日本の企業、報道機関、大学、各都市などが、日本統治下の朝鮮半島でどのような活動をしていたのか調査をすることも意味がある。統治の直接の主体であった政府だけでなく民間の活動実態も知ることで、植民地期の多様な実態が明らかになるであろう。植民地支配に関わった企業は、徴用者に対する雇用と管理について調査し、その記録を社史として残すことができる。例えば、フォルクスワーゲン社は、戦時中の強制労働への関与について調査を行い、その結果を出版した。イギリスなどの大学、報道機関、中央銀行は、かつての奴隷貿易とその被害、そして今日に至る影響までを調査している。

事実調査と研究の蓄積が社会に還元されれば、国民感情に基づく極端な記憶が両国の対話と和解を妨げることを防ぐことができる。もっとも、国民の感情は、個々人の体験や記憶、そして共同体の記憶とも結び付いており、ないがしろにはできない。歴史和解のプロセスにおいて、国家に収斂されない個人の声もまた重要である。

第四に、であるからこそ、日韓の歴史和解は、伝統的な外交を超えて相手の心を尊重し、信頼を築いていくという長期的な視野を持つことが重要である。

政府による外交の営みとして、日本の首相あるいは駐韓日本大使が、真心のこもった謝罪と反省の意を被害者または遺族に直接伝えることが検討されてよい。被害者の名誉と尊厳を回復し、心の傷を癒すための重要な儀礼であり、日韓和解の重要な契機となり得る。

一方、国家という枠組みを越えたアプローチによる信頼醸成の成功例もある。2024年にノーベル平和賞を受賞した「日本被団協（日本原水爆被害者団体協議会）」は、オスロで開催される授賞式に「韓国原爆被害者協会」の代表を招待して、広島と長崎の被爆の記憶を日韓間で共有していく姿勢を示した。国境を超えた市民による記憶の継承の尊重は、東アジアの次元を超えて地球規模の和解へと向かう可能性を示したと言える。

国際関係における和解のプロセスでは、国家による歴史的叙述や公的記憶のみならず、歴史家や記憶継承を推進する活動家、博物館、市民社会などを通じて国境を越えて伝播する記憶もまた重要な役割を担っている点を看過すべきではない。日韓関係においては、徴用工問題の解決に向けた「日帝強制動員被害者支援財団」による元徴用工への第三者弁済について、両国の市民社会の関心や協力が得られることが望ましい。

1. 歴史和解に向けた提言

歴史和解を進めるために重要なのは、日韓双方が持つ歴史的事実に基づく解釈を互いに理解し、その隔たりをできるだけ埋めていくことである。もちろん、日韓は民主主義社会であるため、異なる歴史認識と解釈が存在するし、時には多様な意見が衝突することは避けられない。大切なのは、そうした違いを敵対的なものと見做さず、歴史解釈の多様性を認めつつ、互いの違いが何に由来するのかを理解し、その違いを埋めていく可能性を模索することにある。

さらに、国家の枠組みを超えた視点がもたらす複合的かつ豊かな歴史解釈を受け入れることも重要である。一国史の観点に依ると、自らの民族史のみが正しい歴史であり、相手の民族史は間違っているという二分法的な思考に陥りやすい。民衆史を含む多角的な視角からの植民地時代の研究は、日韓の交流や協力、相互理解を促進することができる。例えば、植民地期の人の移動（朝鮮人の日本への渡航、朝鮮残留日本人、サハリン残留など）、女性史、労働者史などをテーマにした研究や、朝鮮通信使を迎えた各都市の役割などに関する研究は、日韓交流に対する深い理解をもたらすであろう。これらを踏まえて次のような提案をしたい。

2. 提言 1. 日韓相互の歴史共同研究

歴史解釈の相互理解という観点から、日本と韓国それぞれの歴史を、日韓の研究者が共同で研究することが望ましい。そのための基盤として、研究所あるいはそれに準ずるものを両国に設置することが検討されてもよい。自国の歴史を相手国の研究者がどうのように研究し、解釈するかについて、日韓の研究者が率直な議論を行うことで相互認識に対する理解を高めることができよう。共同研究は、多様な年代の研究者で構成をし、両国間の研究ネットワークが重層的かつ長期的に構築されるように配慮すべきである。共同研究チームは両国の市民社会との対話も積極的に行い、国家を超えた視点がもたらす複合的かつ豊かな歴史解釈の調和に向けた役割を担うことが期待される。

3. 提言 2. 国家の枠組みを超えた歴史の共同研究と記憶の共有への支援

日韓の研究者が共同で、国家の枠組みを超えた歴史の研究を行い、さらにその成果を社会や教育に還元できるように支援することを提案する。国家の枠組みを超えた歴史の共同研究は、日韓二国間の関係を相対化することで普遍的な歴史和解のあり方を研究し、それを日韓の枠組みにも適用する可能性を開くものになるであろう。その成果を教育や社会にも還元していくことで、日韓間の歴史和解をさらに進めていくことにも貢献できる。こうした研究や教育を支援するための枠組みを日韓の研究支援財団や団体が共同で設置し、運営することを奨励すべきである。

国家の枠組みを超えた歴史研究では、日韓間の市民、社会レベルでの関係が研究対象となる。そこでは、多様な参加者による多角的な視角からの記憶共有の試みもなされる。過去の記録や記憶は、歴史書や教科書によってだけ共有されるのではなく、映画、文学など様々な文化的媒体を通じて多様な形で記録や記憶の共有がなされている。従来のような研究者主導の共同研究に加え、さらに映画監督、博物館のキュレーター、文化批評家、歴史小説家、漫画家、ウェブトゥーン（デジタルコミック）作家、児童文学作家、専門編集者なども参加して、東アジア歴史を共同で記録し記憶するための研究会を立ち上げることが望ましい。このような交流を通じて、書籍、ドラマ、映画、小説、漫画、ゲーム、博物館や美術館などの多様なコンテンツの共同作業を進めることもできるだろう。

4. 提言 3. 歴史教師による相互研修

日本の歴史教師が夏休み等を利用して韓国の歴史専門家が担当する集中研修を受ける。韓国の歴史教師の集中研修を日本の歴史専門家が担当する方式による相互研修の実施を提案する。

このような方式は、「任那日本府」、「蒙古襲来」、「文禄・慶長の役（壬辰倭乱）」、「植民地支配」、「慰安婦」、「ユネスコ世界文化遺産」、「徴用工」など、日韓間で見解の相違が大きい論点について、相手の論理と解釈を正確に把握し、意見の相違を狭めていくためのきっかけを提供することになる。そして、共同の歴史教科書、副教材、歴史地図の作成など、相互理解を促進するための多様な方法を模索することが可能となる。相互研修の実施に際しては、国連大学や「世界市民教育センター」などと協力することも検討すべきである。旧ユーゴスラビア内戦後に、セルビア、ボスニア・ヘルツェゴビナ、クロアチア、アルバニア、ギリシャ、トルコなどのバルカン地域の歴史家たちが行った歴史教師研修の事例が参考になろう。

5. 提言 4. 韓国の独立運動に対する敬意の表明

歴史和解を進めるためには、1998 年の日韓共同宣言でも謳われた通り、日韓両国が過去を直視し相互理解と信頼に基づいた未来を発展させていくこと、特に若い世代が歴史への認識を深めることが重要である。これまで日韓は、そのための努力を続けてきた。その積み重ねを基にしつつ、互いへの尊重を示すことが、さらなる相互理解と信頼の構築、そして和解を進めるためには望ましい。具体的には、3 月 1 日の独立運動記念日に、パゴダ公園にある独立宣言記念塔を日本政府代表者が訪れ、献花と黙祷を通じて当時の独立運動に敬意を表することができるだろう。さらには、日韓の若者が、3·1 独立運動に参加した当時の若者たちの民族自決の精神について共に学ぶことは、自由と平和の真の意味を理解する助けになる。加害の歴史を直視することを超え、他者の尊厳を尊重することを通じて自由と平和の真の意味の理解と実現の基礎になるであろう。1991 年に海部俊樹首相が訪韓した際のパゴダ公園訪問と、金山政英・第 2 代駐韓日本大使による独立記念日および光復節の記念式典への出席は、良き先例として参考になる。

日韓次世代人材育成と人的・文化交流の深化

2024 年、日韓の人的交流の規模が 1,000 万人を超えた。1965 年の国交正常化当時、年間 1 万人に過ぎなかった両国国民の往来は、60 年が経過し、1,000 倍以上に増加した数値である。実際、日韓両国が人的交流 1,000 万人時代を初めて迎えたのは 2018 年である。しかし、同時期強制徴用問題に関する韓国大法院の判決が下され、翌年の 2019 年には、日本が韓国に対して輸出管理強化を講じた。その結果、韓国では大規模な反日デモと日本製品の不買運動、日本旅行のボイコットなどが起こり、続く COVID-19 の拡大により、両国の交流は急速に縮小した。このように悪化していた日韓関係は、2023 年の韓国政府による強制徴用問題に関する大法院判決への解決策の提示と日韓首脳間のシャトル外交の復元を契機に正常化し、その後、人的交流も急速に回復した。日韓の政治・外交的関係が両国の交流に及ぼす影響を端的に示す事例と言えよう。

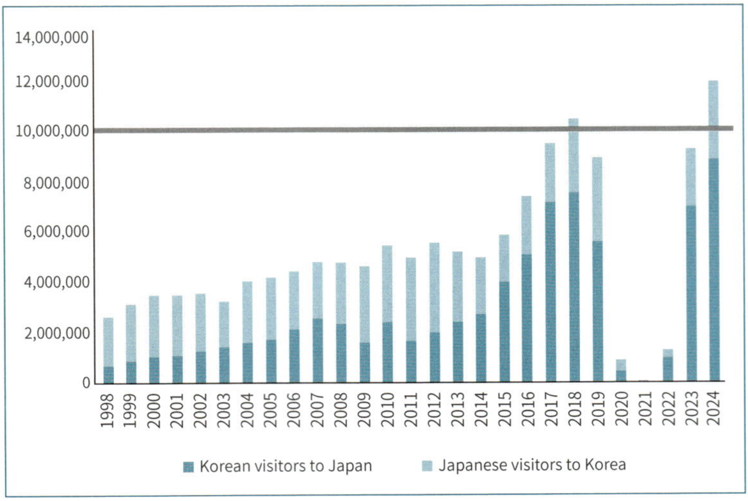

図2. 日韓相互訪問観光客数の推移（1998〜2024年）

出所：韓国観光公社および日本政府観光局（JNTO）の統計データを活用し、作成。

振り返ってみれば過去60年間の日韓関係は、両国が「善隣友好関係」に漸進的に向かう過程であった。「善隣友好関係」とは、外交関係の樹立に基づき平和的に相互作用しつつ、経済・文化交流を通じて友好的な協力を続ける国家関係として定義できる。こうした関係は、安定的かつ協力的で、予測可能な相互作用を可能にする。

日本と韓国は、1965年の国交正常化以降、様々な分野における「善隣友好関係」の確立に取り組むと同時に、日本による植民地支配の清算にかかわる歴史問題という難題を克服するために努力してきた。日本による植民地支配に対する謝罪、反省および認定が盛り込まれた河野談話（1993年）、村山談話（1995年）、菅談話（2010年）が発表され、金大中・小渕共同宣言（1998年）、日韓日本軍慰安婦被害者問題に関する合意（2015年）、強制徴用大法院判決に関連する韓国政府の立場表明（2023年）などが行われたことも、このような努力の一環であった。これは、まだ解決されていない問題を補完しながら、善隣友好関係へ進もうとする過程として評価できよう。

特に、1998年の金大中・小渕共同宣言（21世紀の新たな日韓パートナーシップ共同宣言）と、韓国のおける日本大衆文化の解禁、そして活発な人的および文化的交流は、両国関係の基盤をより一層強固なものにした新たな出発点であった。日本の映画とアニメーションが韓国で放送され始め、韓国の音楽とドラマが日本で大きな人気を得るようになり、日本では「韓流ブーム」現象が見られるようになった。

それにもかかわらず、依然として日韓関係は不安定な様相を見せている。両国の政治的変動と選挙、国内世論の影響を最も大きく受ける分野の一つでもある。政界において反日感情と嫌韓世論を刺激する材料として悪用されることもあり、選挙において相手陣営を攻撃する材料として使われる例は容易に見られる。

このような両国関係の不安定さを打開し、持続可能な両国関係を構築するために、日韓は多くの努力を重ねてきており、その中で人的交流の重要性を強調してきた。互いに類似した文化と生活習慣、そして思考を持つ両国国民の交流は、両国の誤解を減らし、相互理解を深める上で重要な役割を担ってきた。人的交流は両国の対立がこれ以上高まらないようにする緩衝材であると同時に、関係改善を促す潤滑油の役割を果たす。これからは人的交流の量的拡大を超え、質的成長を図る努力が求められる。日韓関係を「善隣友好関係」にさらに進展させるためには、これまで蓄積された交流の経験を基に、交流の中身と方向性をより発展させる必要がある。

表3. 韓国の日本大衆文化の開放(第1次～第4次)と日本の韓流(第1次～第4次)

	第1次開放 (1998.10.20)	第2次開放 (1999.9.10)	第3次開放 (2000.6.27)	第4次開放 (2004.1.1)
韓国の日本大衆文化の開放（第1次～第4次）	映画、ビデオの一部開放、出版漫画など	映画、ビデオ、公演などの一部開放	映画、ビデオ、アニメ、音盤、ゲーム、放送の一部開放、公演の全面開放	映画、ビデオ、劇場用アニメーション（2006年1月1日より）、音盤、ゲームの全面開放、放送の開放拡大
日本の韓流（第1次～第4次）	第1次韓流 (1990年代後半~2000年代初頭)	第2次韓流 (2000年代後半~2010年代初頭)	第3次韓流 (2010年代中盤)	第4次韓流 (2018年以降)
	『冬のソナタ』などのドラマ	東方神起、BIGBANG、少女時代、KARAなどのK-pop	BTS、TWICEなどの K-pop、美容、ファッション、韓国料理など	『愛の不時着』、『パラサイト 半地下の家族』、『イカゲーム』など、OTT基盤のK-ドラマや映画など
	中高年層が中心	10～20代の若年層から ▷▷▷▷ 全世代へと拡大		

提言

(1) 提言1. 日韓間の出入国手続き簡素化制度の継続施行

両国国民の相互訪問がそれぞれ1位を占めるほど日韓の人的交流が急増したなか、空港到着後の出入国審査の待ち時間が長く、これによる両国民の不満が大きいという指摘が絶えず提起されてきた。そのため、両国民の利便性を向上し、日韓関係改善の成果を実感できる最適な方法として、出入国手続きの簡素化が考えられる。短期的には、2025年6月の1ヶ月間施行した日韓国民出入国手続き簡素化制度の継続、日本TTP（Trusted Traveler Program）の拡大および日韓優遇プログラムの開発を推進する。中長期的には、欧州連合（EU）加盟国の国民が域内をパスポートなしで自由に移動できるようにするシェンゲン制度（Schengen）を参考にし、日韓でもビザなしの入国や自由な移動ができるシステムを構築するための「日韓版シェンゲン制度」の導入を検討する必要がある。

(2) 提言2. 日韓大学生交流に対する制度的支援–日韓版「エラスムス（Erasmus）プログラム」の創設

両国の若い世代の高い関心と交流に向けた意志にもかかわらず、安定的かつ持続的な交流の場が十分ではない状況である。日本、韓国、中国が10年以上にわたって実施しているキャンパスアジアプログラムをベンチマークした、日韓プログラムの導入を提案したい。既存のキャンパスアジアプログラムが大学院生中心のプログラムで、志願条件が厳しかったとすれば、新規の日韓プログラムはこれを学部生レベルに拡大し、敷居を下げて、より多くの若者世代が経験できるよう、制度的支援が必要である。同プログラムは日本と韓国、および域内主要国の大学生が１～２学期程度、自由に希望する大学に行って単位をもらいつつ、学業も日常生活も経験できるよう設定する。これを通じて、互いの国に対する理解と文化的感受性を向上させることが期待される。この過程において、自然科学分野での人材育成、人文および社会科学分野での学問交流も行われるべきである。

(3) 提言3. 日韓教育·雇用の連携メカニズム開発 –青年インターンシップおよび就職データベース構築

相手国に高い関心を持って留学した青年世代の場合、教育の後に就職へ移行する道が十分ではない。両国は熱情と力量を兼ね備えた人材を発掘し、両国の架け橋になれるよう育てていく必要がある。そのためには韓国経済人協会、日本経済団体連合会、大韓商工会議所、日本商工会議所など両国の経済人団体が連合し、統合インターンシップや就職データベースを構築することが望ましい。つまり、両国の青年がワンストップでインターンシップや就職活動の支援を受けられるよう制度を整える。特に、夏休みや冬休みなどを活用したインターンシップを積極的に支援することによって、人材育成に貢献し、今後の両国関係に寄与できるようにする。

(4) 提言4. 地球規模の課題解決に向けた「日韓青年行動の日」の指定および日韓版「アルテ（ARTE)」発信

日韓間のイシューの大半が二国間関係に偏っており、歴史問題が発生すると他のイシューがすべて覆い隠されてしまう状況から脱却する必要がある。日韓だけではなく、東南アジア、豪州など地域の参加国の範囲を広げ、関係諸国が共に対応すべき多様なグローバル課題に議論の幅を広げる必要がある。例えば、気候変動への対応、グリーンエネルギーの開発、人工知能（AI）の発達に伴う倫理的問題、人権、サイバー倫理の問題、ODAなど、地球規模の問題解決について、日韓の青年が提言し、行動できる国際大会を開催することで、未来世代におけるアジェンダ中心の交流を拡大し、グローバルイシューに関する関心を高めることができる。また、ドイツとフランスの共同放送チャンネル「アルテ（ARTE）」などの事例を参考とし、日韓版「アルテ」といった共有SNSチャンネルを構築することで、グローバル青年のメッセージを効果的に発信できるプラットフォームを提供する必要がある。

(5) 提言5. 日韓若手オピニオンリーダーの育成– 日韓版「USJLP」専門家リーダーシッププログラムの創設

日本と韓国について正確に理解し、両国における健全な世論形成に資する専門家やオピニオンリーダーが著しく減少しており、とりわけ既成世代に比べ、若い世代における政策ネットワークが堅固でない点が指摘される。ここで日本と米国の「US-Japan Leadershipプログラム」（参加資格：28歳～42歳）をベンチマークし、毎年、日韓および域内主要国の有力な30～40代の政治家、企業人、学者、ジャーナリストなどが参加するフォーラムを設けることを提案する。同フォーラムでは相互の協力方法を議論するのみならず、強固なネットワークを構築することも目的とする。この過程において、日韓議員連盟、日韓経済人団体などとも適宜連携を取ることで、プログラムの持続可能性と効果を強化する必要がある。

(6) 提言6. 青年中心の日韓交流を全世代交流へと拡大

若い世代の肯定的な相互認識とは対照的に、既成世代の否定的な認識が日韓交流の障害として作用する問題が生じている。例えば、相手国への留学や就職を決める際、親世代の反対や否定的な認識が交流を難しくする場合がある。これを克服し、世代間の認識の差を縮めるための努力が必要である。より具体的には小学生の子どもと親が共に参加する家族単位の日韓交流プログラム、中高生の修学旅行や姉妹提携プログラムへの制度的、財政的な支援、中高年層を対象としたコミュニティやプラットフォームの開発などが考えられる。

そのほか、日韓が共催した「2002FIFA ワールドカップ」のように両国が共に楽しめる文化的体験を増やすことも重要な課題と言える。スポーツ、音楽、料理などは、文化的な共感を形成し得る効果的な手段で、例えば日本の甲子園（全国高等学校野球選手権大会）に韓国の高校野球部が定期的に参加する親善大会の開催、日韓の登山愛好家の集まり、同じ食材を活用した日韓料理大会やバラエティー番組制作などが考えられるだろう。また、日韓が第三国において相互協力を通じて創出した肯定的な成果を紹介し、両国国民に対し協力の価値を高める方法も模索する必要がある。

(7) 提言7. 日韓の都心と地方を結ぶ超広域経済圏の構築 –釜山－福岡超広域経済構想

今の日韓交流は主にソウルと東京を中心に行われており、偏りが生じている。地域間の交流の格差と首都圏集中現象の解消、そして地方消滅の課題に対応するためには、都心と地方都市、地方都市同士の連携を強化し、地域を統合的に発展させ、大都市圏との均衡のある連携に向けた共同の努力が必要である。そのための具体的な例として、長年蓄積された議論と研究成果を基に、釜山と福岡を結ぶ国境を越えた国際経済特区の設立を検討できよう。これは北東アジア初の都市間超広域経済モデルで、地域の活性化や日韓経済協力の深化に寄与すると期待できる。

日韓関係は、1965 年の国交正常化以来、幾度の危機を乗り越え、漸進的に前向きな方向へと進んでおり、政府と民間がその関係改善に向け努力を重ねてきた。しかしながら、いまだに不安定な要素も存在している。反日や嫌韓、そしてそれを利用する政治と経済の利用関係が存在する。従って、日韓関係をより健全で持続可能なものに発展させていくためには、より多くの国民が実感できる実質的な成果を生み出し、多層的な交流と協力を推進する必要がある。このような努力が継続されることで、日韓関係はより友好的かつ戦略的な協力関係に踏み出すことができる。

【日韓ビジョングループ】
日韓国交正常化60周年記念報告書

別添

2025年3月14日（ソウル）、5月14日（東京）で開催された
「日韓未来世代との対話」に参加した日本と韓国の学生たちの意見を
まとめています。

日韓関係の発展に向けた若者たちの意見（日本）

◎ 日韓が協力関係を継続するためには、両国が国際社会の中で多岐にわたる分野で価値観や問題を共有する「身内」であることを両政府・両国民が広く理解する必要があると考えます。両政府は共通利益を再認識した上で外政・内政の各分野で政策形成を行うべきであり、またその理解を国民に浸透させるべく、教育やメディア戦略のような国民に直接的に働きかける分野の政策方針も見直すべきであると考えます。

◎ 両国関係の発展には、まず「多層的な交流」が必要です。政治や歴史問題で対立があっても、経済・文化・人的交流は絶やすべきではない。学生交流や企業間連携を強化し、相互理解を促進すべきです。また、歴史問題は「対話と教育」を通じて解決すべきだと思います。両国の歴史教育には多様な視点を取り入れ、互いの立場を理解するための教材を導入することが望ましいでしょう。さらに、未来志向のプロジェクト、例えばデジタル技術、AI、宇宙探査の分野での共同推進が求められます。これにより、若い世代が協力の意義を実感し、ポジティブな相互認識を醸成することが可能となると思います。

◎ 若者の次世代交流を増やす必要があります。学生交換プログラムや共同インターンシップの枠を大幅に拡大し、語学、文化に加えて現代的課題（気候変動、人権、ジェンダーなど）を扱う交流プロジェクトを推進することで、未来世代の相互理解を深めなければなりません。

◎ 日韓関係をより良くしていくためには、若者が自然な形で意見を交わす場を持つことが必要だと思います。文化交流だけでなく、社会問題や国際関係について若者が率直に話せる環境を、教育機関が設けていくべきです。未来を担う若者が自分の言葉で考え、語り合うことでこそ、日韓関係の本質的な信頼が築かれていくと信じています。

◎ 過去の歴史に関する認識の違いが関係改善の障壁となることがあります。歴史教育の見直しや専門家による共同研究の推進のみならず、若者を交えた公開討論の場の設置などを通じて、双方の歴史認識を共有し、理解を深める努力が必要だと考えます。

◎ 日韓関係の改善に文化交流は一つの糸口になる可能性はあるが、それだけで本質的な理解が得られるとは限らないと感じています。だからこそ、文化交流をただの「楽しさ」で終わらせず、そこから一歩踏み込んだ対話や共同学習の場を設けることが必要だと考えます。そこにおいて日韓の若者は議論を通じてお互いの「違い」や「ずれ」に正面から向き合えるかもしれません。その違和感を理解する姿勢こそが、本質的な関係の出発点になると思います。

◎ 少子高齢化という国の滅亡をもたらすかもしれないよう

な問題を抱えているので、研究者や政策専門家を中心とした交流を通じて共同対応を講じるべきだと思います。

◎ ライバルではなく、一つのチームとしてお互いを認識し、それを基により強力な二国間関係を構築していくべきだと思います。

◎ 日韓関係を米国との三国協力やASEANなどの多国間協調の中に位置づけて考える必要があります。特に経済安全保障や環境分野での共通ルール作りに共同で取り組むことが必要だと感じます。

◎ 文化交流は既に若者を中心に大きく進んでいます。よって、歴史認識を含めたより複雑な問題について議論し、解決に向けて取り組む交流が必要であると考えます。

◎ 若者世代を中心とする前向きな動きを社会全体の変化に繋げるためには、世代間のギャップを解決する必要があります。民間、教育、地域レベルで継続的に繋がりを持っていくことが、政治的な変動に左右されない関係の土台になると考えました。

◎ 感情に囚われない、合理的な協力体制の構築のために若年世代だけでなく様々な世代の中で対話の機会を築くことが重要だと思います。

◎ 人的・文化交流は、特に若い世代の間では十分に行われているにもかかわらず、歴史問題に関してはシビアな見方の若者も多く、表層的な相互理解に留まっているように思います。文化交流から直接本質的理解に繋げるのではなく、あくまでそれで培った親近感や好感を緩衝材にした別のアプローチが必要なのではないかと思います。

◎ 中国による経済的威圧リスクに対し、対話と圧力のバランスをいかに取っていくか、日韓の認識を擦り合わせる場が必要であると考えます。

◎ 日韓は隣接する超大国に対抗して同じイデオロギーを共有する仲間として東アジア秩序（安全保障、経済圏）を主導するパートナーとして協力するべきだと思います。

◎ 日韓関係のさらなる発展に向けて、経済・技術分野での協力の強化が必要です。特に脱炭素やスタートアップ支援、デジタル技術など、両国にとって共通の課題かつ協力の可能性のある分野では、連携による相乗効果が期待できます。競争ではなく、共に成長していく「共創」の視点が重要だと考えます。

◎ 若者世代の相互認識がさらに他の世代に拡大していくために、家族で参加できる日韓交流の場を設ける必要があります。

◎ 大学だけでなく、小学〜高校までの間に、中立的に / 双方の立場からの歴史を理解する機会を作るべきだと思います。教科書だけで補完できない分野に関しては、例えば相手国からスピーカーを呼んで特別講義を行ったり、今回のようなフォーラムを開催するなども方法になりえるでしょう。片方の情報だけで自分の認識を構築することがないようになれば良いと考えました。

◎ 慰安婦問題などの歴史認識について、感情的に対立するのではなく、冷静な対話で解決を図ることで、お互いに嫌悪感を増していく構図から脱却するべきだと思います。

◎ K-POP や日本のアニメ・ファッションを通じて若者世代を

中心に日韓の文化的交流は確実に深まっています。しかし一方で、上の世代を中心とした歴史認識に起因する感情的対立や偏見、いわゆる「反日」的な姿勢が根強く残っている現実も無視できません。今後両国が向き合うべき課題は南海トラフ地震をはじめとした自然災害への備えや、北朝鮮の核開発を含む地域の安全保障など、協力なしには乗り越えられないものばかりです。民間レベルの交流のみならず、政治的・経済的な実務レベルでの相互信頼も高め、より確実な協力関係を構築することが不可欠であると考えます。

◎ インド太平洋地域やグローバルサウスへの支援など、日韓が協力して第三国に貢献する構図を強化することで、双方向の信頼を育みつつ国際社会での存在感を高めることが重要だと思います。

◎「対立の管理」と「共通課題への連携」の両立が重要だと思います。そのためには、政府間の対話だけでなく、民間・地域レベルでの協力体制を強化しなければなりません。また、未来志向的な教育やメディア報道を通じて、次世代が偏見にとらわれず、冷静に相手国を理解できる環境を整えることが、持続可能な関係発展の鍵になると考えます。

◎ バイアスや先入観をいかに若い世代の中で取り除いていくかは、これからの社会において非常に重要だと感じます。多様性を尊重し、異文化を理解する力を育てるには、教育の役割が欠かせません。そのため、教育こそが協力が求められる分野だと考えます。

◎ 世界情勢が緊迫する今、歴史的・文化的に一定の近さを持つ日本と韓国は、互いに歩み寄り、柔軟に譲り合う姿勢がこれまで以上に求められていると考えます。対立ではなく対話を重ね、共通の課題に協力して取り組むことが、両国の関係をより安定的かつ建設的なものへと導くと考えます。

◎ 感情ベースで世論が形成されることは回避しようがないと仮定した場合、そのような世論を形成する要因であるメディアや世代間交流に対して、感情を煽るような形ではなく、事実ベースでの交流が重要ではないかと考えます。

◎ 次世代のためには、教育の中に日韓のプログラムをさらに取り入れ、双方の歴史を学び議論する場を設けることが必要だと思います。現役世代に対しては、国境／ビザ関連の制度を簡素化することで、ビジネス・観光・学問いずれの目的であっても両国民にとって身近に移動出来る場所としての認識を形成することが大切だと思います。

◎ 過去に固執するのではなく、しかしながら、過去を忘れることなく、同じ価値観を多く共有する国として未来に向けた協力体制を模索していくことが重要です。

◎ 文化交流や経済分野での協力など、日韓関係の発展を進めやすい分野での友好関係を盤石なものにし、双方に対する国民感情を改善したうえで歴史認識の問題や領土問題といった各種の問題の解決に取り組むべきであると考えます。

◎ 現在日本人の韓国に対するイメージは、世代間で大きく異なっていると思います。どのようなイメージを持っているにしろ、早期解決が求められるものの対立が起きやすい歴史問題を議論するときは、良い意味で主観が入りすぎないように冷静に議論することが重要だと思います。また、この問題をタブー視することなく、私たちのような一般人の間でも相手国にきちんと向き合って考え、話し合うことが重要だと考えます。

日韓関係の発展に向けた若者たちの意見（韓国）

◎ 青年交流や教育協力など、市民社会レベルでの対話を強化することで、相互理解を深め、感情的対立を和らげ、気候変動や経済安全保障などのグローバルな懸案において実質的な協力を拡大することで、共通の利益を中心に未来志向の関係を築くことができると考えます。

◎ ヘイト感情を利用した誤った情報や政治的な扇動に惑わされることなく、日本と韓国という枠にとらわれず、人と人との関係として交流し、感情を共有しながら発展する関係になってほしいです。

◎ 歴史的な問題が、現在の日韓の協力や交流において、引き続き障害となってはならないと考えます。

◎ 技術は各国の安全保障や経済とも密接に関わっていますが、日韓両国は中国やアメリカに比べて技術力（例えば、AI やヒューマノイドなど）が劣る分野があります。このような分野は協力して技術力を高めていければ良いと思います。過去の歴史は歴史として残し、両国が共に発展を目指す開かれた心で、隣国同士が助け合っていければと願います。

◎ 日韓関係は、世代を重ねるごとに「効率と実利」を目的として発展していく機会が増えていくと考えます。歴史によるコミュニケーションの断絶と感情的な共有の難しさは課題として残っていますが、グローバルな多極化へと移り変わる世界のトレンドに合わせて、手を取り合う友好国として、また共に暮らす隣国として発展していくべきです。

◎ 深く根付いた認識を変えるためには、教育と交流が重要であると思います。実際に経験してみないと、自分が何を誤って認識しているのかを知るのは難しく、固定観念を打ち破るのも容易ではありません。認識が形成され始める学生たちに、客観的な事実のみを伝え、彼らが自分で考えることができるよう助けることが重要であると思います。教師の誤った認識が学生に伝わることが多いので、学生たちが既存の大人たちの認識に縛られず、自ら交流し、考えることを通して、新たな日本への見方を育んでほしいです。

◎ 歴史を振り返り、協力によって経済発展を遂げてほしいです。企業の側面からは、日韓の中核産業における共同人材を育成することが有益であると思います。

◎ 日韓は歴史に対する立場が大きく異なると感じます。時代の変化とともに、新たな視点と客観的な事実に基づいた歴史教育が求められており、感情が先行する外交よりも、実利的かつ未来志向の考え方で接するべきだと考えます。

◎ 相互理解のためには、地域研究の人材育成の重要性を実感します。

◎ より良い未来のためには、正しく建設的な方法による過去の清算が必要です。例えば、共同教科書の執筆作業、両国政府による過去史のデータベース化、戦争被害者の声を反映した支援制度の整備などが考えられます。

◎ 時間の経過とともに、無条件で反日を叫ぶ時代は過ぎ、文化的にお互いに活発な交流が続いていると考えます。より良い日韓関係の発展のため、これまで注目されてこなかった政治、経済、歴史分野における誤解や対立を解決するための共同研究および活動がより一層活性化されることが望まれます。

◎ これまで一律的・断片的・短期的であった交流を、分野・階層ごとにより細かく分け、より深く、体系的に持続していってほしいです。

◎ 未来社会の変化に備え、日韓両国の経済における参加主体間の協力可能性を模索・強化できるような方策が積極的に進められることを願います。

◎ 外交・安全保障協力や過去史問題などは、両国間の政治的・歴史的立場の違いにより、短期間での接近が難しい面があります。そのため、貿易や対米相互関税への共同対応といった経済的利益に直結する分野から先に交流を進めるのが良いと思います。それによって、相互理解が深まれば、より高次元の協力も可能になると考えます。

◎ 大学生の交流プログラムがさらに活性化されることを期待します。

◎ メディア報道の偏りを緩和し、ヘイトや認識を改善するために、多様な交流および市民参加イベントの活性化が必要です。

◎ 日韓両国の政府が、より直接的かつ友好的で前向きな対日・対韓の立場を示す必要があると考えます。

◎ 歴史的に互いに敵対的な関係であったことは確かですが、これを乗り越えなければなりません。日韓関係の発展のためには、文化的な交流は今後もこれまでどおり継続されるべきであり、権威主義が台頭する今、日米韓の協力が何より重要であると思います。そのため、日本と韓国が継続的に協力しながら、歴史問題の解決も段階的に進めていく必要があると思います。

◎ 過去史問題など、解決すべき課題もありますが、国際情勢を考慮した際、日韓の友好と協力を強化する必要性は極めて高いと考えます。互いにとって最優先の友好国の一つとなることを願っています。

◎ 歴史的な対立が依然として両国の協力を妨げる要因として存在していますが、それを克服し、経済および安全保障の面で妥協できる基盤を築くべきだと考えます。

◎ お互いを敵と見なさず、隣接する国であるからこそ、力を合わせて助け合うべきだと考えます。

◎ 被害関係が明確であった関係ではありますが、今ではある程度それを乗り越え、経済および安全保障の協力に向けて努力すべきであると考えます。

◎ 日韓間の問題に関心を持ち、解決に向けた努力が必要であると思います。心を込めた謝罪と未来に向かう能動的な思考を持つことが重要であると思います。

◎ 歴史および植民地に関する言説から脱却し、未来志向の関係を構築し、大衆的コンセンサスを形成するための努力が必要です。

◎ 北東アジアにおける自由民主主義の連帯、安全保障、経済、環境などの分野において、互いにとって不可欠なパートナーであることを肝に銘じるべきです。

◎ 日韓関係の実質的改善には、相互理解と尊重に基づく着実な交流が不可欠であると考えます。特に未来世代である若者が直接参加する多様な交流プログラムや共同プロジェクトが活性化されれば、固定観念を超えた新しい認識が根付くことでしょう。

◎ 日韓関係において、メディアやSNSを通じた情報の拡散は両国国民の感情に大きな影響を与えているため、事実に基づくバランスの取れた情報提供が重要です。また、それに加えて政府レベルの外交努力と並行して民間レベルでの意思疎通と協力が行われてこそ、真の信頼回復が可能になるのではないかと考えます。

◎ 歴史問題に関する日韓間の率直な対話と相互共感こそが、日韓関係の未来を前向きに導く鍵であると考えます。

◎ 韓国人の対日認識が大きく改善したとしても、「歴史反省のない日本との交流は適切でない」という感情的反発は依然として根強く存在しています。これは単なる嫌悪感情ではなく、正当な過去史認識を求めるものであります。したがって、単に互いの長所だけを強調し友好を唱えるのではなく、日本国内に残る歪んだ歴史認識に対して継続的に問題提起を行い、望ましい方向へ導こうとする努力を並行させる必要があります。誤りを正そうとする姿勢が前提とされてこそ、政治的環境に左右されず、日韓間の交流も一層意義あるものとなるでしょう。

◎ 前例のない超高齢国家である日本と韓国は、協力を通じて将来の課題への対応策を模索すべきです。この課題に共に取り組む過程で、両国国民はその努力を実感し、結果として日韓関係はかつてないほど改善されることでしょう。こうした努力は大局的には国家間交流に過ぎないかもしれませんが、ミクロに見れば両国国民一人一人の生活、すなわち自分や子どもの未来に直接関わるものだからです。

◎ 日韓関係における目に見える改善は、必ずしも歴史問題の解決や外交摩擦の解消だけにとらわれる必要はないでしょう。日本と韓国の生存や経済に直結する協力が、日韓関係改善に大きな影響を与えると考えます。

◎ 日韓関係を捉える視点を変える必要があります。単に「日本と韓国」という二国間に留まるのではなく、「国際社会の中の日韓」に注目すべきです。変化する国際情勢の中で日本と韓国がどのような関係を結ぶのかを共に考え、両国に利益をもたらす実利的な姿勢で日韓関係を捉えることが重要です。漸進的な対立解消を基盤として、国際的課題に協力して対応できる関係こそ、今後築くべき日韓関係の方向性であると考えます。

◎ 現在の日韓大学生交流活動は、学術セミナー、討論、文化体験など、伝統的かつ公式的な形式に集中しているように思われます。参加者は両国の社会・文化・歴史への理解を深めようと努力していますが、その手法は依然として発表、討論、訪問といった限定的な枠にとどまる傾向があります。日常生活の中で実感できる、より日常的で創造的な交流、特にデジタル時代に適した視覚的かつ感覚的なコミュニケーションが求められます。

◎ 若い世代における両国への好感度と歴史問題解決を同列に置くことはできません。関心の低下や記憶の風化による解決であれば、歴史分野における日韓関係は永遠に改善されない可能性があります。したがって、持続的な関心と、敏感なテーマについて議論する勇気を「無意味な話題遊び」と見るのではなく、問題解決に向けた積極的姿勢として捉えるべきです。

【Korea-Japan 2030 Vision Group】

Policy Recommendations Commemorating the 60th Anniversary of Korea-Japan Diplomatic Relations

Foreword

The final report of the Korea-Japan 2030 Vision Group, jointly undertaken over the past two years by Korea's NEAR Foundation, the Korea Foundation (KF), and Japan's Nakasone Peace Institute (NPI), was officially published as a volume following the release of the report in both countries on September 18. This publication holds particular significance as it coincides with the 60th anniversary of the normalization of diplomatic relations between Korea and Japan, providing a timely opportunity to reflect on six decades of bilateral relations and to envision a new future together.

The Korea-Japan 2030 Vision Group consisted of twenty experts – ten from each country – representing leading think tanks and diverse professional fields. About 2 years, the group held four intensive discussions in Seoul and Tokyo, along with ad-hoc consultations, and organized "Dialogue with the Korea-Japan Future Generation" in both cities to incorporate youth perspectives. Based on these efforts, the report seeks to present a comprehensive vision for the future of Korea-Japan relations – one that promotes joint prosperity amid the complex disorder of the post-post-Cold War era, and enables both countries, as responsible advanced nations in Asia, to lead peace, prosperity, and progress in Northeast Asia, the Indo-Pacific, and the global community. The publication includes Korean and Japanese editions as well as an unofficial English translation to make it accessible for researchers and policymakers in third countries as a useful reference.

While numerous reports outlining future visions for Korea-Japan relations have been released this year to mark the 60th anniversary of normalization, this report carries special significance. It identifies the "greatest common denominator" reached by experts from both countries across the fields of diplomacy, security, economy, science and technology, history, education, and culture, who jointly analyzed the current state of bilateral relations and explored ways to advance a strategic partnership.

With the inauguration of the Lee Jae Myung administration in Korea in June and the Takaichi Sanae administration in Japan in October, we stand at a critical juncture that could bring renewed progress in bilateral relations. I sincerely hope that this report will serve as a valuable guide in building a healthy and stable Korea-Japan relationship, being reflected in future policy development in both countries, and contributing to a new phase of substantive cooperation and partnership.

I would like to extend my heartfelt appreciation to the twenty experts from both countries who engaged in serious and constructive dialogue over nearly two years, transcending linguistic and cultural boundaries with a shared commitment to a 'brighter future for Korea-Japan relations'. The fruitful outcome we celebrate today, which began with the fresh greenery of spring 2024, was made possible by your profound insights and sustained effort. I also would like to extend my sincere appreciation to Ms. Pyun Jung A of the NEAR Foundation, Ms. Shin Nayeon, a Ph.D. candidate at Korea University's Graduate School of International Studies, and Ms. Han Jae Eun, a Ph.D. student at George Mason University, whose dedication in conducting research, coordination, editing, and administrative work. Without their dedication, it would have been difficult to ensure the smooth progress of this project. I extend my heartfelt thanks for their hard work.

Finally, my deepest thanks also go to the Korea Foundation and the Nakasone Peace Institute for their generous support throughout the project. I am also grateful to Pakyoungsa Publishing for graciously taking on the publication despite challenging circumstances facing the publishing industry.

I hope this volume will be read not only in Korea and Japan but also around the world, deepening understanding of bilateral relations and serving as a foundation for building a stronger, more forward-looking partnership for the future.

December 15, 2025

Shin Kak-soo

Korean Chair, Korea-Japan 2030 Vision Group

Korea-Japan 2030 Vision Group-Korean Members

Chair	SHIN, KakSoo	Deputy Chairman of the NEAR Foundation Former First and Second Vice-Foreign Minister Former Korean Ambassador to Japan
Coordinator	CHOI, Eunmi	Research Fellow, Asan Institute for Policy Studies Distinguished Visiting Professor, Korea University Graduate School of Policy · Hankuk University of Foreign Studies Advisory Committee Member, Ministry of Foreign Affairs · Korea-Japan Parliamentarians' Union · Korea-Japan Future Partnership Foundation
	KIM, Gyu-Pan	Senior Researcher Fellow, Korea Institute for International Economic Policy (KIEP). Distinguished Visiting Professor, Hankuk University of Foreign Studies Former Advisory Committee Member, Korea-Japan Parliament Union
	NAM, Ki Tae	Professor, Department of Materials Science and Engineering, Seoul National University Member, Fulbright Korea (Korean-American Educational Commission) Former Committee Member, Presidential Advisory Council on Science and Technology (Republic of Korea)
	PARK, Young-june	Professor, Korea National Defense University (KNDU) Director-General, Research Institute for National Security Affairs at the KNDU Former Policy Adviser for the National Security Council, Ministry of National Defense, Joint Chiefs of Staff, etc.
	LEE, Geun	Professor, GSIS, Seoul National University Former President, The Korea Foundation, Former Chair, Global Agenda Council on Korea, World Economic Forum (Davos Forum), Former Vice President, Office of International Affairs, Seoul National University, Former Advisory Committee Member, Ministry of Foreign Affairs
	LEE, Sookjong	Distinguished Professor, Sungkyunkwan University Senior Fellow, East Asia Institute Former President, Korean Association of Contemporary Japanese Studies

	LEE, Shin-wha	Professor, Dept of Political Science & International Relations Director, Institute for Interdisciplinary Unification Studies (IIUS), Korea University
	LIM, Ji-hyun	Distinguished Professor, Sogang University Class of 1955 Visiting Professor of Global Studies, Williams College President, 'Network of Global and World History Organizations (NOGWHISTO)
	CHANG, Jekuk	President, Dongseo University Executive Secretary, The Korea-Japan Forum Former President, Korean Council for University Education (KCUE)

Korea-Japan 2030 Vision Group-Japanese Members

Chair	KITAOKA Shinichi	Chief Research Adviser, NPI; Professor Emeritus, The University of Tokyo; Special Advisor, JICA
Coordinator	NISHINO Junya	Senior Fellow, NPI; Professor, Dept. of Political Science, Keio University; Director, Keio Institute of East Asian Studies
	FUKAGAWA Yukiko	Professor, Faculty of Political Science and Economics, Waseda University
	KANEHARA Nobukatsu	Executive Director, Sasakawa Peace Foundation; Former Deputy Secretary- General, National Security Secretariat
	HIRAI Hirohide	Former Vice Minister, International Affairs at the Ministry of Economy, Trade and Industry (METI)
	KUMAGAI Naoko	Professor, School of Global Studies and Collaboration, Aoyama Gakuin University
	HIGASHINO Atsuko	Professor, Graduate School of Business Sciences, Humanities and Social Sciences, University of Tsukuba
	ONO Tomoko	Assistant Chief Secretary, JICA; Former Director, Health Division 2
	TAKAMURA Yukari	Professor, Institute for Future Initiatives, The University of Tokyo
	MASUDA Mikito	Professor, Faculty of Economics, Komazawa University

Table of Contents

Foreword 273

Executive Summary 281

Policy Recommendations 286

Introduction 291

■ Toward a Korea–Japan Strategic Partnership Based on Trust and Sustainability 291

Ⅰ The Turbulent Global Order and the Korea–Japan Strategic Partnership

■ Korea–Japan Strategic Partnership for Safeguarding the Liberal International Order 300

■ Vision for Korea–Japan and Korea–U.S.–Japan Cooperation for Regional Security 313

Ⅱ Strategic Linkages Between Korea and Japan in Shaping the Indo–Pacific Regional Order

■ Expanding the Korea–Japan Partnership for Leading Global Governance 324

■ Korea–Japan Joint Initiative for Global Contribution: Development Cooperation (ODA) and Energy Transition 335

Ⅲ New Cooperation for Shared Prosperity

■ Vision and Strategy for Korea–Japan Economic Cooperation 346
■ New Horizons in Korea–Japan Cooperation through Science and Technology 369
■ Policy Cooperation Between Korea and Japan in Addressing Low Fertility and Aging Societies 376

Ⅳ Cooperation for a Sound and Stable Korea–Japan Relationship

■ Recommendations for Korea–Japan Historical Reconciliation 384
■ Deepening Korea–Japan Human Resource Development and Exchanges 393

Appendix

■ Voices of the Future Generation in South Korea Hoping for the Advancement of Korea–Japan Relations 404
■ Voices of the Future Generation in Japan Hoping for the Advancement of Korea–Japan Relations 410

Executive Summary

'Toward a Korea-Japan Strategic Partnership Based on Trust and Sustainability'

Over the past 60 years since the normalization of diplomatic ties, Korea–Japan relations have evolved from a government–led, asymmetric arrangement into an equal, mature, and multi–layered partnership underpinned by civil and private–sector engagement. The gaps in economic capacity, historical perception, and social exchange that existed at the time of normalization have narrowed significantly, and South Korea has become an advanced economy on the strength of democracy and technological innovation. Japan, as a founding member of the G7, has continued to contribute steadily to the maintenance of international norms and order.

Despite recurring political and historical disputes, the two countries have deepened mutual interdependence and exchange in cultural and economic spheres, raising expectations for the institutionalization and sustainability of future cooperation. Even amid shifts in trade and investment structures, Korea and Japan remain core economic partners, sustaining a complementary relationship. People–to–people and cultural exchanges have expanded to the level of everyday life, while intergenerational and interregional contacts have broadened, building dense, multi–layered linkages. In this sense, Korea–Japan relations have advanced beyond past structural imbalances to become a strategic partnership grounded in complementarity and maturity.

The international order, however, is now undergoing not merely a transitional phase but a structural transformation marked by the interplay of multiple challenges: the rise of authoritarian powers, democratic backsliding, strategic competition in advanced technologies, and transnational risks such as the climate crisis and pandemics. In particular, North Korea's advancing nuclear and missile capabilities coupled with China and Russia's strategic acquiescence, have accelerated the emergence of an "authoritarian entente" and posing an existential threat to Korea and Japan, both non-nuclear democracies.

This strategic environment demands not only military preparedness but also the formulation of joint strategies to safeguard and rebuild a rules- and values-based international order. Sharing commitments to liberal democracy, a market economy, human rights, the rule of law, and international norms, Korea and Japan now face a strategic opportunity to contribute to peace and prosperity at both the regional and global levels through the provision of global public goods. It is more urgent than ever for the two countries to take a leading role in fostering solidarity with the Global South through proactive cooperation strategies that balance normative commitments with practical effectiveness.

Over the past 60 years, Korea-Japan relations have followed a trajectory of steady development; however, the political and social trust accumulated during this process has not yet been fully institutionalized, and differences in historical perception have at times hindered bilateral cooperation. At this juncture, the two countries should now move beyond shot-term disputes and tactical compromises, establish effective and durable platforms for cooperation from a long–term perspective, and thereby pursue more active and sustained collaboration.

First, as pivotal states defending the liberal international order amid complex crises, Korea and Japan should reinforce their joint strategic posture. Essential areas of multi–dimensional cooperation include securing the resilience of global supply chains, linking strategic technologies, establishing digital governance and AI ethics norms, and advancing carbon neutrality. Beyond minilateral frameworks such as IPEF, Quad+, and AUKUS Pillar II, the two countries should lead joint initiatives in structured platforms to secure leadership in norm and standard setting. Furthermore, Korea–Japan should actively engage in broader multilateral frameworks, such as the Comprehensive and Progressive Agreement for Trans–Pacific Partnership (CPTPP) and NATO–IP4 cooperation, taking a leading role in restructuring the rules–based order.

Second, Korea–Japan and Korea–U.S.–Japan security cooperation should be institutionalized to respond to North Korea's nuclear threat and North Korea–China–Russia's strategic coordination. This entails strengthening extended deterrence cooperation, cyber and space security cooperation frameworks, while building effective crisis–response mechanisms. It is necessary to simultaneously advance cooperation in non–military fields – including technology cooperation in defense industries, and maritime surveillance, and law enforcement – should proceed in parallel to strengthen comprehensive crisis–management capabilities. In particular, responding to the deepening North Korea–Russia strategic alignment will require actionable cooperation models, including the deployment of strategic assets and the regularization of joint exercises, thereby enhancing operational readiness within the trilateral alliance framework—grounded in the ROK–U.S. and U.S.–Japan alliances.

Third, Korea and Japan, as responsible actors in global and regional governance should safeguard multilateralism while actively shaping emerging norms. To achieve this, cooperation within existing multilateral frameworks such as the G7, G20, and WTO must be strengthened, alongside expanded engagement with ASEAN, the EU, Latin America, Central Asia, and Africa. This aims to advance joint agendas on global issues including climate change, health, human rights, and digital transformation, thereby contributing to the provision of global public goods. Particularly, joint leadership should be exercised by linking and further developing Japan's 'Free and Open Indo–Pacific (FOIP)' with South Korea's foreign policy, while restoring functional China–Japan–Korea cooperation and pursuing "CJK+X" formats that allow the two countries to act as stabilizer and mediators in the context of U.S.–China strategic competition.

Fourth, the two countries must jointly address structural challenges posed by demographic change and industrial transformation. High–feasibility initiatives – the Busan–Fukuoka trans–regional economic zone concept, cooperation in new energy sectors such as hydrogen and offshore wind, fostering a youth startup ecosystem, promoting smart agriculture, and advancing balanced regional development – can promote technology–based industrial transformation and life–cycle policy innovation. Joint research, technology standardization, and talent exchange in strategic technology fields such as semiconductors, batteries, and AI are essential for securing leadership in global technology competition. Such cooperation should be supported by integrated coordination across industrial, educational, and scientific policies, and by a public-private cooperation mechanism.

Fifth, addressing historical issues that may stall Korea-Japan cooperation requires the recognition of historical facts and emotional restoration of the victims toward reconciliation, alongside continuous efforts for sharing memories. To this end, both sides should steadily advance concrete and practical cooperation projects, such as transnational joint historical research and reciprocal training programs for history teachers. Historical reconciliation cannot be achieved overnight; it demands patience and careful attention. Korea and Japan must engage in repeated dialogue and exchange grounded in historical truth, while showing consideration for victims, respecting each other's dignity, and exercising a spirit of tolerance. Such efforts will constitute a core foundation for building a strategic partnership between the two countries.

Finally, it is essential to further expand people-to-people exchange and foster the next generation of talent that will lead future Korea-Japan cooperation. Institutionalized exchanges – including Korea-Japan Erasmus-style initiative, 30-40s professional exchanges, expanded intergenerational and family programs, and continued 'the Korea-Japan Fast Track Immigration Program'– can build a durable foundation for mutual understanding. Joint initiatives such as a Korea-Japan ARTE broadcast channel, local-to-local exchanges, and expansion of cross-generational exchange can deliver tangible public impact and serve to solidify the foundations for enduring future cooperation. In particular, cultivating talent among the younger generation will help build the shared consensus essential for Korea-Japan cooperation and ensure its long-term sustainability.

Policy Recommendations

Ⅰ. The Turbulent Global Order and the Korea-Japan Strategic Partnership

[Korea–Japan Strategic Partnership for Safeguarding the Liberal International Order]

◎ Shift from bilateral to multilateral frameworks in science and technology cooperation

◎ Shift the focus from past grievances and emotion to future–oriented and rational tasks: climate change and green growth, digital transformation & unemployment problem, building safe platforms for AI and quantum technologies, establishing rules for the virtual economic relations (virtual reality, metaverse, spatial computing), and demographic challenges

◎ Transition from a senior–generation–centered to a next–generation–centered platform in building the Korea–Japan strategic partnership

[Vision for Korea–Japan and Korea–U.S.–Japan Cooperation for Regional Security]

◎ Strengthen and institutionalize practical cooperation in both military and non–military security fields

◎ Establish Korea–U.S.–Japan or Korea–U.S.–Japan–Australia extended deterrence coordination mechanism

◎ Strengthen Korea's role as the host nation of the UN Command framework and grant Japan observer status

◎ Strengthen strategic coordination between IP4 countries and NATO allies

◎ Promote joint participation in AUKUS Pillar 2

◎ Expand comprehensive cooperation to support for the enhancement of U.S. conventional and nuclear capabilities

◎ Pursue a 21st–century–style détente policy to deter further China–Russia–North Korea security alignment

Ⅱ. Strategic Linkages Between Korea and Japan in Shaping the Indo-Pacific Regional Order

[Expanding the Korea–Japan Partnership for Leading Global Governance]

◎ Strengthen the Korea–Japan partnership to restore and innovate multilateral system

◎ Strengthen participation in Indo–Pacific minilateral frameworks and expand collaboration with diverse partner countries on supply chain stability, climate change, and green development cooperation

◎ Contribute to economic and social development, democratic capacity–building, and the maintenance and advancement of the liberal international order through joint cooperation projects with the Global South, including Central Asia, Latin America, and Africa

◎ Strengthen cooperation with ASEAN countries by promoting "Korea–Japan–ASEAN Digital Cooperation Initiative"

◎ Strengthen Korea–U.S.–Japan cooperation through multi–layered engagement among parliaments, civil society, and private actors

◎ Strengthen functional cooperation among Korea, Japan, and China, and link it with other minilateral frameworks on global agendas

[Korea–Japan Joint Initiative for Global Contribution: Development Cooperation (ODA) and Energy Transition]

◎ Cooperate to strengthen the capacity of Southeast Asian development aid agencies and promote joint linkage projects

◎ Develop collaborative programs with non–DAC countries

◎ Support public sector reform in countries affected by USAID program reductions

◎ Collaborate on expanding offshore wind power generation

◎ Support regional decarbonization initiatives across Asia

Ⅲ. New Cooperation for Shared Prosperity

[Vision and Strategy for Korea–Japan Economic Cooperation]

◎ Establish a joint long–term vision and expand people–to–people exchange

◎ Promote supply chain cooperation through participation in U.S.–led multilateral supply chain frameworks and bilateral cooperation on critical mineral resources

◎ Pursue the conclusion of a Korea–Japan FTA and Korea's accession to the CPTPP

◎ Establish a Korea–Japan startup cooperation platform

◎ Promote joint initiatives on energy transition and environment protection

◎ Promote Korea–Japan cooperation for agricultural regeneration and regional economic revitalization

[New Horizons in Korea–Japan Cooperation through Science and Technology]

◎ Establish joint Korea–Japan research institutes in strategic technologies (semiconductors, batteries, AI, quantum, biotechnology, space, etc.)

◎ Expand scholarship and research support programs jointly funded by governments and the private sector

◎ Broaden joint–degree and cooperative–major programs, and strengthen inter–university joint courses and degree linkages

◎ Enhance collaboration among Korea–Japan governmental and private research cooperation institutions

◎ Institutionalize policy dialogue and regularize issue–specific consultative bodies

◎ Promote cooperation in carbon neutrality, AI, next–generation semiconductors, future communications, and space technologies

[Policy Cooperation Between Korea and Japan in Addressing Low Fertility and Aging Societies]

◎ Share and review information on current marriage support policies for the younger generations

◎ Jointly examine and discuss policies on low fertility, aging, and population decline

◎ Explore complementary measures for labor market cooperation between Korea and Japan

◎ Promote policy consultations on easing metropolitan overconcentration and fostering population balance through regional hub development

Ⅳ. Cooperation for a Sound and Stable Korea-Japan Relationship

【Recommendations for Korea–Japan Historical Reconciliation】

◎ Conduct joint Korea–Japan historical research

◎ Support transnational joint studies and initiatives to share collective memory

◎ Implement reciprocal training programs for history teachers

◎ Express respect and recognition for Korea's independence movement

【Deepening Korea–Japan Human Resource Development and Exchanges】

◎ Continue implementing "The Korea–Japan Fast Track Immigration Program"

◎ Provide institutional support for university student exchanges– establish a Korea–Japan version of "Eramus Programme"

◎ Develop mechanisms linking education to employment – build a joint youth internship and employment database

◎ Designate a "Korea–Japan Youth Action Day" for addressing global challenges and jointly launch a Korea–Japan "ARTE" media platform

◎ Nurture Korea–Japan opinion leaders in their 30s–40s – develop a Korea–Japan version of "USJLP" leadership program

◎ Expand youth–centered exchanges into intergenerational exchanges

◎ Promote the establishment of trans–border economic zone connecting Korean and Japanese metropolitical and regional areas (e.g. Busan–Fukuoka Trans–Regional Economic Zone Concept)

Introduction

Toward a Korea-Japan Strategic Partnership Based on Trust and Sustainability

This year marks the 60th anniversary of the normalization of diplomatic relations between Korea and Japan. After 14 years of arduous negotiation, the two governments agreed to normalize ties and formally established diplomatic relations on June 22, 1965, twenty years after the end of World War II. Over the past six decades, the bilateral relationship has undergone several crises, but these were overcome quickly, allowing relations to advance steadily. During the Cold War, bilateral relations were primarily led by both governments, but following the Seoul Olympics and the end of the Cold War, people-to-people and cultural exchanges expanded, thereby deepening the scope of cooperation. From 2012 onward, the relationship entered a prolonged downturn lasting a decade. Fortunately, in March 2023, the resumption of shuttle diplomacy between the two leaders placed Korea–Japan relations back on a fast track to recovery. As Korea and Japan step into the next 60 years, the governments and peoples should bring together wisdom and effort to ensure that bilateral relations develop along a healthy and stable path.

Today's bilateral relations exist in a vastly different context than the past, shaped by changes in domestic circumstances, in the relationship itself, and in the surrounding international environment. Korea has risen from a developing country with a per capita income of USD 100 to a top–ten global economy, joining the ranks of advanced nations. Having achieved democratization, it has become a supporter of the liberal international order, opened the Eurasian continent through its Northern Policy, and enhanced its soft power through the spread of the Korean wave – *Hallyu*. Japan became the world's second–largest economy in 1968 and, by the mid–1970s, the only Asian founding member of the G7(Group of Seven Summit), playing a pivotal role in upholding the liberal international order. Since the 2000s, Japan has also contributed to peace and prosperity in the region, advancing its vision of a "Free and Open Indo–Pacific (FOIP)."

The bilateral relationship itself has changed significantly. Post–war generations with no direct experience of historical issues now dominate both societies. Consequently, changes are also emerging in perceptions of the relationship and in approaches toward it. The economic asymmetry at normalization – Japan's per capita being nine times higher – has narrowed considerably, enabling the two countries to stand as equal partners. People–to–people exchanges have expanded dramatically, from just 10,000 annual visitors to around 30,000 travelers per day. With approximately 370 daily flights, the two countries have effectively become a single–day travel zone. In cultural exchange, too, the strong popularity of each country's pop culture in the other has helped foster mutual understanding and favorable perceptions between their peoples. Unlike the early years when governments drove progress, today diverse civil–society networks also play a key role in deepening and broadening ties.

In the economic realm, trade, which exceeded USD 100 billion in 2011–2012, has declined to around USD 80 billion in recent years. Although each country's share in the other's trade may no longer be at past levels, Korea and Japan remain important trading partners for each other. Japan remains Korea's 4th largest export market, 3rd largest source of imports, and 4th largest trading partner. Korea is Japan's 3rd largest export market, 7th largest source of imports, and 5th largest trading partner. Japanese investment in Korea peaked at USD 4.4 billion in 2012 before falling to the USD 1 billion range but rebounded to USD 6.1 billion last year. Korean investment in Japan has remained steady at around USD 1 billion annually since 2018.

Given their respective international standing, the two countries now have both the capacity and the responsibility to contribute to international peace and global prosperity beyond the bilateral dimension, extending cooperation to regional and global levels. By expanding the scope and deepening the quality of their cooperation, they are well–positioned to build a sound and stable good–neighborly relations that meet today's demands.

Meanwhile the international environment surrounding the two countries has undergone significant changes. As one of the bulwarks against the communist bloc of Eurasia during the Cold War, Korea and Japan advanced their relationship through the fall of the Soviet Union and the emergence of the United States as the sole superpower in the post–Cold War, until about a decade ago. By the 2020s however China's expansionism, Russia's revisionism, and the rise of the Global South have brought about the return of geopolitics, plunging the international order into disorder and overlapping crises. Geopolitical fault lines now carry heightened risks of armed conflict – as seen in Russia's Ukraine invasion and the Middle East conflict triggered by Hamas's attack on Israel, which has expanded into a regional war involving Iranian proxies.

The liberal international order that underpinned postwar peace and prosperity is also under growing strain. The alignment of China, Russia, Iran, and North Korea – an emerging "axis of disruption"– poses direct challenges to global stability, while the increasingly assertive actions of certain Global South states are adding centrifugal pressures to the system. The centripetal force, once counterbalanced by the United States and its allies is weakening, as Washington has increasingly turned inward under the Trump administration, and as the relative economic competitiveness of Europe and Japan has declined. Globalization, which fueled prosperity after the Cold War through the free movement of capital, technology, and people, has lost much of its dynamism amid the resurgence of protectionism and the rise of state–led industrial policies, with global trade growth now lagging behind the overall economic growth.

In East Asia, North Korea is advancing its nuclear and missile capabilities toward a de facto nuclear–weapons–state status under an offensive nuclear posture, heightening regional nuclear threats. China, building on rapid economic growth, has dramatically expanded its military power, including nuclear forces – currently estimated at around 600 warheads and projected to reach approximately 1,500 by the mid–2030s, approaching parity with the United States and Russia. Tensions are also intensifying along the region's key strategic fault lines – the Taiwan Strait, the South China Sea, and the Korean Peninsula.

The socio–economic conditions underpinning the international order are changing as well. The COVID–19 pandemic infected around 700 million people, claimed 7 million lives, leaving deep socio–economic scars. Future pandemics – likely to emerge more frequently and with greater intensity as habitat destruction drives zoonotic viruses into human environments – have become a pressing global challenge. Climate change, intensified by greenhouse gas, has escalated to a stage of "global boiling," causing extreme weather events, desertification, and rising sea levels that inflict enormous damage worldwide. While the Paris Agreement seeks voluntary emission reductions, current pledges are insufficient to meet the target of limiting global temperature rise to 1.5°C by 2100. Energy transition from coal, oil, and gas to green energy also impacts global economy and geopolitics.

The Fourth Industrial Revolution led by AI is transforming national industrial landscapes and as demonstrated in Ukraine War, it is profoundly affecting military technology, becoming a focal point of U.S.–China strategic competition. Moreover, most of the world outside Africa and South Asia is facing a demographic cliff. Falling birth rates will be driving major structural changes in the international community over time.

Although democratization steadily spread in the post–Cold War alongside globalization and digital connectivity, it has been in retreat since the mid–2000s, flashing a warning light for the world's future. Populism, extremism, and xenophobia have weakened democratic capacity even in advanced democracies, while both legal and illegal forms of authoritarianism have gained strength in emerging and developing countries. This democratic recession casts a long–term shadow over the prospects for global peace and prosperity.

The new 60–year chapter for Korea–Japan relations thus begins in a highly uncertain, unstable, complex, and ambiguous strategic environment. Unlike the bipolar Cold War or the unipolar post–Cold War eras, the world is now moving toward multipolarity as U.S. primacy weakens. The liberal international order and the U.S.–led alliance system – both foundations of the peace and prosperity the two countries have pursued for 80 years since the end of the war are no longer as robust. At this critical historical juncture, Korea and Japan face the strategic tasks of forging a partnership that maximizes their shared values and interests. Since 2023, the relationship has emerged from a prolonged slump and entered a recovery trajectory, and now is the time to focus on consolidating this process in a stable and steady manner. While historical issues that have constrained progress have not disappeared, both sides should work together, through close communication and cooperation to overcome and build a brighter future.

Against this backdrop, Korea's NEAR Foundation and Korea Foundation, together with Japan's Nakasone Peace Institute, agreed to craft a joint future vision for the bilateral relations to coincide with the 60th anniversary of diplomatic normalization in 2025, and have been working on the report since 2024. A Korea–Japan Future Vision Group, comprising ten experts from each country, was formed, holding four rounds of meetings in Tokyo (March and December 2024) and Seoul (July 2024 and March 2025) to gather and exchange views. To listen and incorporate the perspectives of younger generations who will lead the future relationship, "Dialogues with the Korea–Japan Future Generation" were held at Korea University (March 2025) and Keio University (May 2025).

In developing the future vision, we adhered to the following guidelines: **First**, while efforts to address historical reconciliation are important, the focus was placed on giving recommendations for developing and consolidating a sound and stable good–neighborly relations in the present and future. **Second**, in view of the two countries' status in the international community, the report looked beyond mutual bilateral benefit to emphasize their responsibility for fostering peace and prosperity in East Asia and the Indo–Pacific. **Third**, the report identified potential in areas that have received relatively little attention over the past 60 years. With awareness of the roles of locals, the perspectives of women, the importance of civil society, and the views of younger generations who will lead the future, we endeavored to incorporate these considerations broadly. **Fourth**, with an emphasis on practicality, we aimed to include many concrete, actionable recommendations likely to be implemented as policy. **Fifth**, the two countries share many similarities but also exhibit significant differences. Therefore, the report sought to bridge differences in understanding and position to incorporate the broadest possible common ground. As the cooperation proposed in this report is realized and the relationship further develops, this shared ground will expand, strengthening the foundation for a sustainable good–neighborly relations.

It is hoped that this report will be widely read by both governments and the public in Korea and Japan, embraced as a future vision, and translated into tangible results through concrete cooperation. In doing so, the Korea–Japan strategic partnership will be further strengthened, thereby contributing to stability and development in the region and the world. Building on the trajectory of relationship development over the past 60 years, Korea and Japan aspire to jointly open the 21st–century "Qiong Yao World(瓊瑤世界)," where both countries mutually illuminate each other and shine brighter on their surrounding region.

September 18, 2025

Korea–Japan 2030 Vision Group, Korean Chair **SHIN, KakSoo**
Japan–Korea Vision Group, Japanese Chair **KITAOKA Shinichi**

I

The Turbulent Global Order and the Korea-Japan Strategic Partnership

Korea-Japan Strategic Partnership for Safeguarding the Liberal International Order

1. Assessment of the International Strategic Environment

(1) Responsibility to uphold the liberal international order

The liberal international order rests on three pillars. The first is an open global market based on free trade. Since 1945, the liberal international market has driven the remarkable economic growth of countries within this order. Beginning with the postwar recovery of Western Europe and Japan, the rapid industrialization of the four Asian Tigers – South Korea, Taiwan, Hong Kong, and Singapore– in the 1960s, followed by China's double-digit economic growth and the rise of ASEAN economies from the 1990s onward, all took place within this open international market. However, for the first time since the Industrial Revolution, the share of advanced industrial democracies such as the G7 in global GDP has fallen below 50 percent, giving rise to discussions about the rise of the Global South. This, too, is a byproduct of the postwar liberal trade system.

The second pillar is norms and values. The liberal international order is shaped by international law based on agreements among states within the system. The rule of law also governs the international system. Hence, we call it "rules–based international order." While the 20th century saw the birth and rise of organized international society and institutions, it was after 1945 that the international charter prohibiting the use of force in violation of international law was codified. Institutions such as the General Agreement on Tariffs and Trade (GATT, later replaced by the WTO) and the International Monetary Fund (IMF) laid the foundation for the liberal economic order.

The rule of law, from the Anglo–American legal perspective, is based on liberal values rooted in individual conscience and compassion. Universal values such as democracy, freedom, human rights, and equality fall into this framework. The idea that "all human beings are created equal and endowed with unalienable rights to life, liberty, and the pursuit of happiness, and that governments are instituted to secure these rights, deriving their just powers from the consent of the governed" is clearly expressed in the United States Declaration of Independence. Yet, these values are not exclusive to the West as they are also found in Asia's Buddhism, Confucianism, and indigenous religious thought. Mencius, the Chinese philosopher, even asserted over two thousand years ago that "human nature is inherently good, and it is permissible to overthrow a tyrant."

The third pillar is the balance of power – the strategic stability among great powers that undergirds the entire order. The postwar international system was built upon the power balance between the United States and the Soviet Union. The liberal international order is fundamentally a product of Pax Americana, an order established and sustained by the overwhelming power of the United States in cooperation with its Western allies. To this end, the United States has constructed alliance networks across the Atlantic and Pacific region. It has confronted the Soviet Union in a nuclear standoff and engaged in an ideological struggle between liberalism and communism, competing for influence in international politics. In particular, alliance networks including NATO, the U.S.–ROK alliance, the U.S.–Japan alliance, and the U.S.–Australia alliance have provided military stability to the global order. The advent of mutual assured destruction (MAD) between the United States and the Soviet contributed to a "Cold Peace," thereby stabilizing the global order.

Korea and Japan have reaped substantial benefits from this liberal international order and have risen to the ranks of responsible powers by the late 20th century. Through this order, people of both countries thrived with democracy, prosperity, the pursuit of happiness, and stability. For both countries, the continued stability and constructive development of the liberal international order is not only their national interests, but also a shared strategic interest.

The United States, long regarded as the linchpin of this order now accounts for less than 25 percent of global GDP. From across the Pacific, voices declaring "we are no longer the world's policeman" (President Obama) or calling for "America First" (President Trump) are increasingly heard. This makes it imperative for Korea and Japan – America's two major allies in the North Pacific – to be capable of buttressing the liberal order across the Indo–Pacific while supporting the United States on its flank. However, both Korea and Japan have already passed their respective peaks in national power. With only countries like Philippines, Thailand and Australia in the U.S. alliance network, the liberal order in Asia cannot be sustained. New partners are needed to jointly uphold and defend the liberal international order.

(2) Expansion of the liberal international order and emerging challenges

(a) The rise of the Global South and the expansion of order into the Indo-Pacific

Since the 1980s, industrialization across Asia has brought forth advanced industrial countries following Japan – South Korea, Taiwan, Hong Kong, and Singapore. ASEAN countries have joined this trajectory, with their economic growth accelerating and expected to eventually rival Japan's economy. Indonesia, which accounts for half of ASEAN's population, is especially noted for its immense growth potential. China, following its reforms and opening in the 1980s, joined the WTO and rapidly rose to become the world's second-largest economy, which is now four times larger than Japan's. India, with a population surpassing China's and a median age of 28, also holds massive growth potential. By the end of the 21st century, the combined GDP of these Asian nations is projected to account for 60 percent of the global economy, surpassing that of the United States and Europe. These countries represent key components of the Global South. Korea and Japan must make efforts to embrace these emerging Asian powers – excluding China, which has begun to diverge from the liberal international order – as responsible leaders. It is more appropriate for Korea and Japan – not the United States – to take the initiative.

To further sustain the flourishing of the 21st century of global economy and to stabilize the international order, it is essential to extend and consolidate the Atlantic-centered liberal order into the Indo-Pacific. If Korea and Japan fail in this endeavor, thereby stalling regional growth momentum, while power-based unilateral revisionism continues unabated, the consequences will be severe not only for the two countries but for the international community as a whole. Today's liberal order was achieved through the hard–earned legacy of previous generations, from 19th century's 'law of the jungle' to the outlawing of war, the end of colonialism, the abolition of racial discrimination, and the collapse of Soviet communism. If this order is shaken again, we risk reverting to the unstable international order of the pre–1945.

(b) Rise of China and the threat to the status–quo

The most significant challenger to the liberal international order in the 21st century is China. Although aligned with the West against the Soviet Union during the latter half of the Cold War, China moved quickly after the USSR's collapse in 1991 to normalize relations with Russia and settle border disputes, thereby eliminating northern threats. After the 2008 global financial crisis and the resulting stagnation of the Western economies, China grew increasingly confident and assertive. This growing power, coupled with rising nationalism, has fostered a Sinocentric, quasi–imperial worldview within its leadership and signaled a gradual departure from the liberal order – especially under Xi Jinping's leadership.

Key manifestations include:

① Pursuit of "Chinese–style multilateralism" aimed at embedding Chinese values and expanding its influence

② Promoting multipolarity in place of an integrated liberal international order

③ Implementation of a self–sufficient, China–centered industrial strategy (e.g., "Dual Circulation," "Made in China 2025")

④ State–driven, anti–capitalist behavior such as disrupting global supply chains during COVID–19 lockdowns

⑤ Overseas dumping via government–led overproduction and widespread intellectual property theft

⑥ Decoupling of digital platform and weaponization of supply chains under the guise of national security

⑦ Revisionist ambitions, including the pursuit of reunification with Taiwan, nuclear buildup, and expanded regional military projection

⑧ Establishment of alternative multilateral blocs, such as Belt and Road (BRI), BRICS, and the Shanghai Cooperation Organization (SCO)

These actions threaten the liberal international order and its key beneficiaries, including Korea and Japan.

(c) Europe's geopolitical crisis and the retreat of liberal democracy

Upholding the liberal order requires cooperation not only among Indo–Pacific democracies and the United States, but also with Europe, the birthplace of this order. However, Russia's invasion of Ukraine has shaken the bedrock of the order. Depending on how the war ends and what security guarantees are given afterward, Russia could attempt a second invasion. While the West supports Ukraine's right to self–determination, Russia insists it is reclaiming "Romanov land." Russia has even used nuclear threats during the war.

The incumbent Trump administration is currently pursuing rapprochement with Russia to end the conflict, but progress seems limited. Eager to pivot to Asia, the United States is pushing European allies to take more responsibility for their own defense. This shift has heightened Europe's sense of insecurity, prompting NATO to actively strengthen its defense capabilities, restructure its organization, and realign its roles – changes that will come with significant transition costs.

Meanwhile, Europe faces rising far–right populism, spurred by immigration and unemployment. It was an unavoidable consequence of the relocation of firms overseas, the hollowing–out of domestic industries, and the influx of foreign labor driven by low fertility rates and aging population. These trends can easily be fueled by protectionism and nationalism, undermining the very foundations of the liberal order.

(d) Second Presidency of Trump administration

The return of a Trump administration raises renewed concerns about the stability of the liberal international order. While the United States remains the world's foremost power, the rise of the Global South, particularly India and China, has relatively diminished its dominance. Stability, economic development through free trade, and values like freedom, democracy, and the rule of law – once underpinned by American leadership – are now increasingly fragile. This reflects the erosion of Pax Americana, the peace maintained under U.S. leadership as a form of international public good.

There are growing concerns that the decline of U.S. power may create a vacuum in global leadership. Among the five permanent members of the UN Security Council (P5: the United States, China, Russia, the United Kingdom, and France), which have been entrusted under the UN Charter with primary responsibility for the maintenance of international peace and security, the UK and France have seen their status diminished to that middle powers in the post–colonial era, while Russia, though militarily strong, has an economy the size of South Korea's and lost credibility by invading Ukraine. China ignores liberal principles enshrined in the UN Charter, suppresses minority groups, and seeks unilateral maritime expansion. Unless the UNSC is reformed by adding 4–year, re–electable semi–permanent members without veto power, it risks losing legitimacy and effectiveness.

The G7 is overly Eurocentric and will soon find it difficult to lead in an Indo–Pacific–dominated century. Expanding its membership to include countries like Korea, Australia, India, and Indonesia should therefore be seriously considered. The G20 and East Asia Summit, which include China and Russia, lack political cohesion. Hence, a new framework may be necessary – perhaps a maritime liberal coalition comprising Korea, Japan, select Southeast Asian nations, Australia, New Zealand, and Pacific allies.

The United States is no longer acting as the world's police. Trump's second term is clearly doubling down on "America First," as demonstrated by his insistence on more equitable burden–sharing among allies. This approach will likely continue, with Washington demanding greater contributions from NATO, the U.S.–ROK alliance, and the U.S.–Japan alliance. While the United States seeks to reorient its strategic focus toward Asia, it remains consistent in urging its allies in both Europe and Asia to assume greater responsibilities.

Concerns have also been mounting over Trump's skepticism toward climate change. The imposition of high tariffs to gain leverage in trade negotiations, protectionism, and an anti–immigration stance are also problematic. They not only harm the free trade system but also risk adverse consequences for the national economy. While his policies may shift over time, for now they present a serious challenge to the liberal order.

(e) Axis of disruption and revisionist nuclear bloc

Russia, North Korea, Iran, and China, the so–called "axis of disruption" poses a fundamental threat to the liberal order. These countries are led by outdated, revisionist "leaders" seeking to become geopolitical great powers. China, Russia, and North Korea already possess nuclear weapons, and Iran aspires to join them.

Like imperial powers of the past, they aim to expand territory or sphere of influence. Such behavior is unacceptable revisionism that seeks to unilaterally alter the status–quo by force. Their adventurism such as Russia's invasion of Ukraine and China's nuclear buildup is a direct and indirect threat not only to the liberal order, but also to South Korea and Japan. With North Korea, China, and Russia as neighbors, South Korea and Japan face a real possibility of being drawn into conflict.

If these states coordinate during peacetime and act jointly during crises, the threat to non–nuclear states like Korea and Japan would be severe. Alongside the United States, Korea and Japan must be able to manage escalation from using conventional (intermediate missiles) to nuclear forces and remain flexible and superior in response to any provocations. This includes the potential deployment of sea–based, air–launched, or ground–based U.S. missiles armed with tactical nuclear warheads. Without such readiness, both the credibility of U.S. extended deterrence and assurance among allies may erode.

(f) The development of information technology and Artificial Intelligence (AI)

The explosive growth of information technology has created a cyberspace that increasingly permeates the physical world. Massive amounts of data now circulate daily, with the majority of the 8 billion global population carrying smartphones. AI has virtually erased language barriers, politically awakening vast populations previously disengaged from politics. The scale is truly immense– it marks the dawn of a new era of democracy.

However, just as Hitler exploited the advent of radio, each major leap in media technology has the potential to empower radical populism. The only effective antidote lies in the political maturity of these newly awakened citizens, making youth education critically important.

In transparent liberal societies, authoritarian regimes can more easily manipulate public opinion through disinformation campaigns. Information warfare, fueling polarization and division within liberal societies and spreading hatred across class and racial lines – is increasingly prevalent and undermines democratic cohesion. As advanced IT powers, Korea and Japan share a global responsibility to lead in countering these emerging threats.

2. South Korea-Japan Strategic Partnership

(1) Shared Challenges

South Korea and Japan, standing on the common policy platform of defending the liberal international order, face shared challenges including securing and managing global supply chain stability, countering North Korea's nuclear threat and the expanding influence of China and Russia, and adjusting their alliances under the Trump administration. Additionally, both countries must confront global challenges such as climate change, as well as development and regulation of AI.

More specifically, the two nations must address:

① The partial fragmentation of the global economy into competing blocs, as the Chinese and U.S. markets decouple in the name of economic security

② Growing U.S. demands for greater defense burden–sharing and an enhanced allied military posture

③ Strengthening the credibility of U.S. extended deterrence and reassurance mechanisms

④ Integrating emerging industrial powers like India, Brazil, and Southeast Asian countries into the liberal international order

⑤ Deterring potential conflict in the Taiwan Strait and preventing further advancement of North Korea's nuclear capabilities

⑥ Countering China's economic coercion and the weaponization of supply chains

⑦ Responding to increasing cyber threats, propaganda, and cognitive warfare originating from China, Russia, and North Korea

⑧ Addressing the decline in military manpower and domestic labor forces resulting from population aging and low fertility

⑨ Managing rising welfare burdens associated with demographic aging and declining birth rates

⑩ Competing effectively with United States and China in frontier technologies such as AI and green energy

⑪ Taking the lead in setting global standards in science, technology, and governance

(2) Prospects and recommendations for cooperation

(a) Prioritize multilateral over bilateral cooperation in science and technology

Bilateral cooperation between South Korea and Japan remains constrained by unresolved historical issues. Enhancing direct military cooperation is particularly difficult given the public sentiment in Korea. Therefore, multilateral platforms, both existing and newly established, that emphasize science and cultural collaboration may offer a viable pathway.

In addition to established multilateral frameworks such as the UN, WTO, APEC, G7, and G20, Korea and Japan could engage in minilateral frameworks like QUAD or AUKUS. A new Trans–Pacific QUAD (TPQ) – for example, a ROK–U.S.–Japan initiative, potentially including Canada – on AI or quantum technology could be envisioned. Similarly, multilateral cultural and scientific platforms, such as an annual EXPO focused on soft power and future agendas–setting, co–hosted by countries like Korea, the United States, Japan, the United Kingdom, and France (tentatively called the C5 – Creative 5) could be pursued. Moreover, expanding the G7 to include Korea, Australia, India, and Indonesia, forming a G10 or G11 would provide another opportunity for Korea–Japan collaboration.

(b) Shifting from historical resentment to rational future

Korea–Japan relations have long been constrained by unresolved historical grievances, nationalism, pride, and distinct worldview on both sides. Yet it is clear that both nations have prevented their conflicts from escalating into armed confrontation or diplomatic rupture by engaging in the future–oriented liberal international order centered on markets, rationality, and science. In this sense, Korea and Japan together have successfully overcome historical and geopolitical tensions through such engagement. Therefore, bilateral cooperation should now focus on issues such as climate change and green growth, digital transformation and employment, the establishment of secure platforms for AI and quantum technologies, the creation of regulatory frameworks for virtual economies (e.g., Virtual Reality, Metaverse, Spatial Computing), and demographic challenges.

(c) From the older generation to the next: Building a strategic partnership

Different generations in Korea and Japan have lived through vastly different historical experiences, leaving deep generational imprints. Cooperation between the older generations of both countries often proves difficult, as entrenched resentment hinders future-oriented engagement. By contrast, the younger generations are more likely to share universal human values, are less burdened by historical or ethnic prejudice, and adapt more quickly to emerging technologies, making them more open to cooperation. Current Korea–Japan cooperation platforms tend to remain dominated by the older generation, relying on traditional frameworks and often contentious agendas. It is now necessary to shift toward more creative, dynamic, and future-oriented platforms. Deepening the ROK–U.S.–Japan trilateral partnership, which has been reinvigorated under the Biden administration, will likely depend on the leadership of this emerging generation.

Vision for Korea-Japan and Korea-U.S.-Japan Cooperation for Regional Security

1. Problem Statement

The normalization of diplomatic relations between South Korea and Japan in 1965 was of strategic significance, marking a step toward strengthening a joint security posture between the two countries, which at the time each had separate alliances with the United States during the Cold War. The August 1968 joint statement by Korean and Japanese cabinet officials, and the November 1969 joint communiqué from the Sato-Nixon summit, both confirmed that the national security of Korea was integral to the security of Japan, underscoring the importance and the mutual interdependence of the two nations' security environments.

Since then, despite differing domestic circumstances and shifting international dynamics, the two countries have gradually institutionalized bilateral security cooperation. During the 1970 and 80s amidst the Cold War, senior-level exchanges between military officials began. Since 1990s and onward, following the 1998 Kim Dae-jung-Obuchi Joint Declaration, both countries pledged to enhance security dialogue and defense cooperation. This laid the foundation for trilateral cooperation with the United States – their mutual ally – particularly in intelligence-sharing on North Korea's nuclear and missile developments. Trust–building has also been pursued through joint training exercises and personnel exchanges between the ROK military and Japan's Self–Defense Forces.

Since the 2000s, Korea and Japan have come to be recognized as key actors assuming greater responsibilities not only in diplomacy and economics but also within the broader international security order. New challenges that have emerged – such as the intensifying global power competition, Russia's invasion of Ukraine, China's mounting military pressure on Taiwan, and North Korea's advancing nuclear capabilities and their increasingly offensive posture – shared threats requiring coordinated responses. As the two countries mark the 60th anniversary of normalized diplomatic relations, it has become a strategic imperative for South Korea and Japan to further deepen and institutionalize bilateral security cooperation in response to these evolving challenges.

2. Instability of the Korean Peninsula and the Global Security Order

Since the 1990s, the international order has shifted toward dialogue and cooperation, as the former Cold War adversaries, the United States and Russia, established a series of treaties and institutions. Entering the post–Cold War, the United States and Russia engaged in mutual nuclear arms control through agreements such as the START, the Moscow Treaty, and the New START signed in 2010. In 1992, the two countries also signed the Open Sky treaty, agreeing to mutual aerial surveillance as a verification mechanism for arms control. In 1998, Russia was admitted to the G7 by transforming into G8. Moreover, the United States encouraged China, then undergoing economic reform under Deng Xiaoping, to join the WTO in an effort to integrate it as a "responsible stake holder."

In the midst of such cooperation between major powers in the post–Cold War, the two Koreas also signed the Inter–Korean Basic Agreement in 1991, recognizing their relationship as a special interim relationship aimed at peaceful unification. In 1992, through the Joint Declaration on the Denuclearization of the Korean Peninsula, both sides pledged not to test, manufacture, produce, receive, possess, store, deploy, or use nuclear weapons. However, since 2010s the cooperative dynamics of the post–Cold War order have gradually eroded, giving way to a resurgence of great–power rivalry reminiscent of the Cold War era. This shift was mirrored in inter–Korean relations, as North Korea's accelerating nuclear and missile development reignited military tensions on the peninsula.

(1) The return of Great Power Competition

Since 2010s, strategic and hegemonic rivalry between the United States and China has intensified. China surpassed Japan to become the world's second–largest economy and has posed challenges to the United States across military, economic, and technological domains. This assertiveness has become even more pronounced since Xi Jinping administration took office in 2012. In the South China Sea and the Taiwan Strait, China has intensified its territorial claims—such as the nine–dash line—provoking repeated disputes with countries like the Philippines and Vietnam. In response, the United States announced its Indo–Pacific Strategy, formed the QUAD with Japan, Australia, and India, and regularly conducts Freedom of Navigation Operations to check China's military expansion. The United States has also entered into the AUKUS agreement with the U.K. and Australia, providing nuclear-powered submarine technology to Australia.

Russia has posed further challenges to the international order and legal norms through its annexation of Crimea in 2014 and its full-scale invasion of Ukraine in February 2022. As the United States has provided both direct and indirect support to Ukraine's war efforts, its relationship with Russia has entered a new phase of confrontation. In this context, Russia was expelled from the G8, Moscow declared its withdrawal from the Comprehensive Nuclear-Test-Ban Treaty (CTBT), and the New START agreement between the United States and Russia is now set to expire in 2026 without renewal.

Since the start of the incumbent Trump administration's second term, the United States has further exacerbated global instability by asserting greater U.S. influence over Canada, Greenland and the Panama Canal, and signaling an end to indirect military support for Ukraine. As a result, the current international security order is evolving into a landscape of intensified strategic competition among great powers, each pursuing unilateral national interests. This deepening confrontations among nuclear-armed states is expected to persist, with negative repercussions for the security of other regions.

(2) The Emergence of a New Cold War on the Korean Peninsula

Amid intensifying great power rivalries, North Korea's continued provocations have further heightened regional instability. Since its first nuclear test in 2006, North Korea carried out six nuclear tests by 2017 and declared it has completed its nuclear program. Following the collapse of the Hanoi summit with the United States in 2019, Pyongyang announced a nuclear doctrine that expands the scope of preemptive nuclear use into five categories. Amid Russia's ongoing war in Ukraine, Moscow has reportedly received artillery shells and missiles from North Korea, further deepening their military cooperation. On June 19, 2024, Putin visited Pyongyang and signed a "Comprehensive Strategic Partnership Treaty" that redefined their bilateral relation as a de facto military alliance. Under this treaty, both sides pledged to provide immediate military or non-military assistance by all available means in the event either is subjected to an armed attack. Following the signing of the treaty, starting in October 2024, an estimated 12,000 North Korean troops were deployed to the Russian front, participating in combat operations along the Kursk line. The unprecedented dispatch of North Korean troops to the Ukraine battlefield has emerged as a major turning point, compelling South Korea and Japan—both regular participants in NATO summits and defense ministers' meetings since the 2020s—to expand their cooperation in support of a stable global security order.

3. South Korea's Security Assets: Korea-Japan Cooperation, the U.S.-Japan alliance, and UN Command-Rear in Japan

The growing instability of the international security order, North Korea's nuclear advancement and its aggressive foreign policy including troop deployment to the Ukraine pose common threats to the security of both South Korea and Japan. In response, South Korea has strengthened its own deterrent capabilities by strengthening three-axis defense system, while reinforcing extended deterrence with the United States through the establishment of the

Nuclear Consultative Group (NCG). Additionally, Seoul announced its own Indo–Pacific Strategy in 2022, signaling its intention to take on a greater role in stabilizing the international security order.

Meanwhile, Japan in its revised National Security Strategy released in December 2022, cited China, North Korea and Russia as potential threats and declared its intent to strengthen its defense capabilities, the U.S.–Japan alliance, and security cooperation with like–minded countries, including the QUAD members and South Korea. Consequently, Japan is increasing its defense budget and acquiring counterstrike capabilities of the Self–Defense Forces. Since the Korean War in 1953, Japan has hosted seven UN Command–rear. Through the 2015 Guidelines for U.S.–Japan Defense Cooperation, the alliance enabled the limited exercise of collective self–defense and joint operations in situations of significant influence or existential threats.

For South Korea, it is important to recognize Japan's evolving security policy, strengthening U.S.–Japan alliance, and continued presence of the seven UNC–rear as valuable security assets for its defense. It is also imperative to utilize such assets through sustained trilateral security cooperation.

Furthermore, based on their globally significant economic power, advanced security capabilities, and international statures, South Korea and Japan must collaborate not only to deter North Korea's military threats, but also to easing great power rivalry exacerbated by the protracted Russia–Ukraine war, China's coercive diplomacy, and the projected isolationism of the Trump administration. Joint efforts are needed to develop and implement security politics that can help mitigate great power rivalries and uphold the stability of the global security order.

4. Policy Recommendations for Korea-Japan or Korea-U.S.-Japan Security Cooperation

Korea–Japan or Korea–U.S.–Japan security cooperation can pursue two major objectives.

First, strengthening join deterrence posture against military aggressions like North Korea's nuclear threat. South Korea and Japan already operate under the General Security of Military Information Agreement (GSOMIA), and information–sharing are in place under the ROK–U.S.–Japan partnership to monitor North Korea's nuclear, missile, and military activities. Trilateral and bilateral maritime, aerial, and multi–domain exercises have also been conducted regularly. Building on these efforts, additional cooperative initiatives are necessary:

(1) Establishing a Korea-U.S.-Japan or Korea-U.S.-Japan-Australia extended deterrence coordination mechanism

Until now, South Korea and Japan, have relied separately on U.S. extended deterrence. Moving forward, a trilateral or quadrilateral framework that includes Australia should be established to enhance information–sharing on North Korea's nuclear threat and promote deeper mutual cooperation for maintaining the global nuclear order, thereby reinforcing the credibility of U.S. extended deterrence.

(2) Institutional integration of South Korea and Japan into the United Nations Command (UNC)

The UNC is responsible for maintaining the armistice on the Korean

Peninsula and providing forces to the ROK–U.S. Combined Forces Command in the event of hostilities. Japan hosts seven UNC rear but currently does not participate in UNC policy consultations. It is imperative to grant Japan observer status within the UNC and strengthen the armistice framework by assigning senior ROK military officers a staff role within the UNC, given Korea's status as the host nation.

Second, expanding bilateral and trilateral cooperation for the stability of the Indo–Pacific regional order and the broader global security order through the following tasks:

(1) Strengthening strategic coordination between IP4 countries (South Korea, Japan, Australia, New Zealand) and NATO allies

Russia's invasion of Ukraine is a grave violation of international norms and order. North Korea's signing of a Comprehensive Strategic Partnership Treaty with Russia and its deployment of over 10,000 troops to the Ukrainian front pose a grave threat to the strategic environment surrounding the Korean Peninsula with Pyongyang's enhanced military capabilities. In response, South Korea and Japan, along with Australia and New Zealand – which have participated regularly in NATO summits and defense ministerial meetings since 2022 – should take the initiative in forming a consultation mechanism between the IP4 and NATO countries. This platform should facilitate intelligence–sharing regarding Russia's invasion and North Korea's military involvement and explore joint response options. It may also serve to provide enhanced security assistance from NATO in countering China's coercive diplomacy in the Indo–Pacific region.

(2) Joint participation in AUKUS Pillar II

In 2021, the United States, the United Kingdom, and Australia launched AUKUS to provide nuclear–powered submarines to Australia and a separate framework, AUKUS Pillar II for cooperation in advanced technologies. With their world–class capabilities in semiconductors, robotics, quantum computing, and AI, South Korea and Japan should jointly participate in AUKUS Pillar II, contributing to collective security of democratic countries. In this context, Korea, having declared its Indo–Pacific Strategy in 2022, should also be considered as a viable candidate for participation in the QUAD.

(3) Expanding comprehensive support for U.S. conventional and nuclear capabilities in response to the military buildup by China, Russia, and North Korea

Together with North Korea's nuclear advancement, Russia's withdrawal from the New START is expected to bolster its nuclear forces, and China's nuclear posture is also expanding, with its arsenal projected to reach 1,500 warheads by 2035. Given the possibility of enhanced nuclear coordination between North Korea and Russia under their new strategic partnership, South Korea and Japan should consider supporting the United States in rebuilding and modernizing its conventional and nuclear deterrent posture by leveraging their globally competitive manufacturing industries. This may extend to discussions on NATO–style nuclear sharing arrangements or joint tactical nuclear deployments.

(4) Pursuing a 21st-century-style détente to deter further China–Russia–North Korea alignment

Although China continues aggressive military posture over Taiwan and the South China Sea, it has maintained a cautious stance toward strengthening alignment with Russia and North Korea. South Korea and Japan can continue China–Japan–Korea trilateral cooperation framework held since 2008 to encourage China to decouple from the Russia–North Korea axis. Furthermore, through international organizations like the UN and the WTO, they must coordinate efforts to press China to play a more constructive role in stabilizing international security and economic order. Such joint diplomatic efforts could be pursued more effectively in tandem with close consultations with NATO member states.

II

Strategic Linkages Between Korea and Japan in Shaping the Indo-Pacific Regional Order

Expanding Korea-Japan Partnership for Leading Global Governance

As of 2025, the international order faces a complex and compounding set of crises: protracted wars in Ukraine and parts of the Middle East and Africa; intensifying U.S.–China strategic rivalry, the growing assertiveness of authoritarian powers, and the struggles of global public goods provision. Transnational issues such as pandemics, climate change, food insecurity, water and energy shortages, and large-scale displacement remain largely unaddressed. Meanwhile, rapid advances in AI and digital technologies pose unprecedented governance challenges that outpace existing institutional framework. Rather than coordinating joint responses, the international community is fracturing under the renewed dynamics of great power politics. In the Indo-Pacific in particular, middle powers that once took the lead in multilateral cooperation now struggle to assert autonomy and influence in the face of escalating U.S.–China competition.

The incumbent Trump administration, marked by a renewed "America First" policy, has undermined the fragile recovery of multilateral cooperation that was gradually reestablished until the last year. Transactional, rather than value driven, diplomacy is back with its manifestation of pressing the allies and diminishing credibility of multilateral institutions. Soon after the inauguration, President Trump once again withdrew from the Paris

Agreement on climate change and the World Health Organization. The imposition of reciprocal tariffs and the resurgence of protectionism have severely disrupted the liberal trade order. The closure of the U.S. Agency for International Development (USAID) – a key institution supporting development and democratic governance in the Global South, has ironically expanded the strategic space for authoritarian actors such as China and Russia.

Against this backdrop, South Korea and Japan – as leading liberal democracies in Asia, find themselves navigating a shared diplomatic, economic, and security landscape. Both are key U.S. allies and have strengthened trilateral cooperation with the United States in pursuit of peace and prosperity in the Indo–Pacific and beyond. However, in this new era of heightened uncertainty, marked by great power rivalry, weakened multilateralism, and rising authoritarian assertiveness, Korea and Japan should go beyond reactive or ad hoc responses. They should work toward more structured, institutionalized, and forward–looking forms of cooperation. To this end, joint initiatives under multilateral frameworks should not be confined to the Indo–Pacific but extended to other critical regions – including the European Union (EU), Central Asia, and other regions of the Global South, with the dual objective of defending a rules–based order rooted in international law and democratic norms and contributing meaningfully to the provision of global public goods.

1. Strengthening South Korea–Japan Relations Through Multilateral Cooperation

South Korea and Japan have developed their approaches to multilateralism through different historical trajectories. Korea's engagement began with a bilateral diplomacy centered on the ROK–U.S. alliance during the Cold War and gradually expanded in scope as its economic capacity and international status elevated. Japan, on the other hand, built the foundation for multilateral diplomacy earlier, leveraging its postwar pacifist identity and economic strength, and has steadily expanded its international role under the U.S.–Japan alliance. Although the two countries have followed different diplomatic paths, both now play leading roles in various multilateral fora – such as the United Nations, G20, OECD, and a range of Indo–Pacific frameworks. Notably, Korea and Japan also exhibit a consistently high level of policy alignment and voting convergence across key international decision–making bodies.

In response to today's fragmented and weakened multilateral system, Korea and Japan should strengthen their bilateral partnership as a basis to jointly restore, reform, and revitalize global governance. In the case of weakening UN Security Council, both countries should actively engage in reform discussion aiming at enhancing representation and regional balance. At the UN General Assembly, they should pursue joint initiatives to defend global norms and enhance policy coordination on cross–cutting issues. The two countries should also contribute to solving global challenges through active participation in UN–affiliated programs in development, climate, human rights, and public health.

Furthermore, in G20, WTO, WHO, and OECD, Korea and Japan should uphold core values like democracy, rule of law, and market economy through close strategic partnership. In particular, Korea aims to realize full membership in the G7 and actively play a role within the advanced economies club. Should the G7 expand in the future, Japan's support for Korea's membership would be desirable as a way to strengthen Asia's collective voice within the group.

Korea–Japan cooperation has also made substantive progress in the Indo–Pacific in recent years. Both countries share a growing recognition of the strategic importance of supply chain resilience and economic security. Their respective industrial strengths are highly complementary – Japan leads in advanced materials, parts, and equipment, while Korea holds global competitiveness in semiconductors, batteries, and AI technologies. On issues such as Korea's potential accession to the Comprehensive and Progressive Agreement for Trans–Pacific Partnership (CPTPP), there is growing room for tangible coordination and joint strategic planning beyond technical evaluations. This includes joint planning in areas such as technology standards, regional supply chain restructuring, and the governance of strategic goods.

ASEAN is a vital region for both Korea and Japan. Korea's approach has evolved from the Moon Jae–in administration's "New Southern Policy," which emphasized economic and diplomatic diversification with a neutral stance on security issues, to the Yoon Suk–yeol administration's "Korea–ASEAN Solidarity Initiative (KASI)," which aligns more directly with its Indo–Pacific strategy by strengthening political and security cooperation. Japan, for its part, has long pursued multidimensional connectivity with ASEAN through its "Free and Open Indo–Pacific" (FOIP) vision. Although these differing strategic perspectives may occasionally complicate policy coordination, both countries nonetheless share a common interest in advancing effective, issue–specific multilateralism beyond the confines of ASEAN centrality. They should therefore pursue proactive, coordinated diplomacy in their respective ASEAN engagement policies.

Korea–Japan cooperation needs to expand its strategic horizon to Central Asia, a region of growing strategic value. Central Asia, a key area linking Europe and Asia, includes the five former Soviet republics and Afghanistan. This region has shown a preference for trusted third-party partners like Korea and Japan rather than neighboring major powers such as Russia and China. Korea and Japan can make substantive contributions by leveraging their complementary strengths in ODA, education, health, and institutional capacity building. To contribute to Central Asia's development and stability, Korea and Japan should play a balancing role to prevent the region from falling under the influence of any single country, while promoting connectivity between Eurasia and the Indo-Pacific region.

2. South Korea-Japan Cooperation for Strengthening and Sustaining ROK-U.S.-Japan Trilateral Partnership

Korea-Japan relations have improved under the Yoon Suk-yeol and the Fumio Kishida administrations, restoring what has long been the weakest link in the ROK-U.S.-Japan trilateral partnership. In December 2022, the Korean government released its Indo-Pacific Strategy, outlining nine key tasks under three core principles – inclusiveness, reciprocity, and trust – including the establishment of a rules-based order in the Indo-Pacific region. The report emphasizes the importance of improving Korea-Japan relations as a prerequisite for advancing the trilateral cooperation. There is now a shared recognition that a strengthened Korea-Japan relationship, in tandem with the solid ROK-U.S. alliance, is not only inherently valuable but also strategically indispensable for ensuring peace and prosperity across the broader Indo-Pacific.

The "Spirit of Camp David," a joint statement released in 2023 following the trilateral summit, presented a vision and roadmap for deepening Korea–U.S.–Japan cooperation. The declaration writes that "we commit to expand our cooperation trilaterally and raise our shared ambition to a new horizon, across domains and across the Indo–Pacific and beyond." It envisions strengthening strategic coordination between the ROK–U.S. and Japan–U.S. alliances to ensure economic resilience, regional and global security, and the promotion of democracy and human rights. To that end, the declaration proposes the trilateralization of communication mechanisms at both leaders' and ministerial levels, the institutionalization of annual trilateral military exercises to bolster extended deterrence commitments, and expanded cooperation in economic security, technology, and supply chain resilience.

As leadership transitions and political shifts in all three countries – the United States, South Korea, and Japan – introduce new uncertainties. To encourage Trump administration to prioritize trilateral cooperation, efforts must transcend reactive burden–sharing debates and instead underscore how this partnership sustains the U.S.–led rules–based order – and by extension, U.S. strategic primacy – in the Indo–Pacific. At the same time, both Korea and Japan should act to prevent intensifying U.S.–China competition from escalating into direct military confrontation. While continuing to prioritize alliance cooperation with the United States, Korea and Japan should also pursue channels for pragmatic engagement with China to build mutual trust and sustain regional stability.

3. South Korea–Japan Cooperation for Advancing Engagement with China

Amid intensifying rivalry between the United States and China, Korea and Japan have focused considerable diplomatic energy on strengthening trilateral cooperation with the United States. This has inadvertently diminished momentum for China–Japan–Korea (CJK) trilateral engagement. However, the three countries have a track record of meaningful cooperation for East Asian regionalism, particularly during the late 1990s and early 2000s. Recently, CJK cooperation has entered a phase of recalibration. In 2023, practical collaboration resumed in public health and cultural content, and in May 2024, the 9th Trilateral Summit was held in Seoul. The joint statement signed at the summit agreed to regularize summit, foreign ministerial, and high-level meetings and reaffirmed commitments made in the 8th summit, including "Trilateral Cooperation Vision for the Next Decade." It emphasized mutual efforts to generate tangible benefit for citizens across all three countries through collaboration in six key areas: people-to-people exchanges (especially among youth and future generations), sustainable development through climate action, economy and trade (including a potential trilateral FTA based on the RCEP), financial cooperation, intellectual property collaboration, public health and aging society, science and digital transformation, and disaster relief and safety.

A noteworthy development in the realm of Indo-Pacific minilateral cooperation is the affirmation of a principle to promote "CJK + X" cooperation, thereby extending the functional benefits of trilateral collaboration to additional regional partners.[1] China has continued to support ASEAN centrality and,

1 Joint Declaration of the Ninth ROK-Japan-China Trilateral Summit,

alongside Korea and Japan, has actively engaged in multilateral platforms such as ASEAN+3 (APT), the East Asia Summit (EAS), and the ASEAN Regional Forum (ARF). These mechanisms provide an institutional foundation for expanding CJK cooperation with broader Indo–Pacific minilateral arrangements.

In the context of rising U.S.–China competition, Korea and Japan should avoid neglecting channels of constructive engagement with China. As a key stakeholder in the peace and prosperity of the Korean Peninsula, Northeast Asia, and the wider Indo–Pacific region, China remains an indispensable actor whose participation is critical to regional stability and global problem–solving. Seoul and Tokyo should therefore deepen functional cooperation with Beijing in areas such as economic engagement, people–to–people exchange, cultural diplomacy, public health, disaster risk management, and climate governance. In more sensitive domains – notably military and economic security – Korea and Japan must seek a balanced and proactive coordinating role aimed at mitigating tensions and averting destabilizing escalation. At the same time, both countries should consistently and jointly urge China to refrain from coercive diplomacy toward its neighbors and from any unilateral attempts to alter the status quo, particularly across the Taiwan Strait. By positioning themselves as credible diplomatic intermediaries between Washington and Beijing, Seoul and Tokyo can also forge issue–specific coalitions with other Indo–Pacific middle powers – such as India, Australia, New Zealand, and Indonesia – thereby enhancing their collective diplomatic leverage and reinforcing the resilience of regional multilateralism.

---

https://tcs-asia.org/ko/data/documents.php

4. Policy Recommendations

The rapid advancement of new technologies, alongside global challenges such as pandemics, climate change, shortages of water and energy, food crises, and refugee issues, has increasingly intensified on a planetary scale. Moreover, the spread of internal conflicts and interstate wars has elevated global instability. This era of turmoil demands swift and effective responses from the international community; however, the resurgence of great power–centric diplomacy is progressively weakening multilateral cooperative frameworks. In this context, advanced democracies like South Korea and Japan must lead in providing global public goods for regional and worldwide peace and prosperity, going beyond their individual national interests. They must act together to ensure that freedom, human rights, and the rule of law are firmly upheld in the international order. To this end, the following proposals are put forward:

(1) Strengthen Korea–Japan Coordination to Restore Multilateral Institutions

At the global level, Korea and Japan must strengthen their partnership to restore and revitalize the multilateral system. Both countries should cooperate to enable the United Nations and related international organizations to once again play a central role in global governance.

(2) Lead Minilateral Cooperation in the Indo–Pacific

In the Indo–Pacific region, Korea and Japan should actively participate in emerging small–scale multilateral frameworks – such as the Quad Plus and the

Indo–Pacific Economic Framework (IPEF) – that are still in the early stages of institutionalization, while expanding cooperation with other participating countries. Priority areas for these small–scale multilateral efforts may include economic security issues like supply chain resilience, climate change response, and eco–friendly development cooperation.

(3) Expand Joint Development Cooperation with the Global South

Korea and Japan should promote diverse, joint cooperation projects across the Global South – including in Central Asia, Latin America, and Africa – aimed at supporting both economic and social development as well as democratic capacity–building. Through these efforts, they can jointly contribute to preserving and advancing the liberal international order.

(4) Institutionalize Trilateral Engagement with ASEAN and Central Asia

Regarding ASEAN, Korea–Japan–ASEAN trilateral cooperation should be expanded across multiple sectors. To support ASEAN's key focus on digital transformation, the "Korea–Japan–ASEAN Digital Cooperation Initiative" should be launched to strengthen collaboration in AI ethics, cybersecurity, data protection and sharing, and digital trade. Additionally, Korea and Japan should develop a coordinated engagement strategy for Central Asia to foster sustainable development and stability.

(5) Safeguard and Expand Trilateralism with the United States

The Korea–U.S.–Japan trilateral partnership remains vital to national security of both Korea and Japan, as well as to stability in Northeast Asia. Seoul and Tokyo must jointly devise strategies and coordinated responses with the current Trump administration to ensure the continuous strengthening of trilateral cooperation. They should also support Washington's role as the primary defender of the liberal international order across the Indo–Pacific. To sustain a robust and enduring trilateral partnership, cooperation must extend beyond government channels to include regular collaboration among the parliaments, think tanks, and civil societies of the three countries.

(6) Strengthen Minilateral Cooperation in the Indo–Pacific through CJK cooperation

Korea and Japan should make creative efforts to strengthen minilateral collaboration through trilateral cooperation with China (CJK). While advancing functional cooperation with Beijing in areas such as disaster relief, environmental protection, health, and people–to–people exchanges, they should also explore linkages with other minilateral frameworks – particularly those among Korea, Japan, and the United States – to address global challenges like climate change, environmental protection, and global health.

Korea-Japan Joint Initiative for Global Contribution: Development Cooperation (ODA) and Energy Transition

The foundations of the international order and global governance are increasingly at risk of being undermined. In this context, the roles of South Korea and Japan are crucial to ensuring that international solidarity does not weaken. The two countries should particularly explore cooperation opportunities in practical and results-oriented areas such as international aid and climate change response, and through this, review joint contribution plans.

1. Official Development Assistance (ODA)

(1) ODA Today: The Shock of United States Policy Reversal

International development assistance has functioned as a global safety net to address challenges that individual states cannot resolve on their own. It has also served as an instrument for maintaining international peace and security, alleviating poverty, and symbolizing solidarity among nations. Over the past 70 years, this system has gradually taken shape and evolved.

However, this foundation is now being undermined by the dramatic policy reversal in U.S. policy under President Trump's second term: the United States has withdrawn from multiple international institutions and agreements – including the World Health Organization (WHO) and the Paris Climate Accord – and announced a freeze on all new foreign aid disbursements. Most notably, the U.S. Agency for International Development (USAID), the State Department's lead foreign aid agency, has faced de facto downsizing and a closure crisis, leading to its merger with the State Department effective July 1. The United States is the world's largest donor country, with total aid amounting to approximately $63.3 billion (about 10 trillion yen) as of 2024. Of this, USAID's budget is about $40 billion, primarily focused on health and humanitarian assistance. In some countries, the reliance on USAID support is so high that basic public services would not be sustainable without it.

Moreover, while the U.S. government has provided substantial aid to Ukraine during the Russia–Ukraine war, the sustainability of this assistance remains uncertain. As the United States reduces its military role in Europe, European countries are compelled to prioritize increasing their own defense budgets and supporting Ukraine. Consequently, international aid to impoverished countries in Asia and Africa faces even greater challenges.

(2) Changes in Relations between Developed and Developing Countries

In recent years, cracks in the relationship between developed and developing countries have deepened. For instance, during the COVID–19 pandemic, some developing countries promptly and transparently disclosed infection spread, whereas developed countries prioritized implementing travel restrictions. Additionally, structural risks of dependence became evident as developing countries with lower payment capacity were deprioritized in vaccine allocation.

The war in Ukraine has caused sharp price increases in flour, fertilizer, and fuel, severely impacting African countries that primarily import these goods from Russia and Ukraine, leading to significant inflationary pressures. While Western countries–imposed sanctions on Russia, many emerging and developing countries condemned Russia's invasion of Ukraine but refrained from joining the sanctions, maintaining an independent diplomatic stance. Furthermore, the tragedy in the Gaza Strip has triggered anti–American sentiments and backlash, particularly among developing and Islamic countries.

Developing countries, especially emerging economies, have begun to assert their presence as the "Global South," drawing a clear line from Western countries through their actions and rhetoric. In terms of international aid, countries such as China, Turkey, Middle Eastern nations, and Southeast Asian states are emerging as new donors, establishing their own aid agencies. This shift in the international political landscape signals fundamental changes to the international aid and development assistance frameworks long led by the United States and Europe. Therefore, in order to prevent polarization and confrontation between developed and developing countries and to maintain solidarity and trust within the international community – a thorough reassessment of the direction of international aid is essential.

(3) Expectations for Korea and Japan

Amidst the turmoil in the current international landscape, what roles can South Korea and Japan—the only Asian members among the 33 countries of the OECD Development Assistance Committee (DAC)—play? Countries and regional organizations that have long relied on the United States are seeking alternatives. For countries undertaking reforms to transition public services, previously dependent on international aid, to funding through their own resources, it is necessary for Korea and Japan to actively engage in the development assistance process to ensure transparency and sustainability throughout the reform. Moreover, for countries where governments face difficulties providing essential public services due to conflict, or for vulnerable populations outside government protection, efforts to supplement humanitarian aid funding aimed at saving lives will also be needed.

As the United States and European countries consecutively cut their ODA budgets, Korea remains one of the few countries that has pledged to increase its aid budget, while Japan is striving to maintain its aid budget at current levels despite the impact of the weak yen. However, as of 2024, Japan's total ODA amounted to $16.8 billion, and South Korea's to $3.94 billion, with their combined ODA still falling short of one-third of the United States' $63.3 billion total. In a context where traditional Western donor countries are making drastic cuts to international aid funding, maintaining the existing aid framework is no longer realistic. Meanwhile, among developing countries, there is a growing movement to view this crisis as an important opportunity to reform the international aid system as well as their own institutions and strategies.

An important role for South Korea and Japan is to maintain ties with established international aid agreements and Western donor countries such as the OECD Development Assistance Committee (DAC), while building and deepening pluralistic cooperative relationships with emerging international aid partners. Avoiding framing international aid as a bipolar contest between the West and China–Russia, and actively integrating the development experiences of middle power and emerging countries into support for developing countries, South Korea and Japan can help prevent global division and polarization.

Since 1975, Japan has implemented South–South and triangular cooperation programs, where developing countries that once received Japanese aid have taken the lead in supporting other developing countries. Coordination with new aid agencies in Southeast Asia is also actively ongoing. Furthermore, the Conference on Cooperation among East Asian Countries for Palestinian Development (CEAPAD), which includes both Korea and Japan, is an Asian–led framework for supporting Palestine and serves as a valuable model for future cooperation. Korea supports sustainable production of water, energy, and food, as well as climate change response in Mekong River countries through cooperation with the United Nations Office for South–South Cooperation (UNOSSC). Having recently transitioned from an aid recipient to a donor country, Korea possesses the capacity to lead other emerging donors and emerging economies. In this way, if South Korea and Japan jointly propose an "Asian–style" model of international aid that respects the ownership and dignity of developing countries rather than simply following the traditional Western aid framework dominated by the United States and Europe, they can significantly enhance their contributions to the international community.

(4) Policy Recommendations

(a) Korea–Japan Collaboration to Strengthen Southeast Asian Aid Agencies and Joint Initiatives

Building on the strong relationship that South Korea and Japan have cultivated over many years, Southeast Asian countries are expected to establish themselves as future aid providers as their economies grow. In this context, South Korea and Japan should cooperate to enable these emerging donor countries in Southeast Asia to actively participate in international aid. This includes expanding technical and financial support to help them provide assistance to other developing countries. In particular, efforts should be made to strengthen matched support based on the shared interests and development challenges of emerging donors and recipient countries. Additionally, providing guidance and support on aid modalities and monitoring systems will promote effective and substantial cooperation.

(b) Program development with Non-DAC Donors

Support from OECD Development Assistance Committee (DAC) member countries is primarily concentrated on specific countries such as Ukraine, India, and Bangladesh. In contrast, emerging donor countries outside the DAC, including Turkey and Middle Eastern nations, focus on distinctly different recipient countries such as Syria, Pakistan, Yemen, and Palestine. This clearly demonstrates a division among international aid recipient countries as well. Particularly in regions where geopolitical or security concerns limit external intervention, support is often more effective when provided between countries with linguistic, cultural, and religious affinity. Therefore, South Korea and Japan should actively pursue cooperation with these emerging donor countries to foster solidarity and linkages in international cooperation.

(c) Support for Public Sector Reform in Countries Affected by USAID Cuts

To support developing countries in mobilizing domestic resources and implementing institutional reforms, priority should be given to those capable of enhancing the self-reliance and operational resilience of public service institutions that have long depended on USAID assistance. Korea and Japan should pursue joint cooperation to improve governance, financial management, and service-delivery efficiency in these countries. Both countries possess concessional loan and blended-finance instruments that can be flexibly applied to launch and sustain public-sector reform projects tailored to the fiscal realities and institutional challenges of each partner country.

2. Climate Action and Energy Transition

Regarding climate change, major developed countries are striving not only to mitigate the increasingly severe and tangible impacts of climate change but also to accelerate their transition from imported fossil fuels to domestically produced clean energy through comprehensive climate policies. This aims to enhance energy self-sufficiency and energy security, promote the transition toward an industrial structure aligned with a decarbonized economy and society, and further foster economic and regional development through industrial revitalization and job creation.

As for the current state of transitioning imported fossil fuels to clean energy, Japan depended on imported fossil fuels for approximately 80.8% of its primary energy supply in 2023 – the highest level among G7 countries. Japan's energy self-sufficiency rate stood at 12.6% in 2022, the lowest among the G7, with over 70% of its power generation dependent on imported fossil fuels. South Korea similarly depends on fossil fuels for about 80% of its primary energy supply and about 60% of its power mix as of 2023. Both countries therefore remain far more dependent on imported fossil fuels than other developed economies.

As demonstrated by Russia's invasion of Ukraine, sharp fluctuations in fossil fuel prices caused by overseas geopolitical developments profoundly affect domestic energy prices, public welfare, and the overall economy of both countries. Recent tensions in the Middle East further underscore the inherent vulnerabilities of Korea's and Japan's energy supply security.

The decarbonization of energy, particularly electricity, reduces dependence on imported fossil fuels and strengthens the energy security of both countries. Furthermore, energy-intensive industries such as data centers and semiconductor manufacturing are increasingly seeking stable supplies of carbon-free electricity in line with the global digital transformation making access to such power essential for attracting these industries. Additionally, as greenhouse gas emission reductions become critical factors in corporate evaluations by capital markets and business partners, advancing power-sector decarbonization also enhances the corporate value and international reputation of Korean and Japanese firms.

(1) Policy Recommendations for Korea-Japan Cooperation on Energy and Power Sector Decarbonization

(a) Collaboration on Offshore Wind Energy Development

Both Korea and Japan seek to expand offshore wind power capacity. Japan aims to launch 5.6 GW of capacity by 2030 and reach 30–45 GW (including floating wind) by 2040. Korea plans to achieve 14.3 GW by 2030 and 40.7 GW by 2038. Geographically, the northern seas of Kyushu and southern coastal waters of Korea represent promising candidate zones for large-scale offshore wind development.

Offshore wind projects span over 50 years, from development and operation to decommissioning – necessitating a long-term cooperative approach that includes joint site assessments, reciprocal use of self-elevating platform (SEP) vessels and port infrastructure, coordinated procurement of equipment and components, and joint training of operations and maintenance personnel. Such collaboration could establish a shared Korea-Japan platform for offshore wind development and power transmission – akin to the North Sea model – and potentially explore the feasibility of cross-border grid interconnection via offshore wind infrastructure. Such initiatives could enhance the resilience of both countries' power systems and serve as a symbolic cornerstone of bilateral energy cooperation.

(b) Joint Decarbonization Support for Asia

Asia accounts for roughly 50% of global emissions and is home to many of the supply chains and markets of Korean and Japanese firms. Therefore, joint efforts by Korea and Japan to support Asia's decarbonization are crucial not only for achieving global emissions reduction targets but also for managing Scope 3 emissions across both countries' industrial value chains. Such collaboration would also help create new markets for energy-efficient products and clean energy technologies developed in Korea and Japan. Building on existing ODA frameworks, Korea and Japan should explore ways to coordinate their assistance programs and align their policy dialogue to support effective climate and energy transitions across Asia.

【Korea-Japan 2030 Vision Group】
Policy Recommendations Commemorating the 60th Anniversary of Korea-Japan Diplomatic Relations

III

New Cooperation for Shared Prosperity

Vision and Strategy for Korea-Japan Economic Cooperation

1. Trends and Outlook for Korea-Japan Economic Relations

(1) The context of Korea-Japan economic and social friction

There are three main dimensions underlying the persistent economic and social frictions between South Korea and Japan. First, friction has emerged due to the "flying geese" pattern of development. When a late-industrializing country follows in the footsteps of an advanced one, a certain degree of technology transfer or leakage from leading to catching-up firms is an almost inevitable phenomenon. This has historically occurred from the United States to Japan, and more recently, from the United States, Japan, and South Korea to Chinese firms. However common it may be, from the perspective of both government and businesses, such technology transfer or leakage can easily trigger emotional reactions and economic nationalism.

Second is the friction stemming from the legacy of colonial rule. Although these issues require joint resolution, the 2018 ruling by Korea's Supreme Court ordering compensation from Japanese firms for forced labor ("the issue of former

Korean peninsula workers" by the Japanese government) and Japan's export controls on semiconductor materials ("strengthened export controls" by the Japanese government) greatly undermined business predictability. Consequently, it dampened the willingness of private actors in both countries to cooperate economically.

Third comes from differences in economic structures. Trade deficits and surpluses exist in any economy and can shift with changes in industrial structure. Moreover, every country has groups that politicize trade deficits. However, in the case of two countries, such trade dynamics have often become entangled with historical animosity, thereby escalating tensions. It is also true that frictions rooted in structural differences are rarely resolved by singular policy breakthroughs.

As various frictions have been politically exploited by both sides, discussions about transitioning from zero–sum to win–win cooperation have repeatedly emerged and stalled. Even after the resumption of shuttle diplomacy between the two leaders in spring 2023, it would be premature to say that all sources of tension have been extinguished. Given the complex nature of the causes of friction, even with improvements in political relations at the macro level, structural economic changes are likely to progress only gradually and incrementally.

(2) Shared economic and social challenges

South Korea and Japan face numerous shared economic and social challenges, many of which are becoming severe year by year. In light of this reality, the potential benefits of bilateral cooperation are considerable, underscoring the importance of collaboration commensurate with the scale of these shared challenges. Specifically, attention should be directed to the following key challenges.

(a) Demographic shifts

The most urgent and worsening challenge facing both countries is population decline. Yet, in the absence of effective countermeasures, the problem has only continued to deepen. Unless both nations reach the level of productivity to outpace the rate of population decline, there is growing concern over not only GDP contraction but also a vicious cycle of diminished defense capabilities and national power. Although Korea has relatively more effectively mitigated economic contraction than Japan through industrial restructuring and reinforcing a strong export–oriented economy, given the accelerating trend toward global economic blocization – regardless of changes in U.S. administration – past patterns of success can no longer be guaranteed.

(b) Geopolitical tensions

Both countries, located in Northeast Asia and facing two major geopolitical risks – Taiwan Strait and North Korea – share common perception that security expenditures continue to rise and these costs impede efforts to address urgent domestic economic issues. Global economic blocization fueled by the U.S.–China rivalry severely affects not only trade but also high–tech sectors. Korean and Japanese firms producing advanced electronic materials now stand at a critical juncture in adapting to this evolving global environment.

(c) China's economic slowdown

The slowdown of China's economy – South Korea and Japan's largest trading partner – is now widely regarded as structural, not a temporary effect of real estate price adjustments. Like Korea and Japan, China is entering a period of "population onus", with rapid rise in the dependent population relative to the working–age population. In anticipation of deteriorating access to the U.S. market amid rising economic security concerns, Beijing is placing greater emphasis on state–owned enterprises and domestic supply chains, prompting Korean and Japanese businesses to reassess their China strategies from multiple perspectives.

2. Convergence of the Korean and Japanese Economies and a New Dimension of Cooperation

Since the first economic plan launched in 1962, South Korea's growth strategy was consistently centered on export–oriented manufacturing, and Japan has long been the competitor and the goal to catch up. Based on this legacy, a traditional form of economic nationalism which regards market share in final hardware products as a measure of national competitiveness remains deeply embedded in Korea's public consciousness, as reflected in criticisms of Korea's trade deficits with Japan. Even Japan, having been caught up by Korea, has continued to emphasize its technological superiority in capital goods, parts and components.[2] Today, however, there have been three apparent phenomena: (1) the stagnation of global free trade, (2) a paradigm shift in the manufacturing sector, and (3) the gradual narrowing income gap between Korea and Japan. Against this backdrop, the two countries have entered an era in which they are shifting from a past rivalry to prioritizing shared interest,

2 Japan's export restrictions on semiconductor materials and components during the Moon Jae-in administration revealed its sensitivities over manufacturing competition with South Korea.

ushering in a new dimension of economic cooperation.

(1) Stalemate in the Free Trade Regime and Trade Cooperation

Traditionally, the South Korean economy has heavily depended on manufactured good exports. Korea's export–to–GDP ratio sharply increased from 23% in 1996 to 46% in 2012 and remained high at 37% in 2023. Although Japan's export ratio remains relatively low: 9% in 1996, 12% in 2012, and 17% in 2023.

Having maintained a vertically integrated domestic production system, Japanese firms were slow to restructure, and whenever faced with periodic appreciation of the Japanese Yen, Japan repeatedly offshore production and downsized domestic operations, failing to seize opportunity for export expansion during U.S. and Chinese demand booms. Conversely, Korea rapidly recovered from the 1997 Asian Financial Crisis by embracing export–led growth. As vertical integration in advanced economies weakened and the 21st century model of optimal cross–border production (i.e., Global Value Chains, or GVCs) emerged, Korea, whose domestic production chains were less vertically integrated, benefited immensely from this evolving division of labor. A notable example is Korea's focus on manufacturing strength in the memory semiconductor sector, which has enabled the creation of high value–added products.

However, the global trade environment has changed drastically in the 2020s. One major shift is the erosion of the free trade regime. Given its high export dependency, Korea has prioritized multilateralism through institutions like the WTO and has proactively pursued tariff–based bilateral FTAs, while remaining relatively cautious toward plurilateral agreements focused on rule-making. In contrast, Japan has emphasized multilateral trade frameworks like the Trans-Pacific Strategic Economic Partnership (TPP) to establish common rules across its overseas production networks and has countered economic coercion by aligning with like-minded countries through platforms such as the G7. If Korea becomes more actively engaged in such plurilateral partnership, there is strong potential for synergy in Korea-Japan cooperation while reinforcing Japan's negotiating leverage within broader trade coalitions.

Another notable change is that, with the strengthening of economic security and environmental regulations, the importance of collecting and sharing supply chain-related information has significantly increased. Major firms in both countries operate globally, not just in each other's markets, but also in key regions such as the United States and China, where economic security regulations are rapidly expanding; the EU, where environmental compliance regimes such as the Carbon Border Adjustment Mechanism (CBAM) are tightening; and emerging markets like ASEAN are also becoming increasingly important. As both countries respond to such highly uncertain economic security regulations and environmental imperatives, building mutual trust and information-sharing mechanisms is essential. Korea's high level of external economic dependency has driven both its government and major corporations to develop strong information networks. Given the already deep Korea-Japan production linkage, expanding opportunities for public and private sector information exchange, and cooperating in areas such as standardization – including SMEs – would yield significant practical benefits.

(2) Paradigm Shift in Manufacturing and Cooperation on Digital Transformation (DX)

Amid the global shock and uncertainty caused by the protectionist and tariff-based policies of the second Trump administration, a deeper transformation in the manufacturing sector had already been underway, driven by digitalization. In the 1990s, digital transformation was limited to managing supply chain information (DX 1.0), but by the 2000s, as manufacturing alone ceased to be a major source of profit, developed countries outsourced production processes while contract manufacturing firms in emerging economies rose to prominence (DX 2.0). Leading firms shifted to production based on technical competencies (monozukuri) such as reference designs and standard specification (DX 3.0). In the 2010s, manufacturing processes became data-driven, and comprehensive contractors, so-called "line builders" emerged to manage everything from production line design to installation and operation (DX 4.0). In the 2020s, companies with vast customer data from retail and planning sectors have begun entering manufacturing (DX 5.0). As seen in the rise of electric vehicle (EV) production, digital transformation is lowering barriers to entry in manufacturing while accelerating the servicification and platformization of the industry.

Japan's manufacturing sector, having long prioritized overseas production expansion, has seen stagnation in domestic facility investment, resulting in a shortage of digital transformation (DX)-ready plants. Moreover, delays in standardization efforts have limited information sharing with small and medium-sized enterprises that remain in Japan, while progress in securing visibility across the entire supply chain has also been limited. Japan now records trade deficits not only in digital goods but also in specialized services such as computer–related industries. Consequently, Japanese manufacturers remain vulnerable to "border risks," including geopolitical risks in the global wave of DX. While Korea ranks among the world's top performers in digital areas such as administrative services and robotics deployment, overall DX implementation across the broader manufacturing sector remains relatively limited. In particular, Korea's strength in efficient mass production is now being challenged by the rapid pace of DX, especially by China, which possesses vast data resources. Compared to the United States, China, and even the EU, both Korea and Japan share common limitations in market sizes and data volumes, and the capacity for data–driven manufacturing (monozukuri) also remains inadequate. Japan's lag in industrial platform standardization and Korea's closed–platform monopolies present shared structural bottlenecks.[3]

Japan's adherence to a fully self–sufficient approach—from R&D to production (自前主義)—and its failure to promote spin–offs (i.e., the establishment of new independent companies based on core technologies developed during the R&D process) have created structural weaknesses. Korea capitalized on these shortcomings to secure a strong position in global supply chains, contributing to a complex bilateral relationship, as reflected in the absence of a formal FTA between the two countries. Achieving European–style standardization of manufacturing solutions or data interoperability may be difficult, but joint initiatives in talent development, re–skilling for DX, and collaboration among platform operators and intellectual property professionals could meaningfully

3 Korean market is dominated by local companies such as Naver, while the influence of U.S.-based platform giants like Google, Amazon, Apple, and Meta remains very limited, resulting in a "Galápagos-style" digital ecosystem.

enhance trust and competitive.

(3) Economic Convergence between Korea and Japan and Problem-Solving Cooperation

South Korea surpassed Japan in per capita GDP measured by purchasing power parity (PPP) in 2015, and in nominal exchange rate terms in 2022, signaling the full completion of Korea's catch-up. However, both countries now face a shared challenge of declining potential growth capacity and must urgently address common issues such as ① fostering innovation, ② pursuing sustainable growth, ③ securing energy and food security, ④ mitigating labor shortage problem, and ⑤ revitalizing agriculture and regional economies. If a new phase of political-economic(business) separation can be realized, the two countries – given their geographical proximity, cultural and lifestyle similarities, and relatively low language barriers – possess strong potential for market integration as 'natural trading partner.' For example, while Korea's cultural opening toward Japan following its currency crisis initially triggered major social controversy, Japan became a vital market, creating a value chain and contributing to Korea's rapid growth in the content industry.

As long as Korea sticks to a large conglomerate-led growth strategy, cooperation between two countries will remain limited. But, by shifting toward a problem-solving-oriented, plus-sum relationship – rather than the zero-sum dynamics of past competition – and by approaching cooperation from the perspective of expanding their respective shrinking domestic markets, new prospects for collaboration can emerge. In addressing shared challenges, a certain degree of competition is inevitable, but such competition can, in turn, enhance productivity and innovation through cooperative dynamics.

Moreover, knowledge-sharing in R&D promotion and regulatory reform are highly meaningful. To remain competitive against China, Korea and Japan should cooperate strategically in fundamental research, applied research capitalizing on respective strengths, and joint product development. There are also important policy areas, such as labor market reform in Korea and DX in Japan, that are crucial but have progressed slowly, thereby constraining potential economic growth. Two counties can share expertise on regulatory sandboxes and knowhow in these areas and accelerate reform through constructive competition. They share many other common challenges – including those that are "similar yet different – in healthcare, elderly care, education, social services, and revitalization of agriculture and regional economies as well.

Despite limited domestic demands, Korea has produced a significant number of unicorn companies (unlisted startups valued at over USD 1 billion within 10 years of founding). Japan could learn from Korea's faster and more flexible startup policies and international business support measures to foster problem-solving-oriented entrepreneurship, while Korea could gain valuable insights from Japan's deregulatory experiences in elderly care, and apply them to foster social service ventures. In efforts to reverse declining fertility rate, proactive measures are essential to address gender-related issues, and major Korean and Japanese companies should take the lead in encouraging men to take parental leave. Even in this process, constructive competition will serve as an important driving force.

Another promising area for cooperation lies in addressing shared economic vulnerabilities, such as reducing costs and mitigating risks arising from low self-sufficiency in energy and food. Both Korea and Japan face steep transport costs due to geography and heavy dependence on energy and food imports. For instance, with rising geopolitical risks on the Korean Peninsula and Japan's insular geography, both countries are exposed to the geographical isolation resulting from sanctioned on Russia and deteriorating relations with China in areas such as carbon capture and hydrogen conversion. In particular, both countries need to diversify their energy mix by promoting new renewable energy, especially since a return to nuclear energy remains difficult.

Meanwhile, Korea and Japan have shown strong interest in hydrogen energy, as both governments have successively released national hydrogen strategies. In particular, both countries are attentive to whether the high maritime transport costs of hydrogen will leave them disadvantaged under EU–led standards. They also share common interests in developing a hydrogen value–chain framework – from raw materials and production to facilities, storage, and transport. There have already been proposals to share hydrogen carriers to reduce shipping costs.

Korea and Japan face complex issues, including historical issues, which are closely tied to public sentiments, making their resolution challenging. Under democratic systems, public opinion inevitably shapes politics. However, the economy operates within a distinct framework governed by the logic of the market and the principle of efficiency, separate from sentiment. From Japan's perspective, Korea's emergence as an economically converged neighbor is unprecedented and a top–down approach to economic cooperation can no longer deliver most of the benefits. Conversely, for Korea, economic convergence also means that emotionally driven assumptions about economic cooperation – especially those politicized through historical issues – can no longer be taken for granted. Recognizing Korea's economic convergence as a shared asset, both countries should understand that realizing mutual benefits requires the efforts of both governments and their people. This process, in itself paves the way toward a more mature and resilient bilateral relationship.

3. Shifts in the Global Economic Order and Korea-Japan Economic Relations

The United States' "America First" protectionism and its China containment policy have presented South Korea and Japan with a new agenda for cooperation on supply chain resilience. The Biden administration which took office in January 2021 maintained the same strategic posture as the first Trump administration – tightening export controls on China in advanced semiconductors and promoting domestic industries in semiconductors, EVs, and batteries through CHIPS and Science Act and the Inflation Reduction Act (IRA). As of January 2025, the second Trump administration has further intensified its protectionist and China-focused industrial policies through expanded tariff-based measures.

(1) Korea and Japan's dependence on China

Compared to Japan, South Korea shows a higher dependence on Chinese imports, especially in critical minerals used in battery electric vehicle (BEV) and in rare earth elements. Nonetheless, both countries remain heavily reliant on China for these strategic materials (see Tables 1 and 2). This suggests the need for both Korea and Japan to develop concrete plans for bilateral cooperation on supply chain stabilization and critical mineral security in response to China's potential economic coercion.

Table 1. Comparison of South Korea's Import Dependence on China and Japan (2023)

	Imports from China			Imports from Japan		
	Number of Products[1)]	Proportion based on number of products	Proportion based on import value	Number of Products[1)]	Proportion based on number of products	Proportion based on import value
90% or more	148	11.3%	18.1%	21	3.7%	3.8%
80~90%	109	8.3%	17.6%	20	3.6%	3.3%
70~80%	146	11.1%	10.4%	15	2.7%	7.7%
60~70%	141	10.7%	10.2%	21	3.7%	5.8%
Total	1314	100%	100%	562	100%	100%

1) Based on products with import volumes exceeding USD 10 million from China and Japan in 2023 (1,314 products from China and 562 products from Japan, classified by HS6-digit code)

Source: Korea International Trade Association (KITA)

Table 2. Comparison of South Korea and Japan's Import Dependence on China for Critical Minerals (2023)

Mineral Resource	South Korea		Japan	
	Item	Dependence on China	Item	Dependence on China
Lithium	Lithium Oxide	99.7%	Lithium Oxide & Hydroxide	85.9%
	Lithium Hydroxide	79.6%		
Natural Graphite	Crystalline Graphite	92.6%	Powdered or Flake Form	89.5%
	Amorphous Graphite	93.9%		
Rare Earths	Terbium	99.6%	Yttrium Oxide	78.2%
	Erbium	97.4%	Lanthanum Oxide	99.5%
	Yttrium	95.4%	Others	83.4%

Source: Korea Institute for International Economic Policy (2024)

(2) U.S.–China Hegemonic Rivalry and Korea–Japan Economic Relations

South Korea and Japan share a common challenge of enhancing their potential growth capacity in order to achieve sustainable economic growth. In May 2022, France's Centre d'Études Prospectives et d'Informations Internationales (CEPII) projected that by 2035, Japan would be overtaken by India as the world's third–largest economy, dropping to fourth place. In April 2023, the IMF moved this forecast forward to 2027. In fact, in 2023, the depreciation of the Japanese yen caused Japan's GDP to fall behind Germany's. Korea currently ranks 12th in terms of GDP, but is projected to fall to 16th by 2030 and remain around 15th to 16th, making it difficult for the country to join the global top ten. These suggest that Korea and Japan should jointly address a range of shared challenges – such as demographic shifts (including declining fertility rate and local extinction), the restructuring of global supply chains amid intensifying U.S.–China technological rivalry, energy and resource security under increasing global instability, and the goal of achieving carbon neutrality by 2050.

Despite renewed optimism – particularly on the Korean side – that trade and investment would rebound following the resumption of the Korea–Japan summit in March 2023, substantial progress has yet to materialize. Japan is Korea's third–largest source of imports and fourth–largest export destination, while Korea is Japan's third–largest export market and seventh–largest import source.

Nonetheless, Korea's trade volume with Japan peaked at $108 billion in 2011 (exports: $39.7 billion, imports: $68.3 billion) and has since stagnated through

2024. Japan's share in Korea's total trade has continued to decline since China joined WTO in 2001. In terms of exports, Japan's share dropped from a peak of 11.0% in 2001 to 4.3% in 2024. In terms of imports, the share fell from a peak of 20.6% in 2004 to just 7.6% in 2023.

Notably, despite normalization in diplomatic relations, Korea has yet to see a recovery in Japanese foreign direct investment (FDI) to the levels seen in the early 2010s – an area previously prioritized by the Korean government. The dual shocks of the COVID–19 pandemic and intensifying U.S.–China hegemonic rivalry appear to have led to continued declines in Japanese FDI into both China and Korea since 2020.

While this trend reflects the enduring sensitivity of Korea–Japan economic relations to diplomatic shifts, it also points to a deeper structural transformation: as Korea's economic rise has progressed, the vertical division of labor that once characterized bilateral corporate ties has evolved into a more competitive and horizontal relationship. Therefore, it is a crucial time to provide policy support and explore new avenues for cooperation to revitalize trade between Korea and Japan.

[Japan's Share in South Korea's Imports]

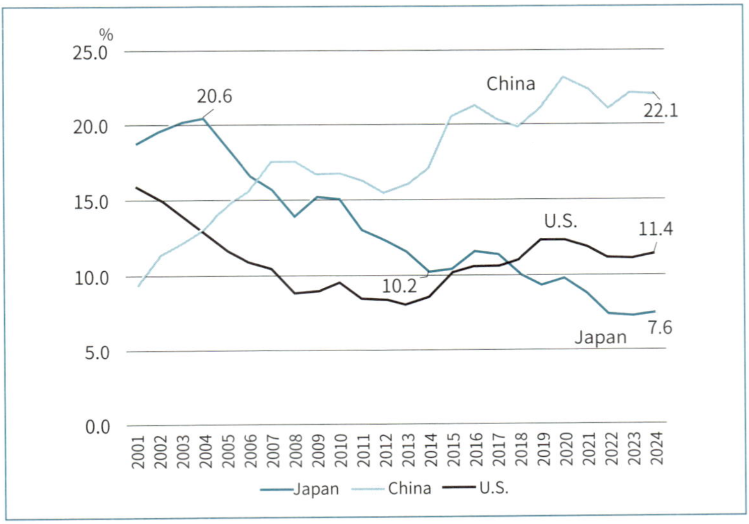

[Japan's Foreign Direct Investment in South Korea]

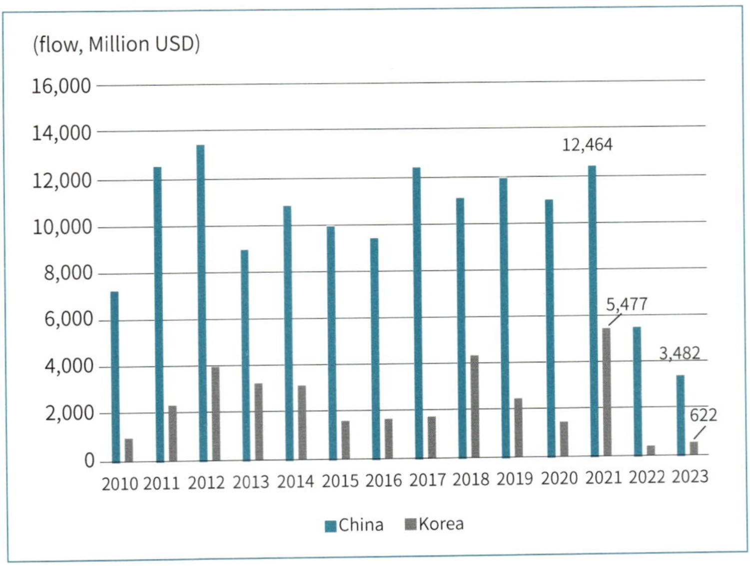

Figure 1. South Korea's Economic Relations with Japan

Source: Korea International Trade Association (KITA) and the Japan External Trade Organization (JETRO)

4. Policy Recommendations

(1) A joint vision and expansion of people-to-people exchange

Considering many shared challenges both countries face, South Korea and Japan should focus on sustaining pragmatic bilateral cooperation projects that may be difficult for individual industries to pursue alone. In practice, the majority of business ties between the two countries continue peacefully, and flows of people, goods, and capital remain at stable levels. If the bilateral trade imbalance is not politicized and business expansion becomes the primary focus, these dynamics will naturally strengthen socioeconomic ties, revitalize human exchange, and further broaden business opportunities. Rather than launching overly ambitious or politically driven new initiatives, it would be more effective to expand youth-centered exchange programs.

To this end, it is proposed that Korean and Japanese economic stakeholders come together to draft a joint economic vision. Negative public sentiment can change through sustained dialogue and exchange. By developing such a joint vision, it would allow both countries to explore economic and social directions that realize shared benefits. The driving force behind this vision must be the younger generation. For example, forward-looking ideas can be expected from startup leaders in both countries – those who will shape the future beyond the mindset of today's business elites.

(2) Korea-Japan cooperation in supply chains

To mitigate the risk of supply chain disruptions caused by China's economic coercion, Korea and Japan should recognize that bilateral cooperation alone is insufficient. It is therefore desirable to make full use of multilateral frameworks—such as the U.S.–led Indo–Pacific Economic Framework (IPEF). In November 2023, the IPEF Ministerial signed the Supply Chain Resilience Agreement, which entered into force in April 2024. In July same year, Korea was elected as the first chair of one of the Crisis Response Network – one of the three core implementation bodies. However, the future of the IPEF initiative remains uncertain following the inauguration of the second Trump administration in January 2025. Despite this uncertainty, Korea should leverage its chairmanship experience to sustain momentum within IPEF's supply chain cooperation programs and actively develop follow–up initiatives in partnership with Japan.

Key policy avenues can be multilateral cooperation using U.S.–led initiatives such as the Minerals Security Partnership (MSP), and bilateral Korea–Japan cooperation. Although the Trump administration's future approach to MSP remains unclear, Korea's one–year MSP chairmanship in 2024 presents a valuable strategic opportunity to pursue joint critical mineral development projects with Japan in third countries under the MSP framework. In terms of bilateral cooperation, it is necessary to actively explore a variety of policy instruments including intergovernmental policy dialogues, resource diplomacy, and leveraging affiliated institutions. In particular, it would be worth revisiting successful joint mineral development projects from the early 2010s, utilizing public–sector institutions such as the Korea Mine Rehabilitation and Mineral Resources Corporation and Japan's JOGMEC, as well as policy finance institutions including the Korea Export–Import Bank, JBIC, K–SURE, and NEXI.

Furthermore, given the strong commitment by both governments to promote critical mineral recycling policies, bilateral policy dialogue should explore specific areas for mutual benchmarking – including performance evaluation, safety management, legal frameworks, and infrastructure. Coordinated responses to EU recycling regulations could also constitute a meaningful and timely agenda.

(3) Concluding a Korea–Japan FTA and Korea's accession to the CPTPP

Currently, South Korea and Japan have not concluded a high–standard Free Trade Agreement (FTA). FTA negotiation started in December 2003 but after the sixth round in November 2004, the talks fell into a deadlock and eventually collapsed. In December 2020, both countries signed the Regional Comprehensive Economic Partnership (RCEP), however, with trade liberalization under RCEP limited to 80% and minimal progress in other negotiation areas, it falls short of being a high–standard, 21st–century FTA. This suggests the need for a comprehensive, 'high–level' FTA that could maximize synergies between Korea and Japan by integrating their capital and technological strengths, thereby enhancing overall economic growth potential.

For now, pathways for Korean government to achieve such an agreement are concluding a bilateral FTA, or joining the Comprehensive and Progressive Agreement for Trans–Pacific Partnership (CPTPP). According to industry–government–academic joint study in 2003, Korea–Japan FTA could rather lead to decline in Korea's GDP (–0.07%). More recent estimates have reversed to a marginal positive (0.06%), but the expected gains remain limited. By contrast, studies evaluating Korea's accession to the CPTPP forecasts a 0.33% to 0.35% increase in real GDP (public hearing data from March 2022).

Given the uncertain future of the IPEF Supply Chain Agreement under the second Trump administration, and considering that CPTPP member states are currently moving to revise the agreement to address China's economic coercion and market-distorting practices, Korea's accession to the CPTPP could also hold significant strategic value—particularly from a supply chain cooperation perspective complementary to IPEF.

(4) Establishing a Korea-Japan startup platform

Innovation and Korea-Japan startups that drive it are top-priority areas for both countries. Through regulatory easing, market creation, improvement of the investment environment, and exchanges among talented individuals with innovative ideas, it is highly meaningful to systematically develop the startup ecosystem and promote the integration of the Korean and Japanese markets.

Korea has taken the lead in startup support policies, but still faces challenges, including political risks due to policy dependence, slow regulatory reforms, limited domestic market size, and overreliance on external exit strategies. Japan, while still lagging in digital transformation, is beginning to show serious interest in startups as part of broader efforts to recover from deflation. In this context, there is much to learn from Korea's openness to global business, fast execution pace, and experience-driven approaches to fundraising. From Korea's perspective, the Japanese market – which offers problem-solving-oriented business opportunities and extensive investment networks from major corporate venture capital (CVC) firms and general trading companies – presents substantial potential compared to the highly competitive markets of the United States and China or geopolitically unstable regions of Southeast Asia and the Middle East.

Key areas of cooperation could include information-sharing among universities and startup support service officials; comparative studies of successful startup cases; talent and business exchanges via third-country platforms such as Silicon Valley or Singapore; easing of stay and visa requirements to promote spin-outs (i.e., establishing a startup based on university-developed technologies or IP) from major corporations and universities; promoting people-to-people exchanges among youth, women, and seniors for creative idea generation. Furthermore, civil society initiatives addressing urgent shared issues – including healthcare and elderly care, agriculture, education, climate change, and disaster management – should be encouraged alongside the development of information-sharing platforms to invigorate both countries' startup ecosystems.

(5) Cooperation on energy and the environment

In the energy sector, Japan has long pursued policies centered on stabilizing resource procurement and conserving energy. However, with declining purchasing power and geographical constraints, cost reduction, including the adoption of renewable energy, has become an urgent priority. South Korea has traditionally supported its energy-intensive manufacturing sector through low electricity prices, but this model is now reaching its limits. To maintain export competitiveness, there is a demand for a flexible response. Given that the two countries are neighbors with complementary characteristics – Korea faces relatively fewer natural disasters like earthquakes, and peak electricity usage occurs at different times – a discussion has emerged about the potential for cross-border electricity balancing. In light of this, it would be most practical to begin building mutual trust through cooperation in areas where interests are clearly shared, standards have not yet been fixed, and technological uncertainty remains, such as the hydrogen sector.

Thus, it is proposed that Korea participate in Japan's Asia Zero Emission Community (AZEC) initiative, and collaborate in areas such as basic research, the establishment of a hydrogen GVC; joint efforts on standardization, and forecasting shared market demand. Hydrogen is a core future technology, and leadership in setting global standards may ultimately depend on the efficiency of the supply chain – from production to storage, transportation, and usage. Both Korea and Japan possess world-leading companies in key industries such as automotive, shipbuilding, and chemicals, and there is significant room for experimentation in joint development of strategic materials and shared use of hydrogen carriers, especially if they aim to compete with the United States, Europe, and China. In strategic sectors like energy, joint development of human capital – including researchers, engineers, and intellectual property professionals – would also serve both countries' shared interests.

(6) Revitalizing Agriculture and Regional Economies

Revitalizing regional economies is a strategic task for both countries. Economic stagnation in rural areas leads to the collapse of agriculture and the deterioration of national land management, which in turn results in skyrocketing land prices, congestion, and environmental degradation in capital regions – ultimately weakening domestic demand and even weakening border security.

While Japan's domestic-demand-led economy has allocated massive budget to regional revitalization with mixed results, initiatives in food-tech and preservation of traditional culture and industries have nonetheless contributed to the growth of inbound tourism. Japan has also been ahead of Korea in implementing regulatory exemptions tailored to aging societies – particularly in sectors like mobility (e.g., taxis), finance, and healthcare – allowing a variety of social policy experiments. If foundational aspects of deregulation – such as data and information-sharing – are strengthened, Korea could better address its delayed aging crisis, while Japan could benefit from the digitalization.

In areas such as smart agriculture, food tech, and renewable energy (e.g., biomass power generation), bilateral cooperation may be relatively easier. Joint basic research and experiments in these fields could also contribute to the revitalization of local universities, and promote recurrent education for farmers, migrant workers in agriculture, and professionals in rural healthcare and caregiving. Both countries are increasingly reliant on foreign labor in regional economies, and creating safe and attractive working environments for these workers through joint initiatives is a shared interest.

New Horizons in Korea-Japan Cooperation through Science and Technology

If South Korea and Japan were to cooperate in the field of national strategic technologies, they could generate great synergies. Major countries now deem development of Critical and Emerging Technologies (CET) and the supply chain security as core national strategies, and among like-minded nations, the trend toward technological, economic, and security bloc formation is intensifying. This reflects the fact that "science and technology sovereignty" is now directly tied to a nation's growth momentum and strategic autonomy.

China, for example, has pursued technological self-sufficiency and supply chain autonomy under its "Made in China 2025" strategy, while also taking the lead in international standard-setting for future technologies such as 6G telecommunications. Japan has similarly responded by appointing a Minister for Economic Security and establishing about ¥500 billion Economic Security Fund, with the aim of strengthening national strategies across multiple core technologies. Korea has selected 12 strategic technologies, formulated detailed roadmaps, and is forecasting and managing both technological capabilities and the scale of talent development. Given that many aspects of Korea and Japan's strategic technology portfolios are highly aligned, these areas offer a strong potential for the two countries to co-lead global technological order and standards formation. Potential areas of collaboration include hydrogen and biotechnology sector, where both countries could jointly nurture professionals in digital-bio convergence technologies and take a leading role in setting international standards, thereby making a meaningful contribution to global scientific and technological competitiveness.

1. Trends in Korea-Japan science and technology cooperation

Government cooperation in science technology originally institutionalized through the 1985 Korea-Japan Science and Technology Cooperation Agreement has remained suspended since 2011, and the Trilateral Ministerial Meeting on Science and Technology between Korea, China, and Japan has also been dormant since 2019. Fortunately, with the restoration of bilateral relations following the Korea-Japan summit in March 2023, cooperation on science and technology has emerged as an important area of collaboration. At the May 2023 Korea-Japan summit, the two countries reached concrete agreements to pursue joint research in advanced scientific fields—including space, quantum technology, artificial intelligence (AI), digital biotechnology, and next-generation materials—as well as on semiconductor supply chain cooperation. In August 2023, during the Korea-U.S.-Japan trilateral summit at Camp David, the three countries committed to specific areas of cooperation in semiconductors, batteries, energy security, biotechnology, critical minerals, and AI, agreeing to promote personnel and research collaboration among national research institutes. In an interview with former U.S. Secretary of State Condoleezza Rice during the APEC Summit in November of the same year, cooperation in hydrogen – particularly in hydrogen vehicles and the startup sector – was highlighted. At the 2024 Korea–Japan summit as well, an agreement was reached to strengthen cooperation in the field of science and technology.

Since the diplomatic recovery in March 2023, government–level dialogues on science and technology have steadily revitalized. In December 2023, the first ministerial–level meeting in 12 years between Korea's Ministry of Science and ICT and Japan's Ministry of Education, Culture, Sports, Science and Technology was held. This was followed by a vice–ministerial meeting, where discussions began on cooperation in space, digital technology, earthquake preparedness, and spent nuclear fuel management. In June 2024, during a ministerial meeting between Korea's Ministry of Trade, Industry and Energy and Japan's Ministry of Economy, Trade and Industry, the two sides agreed to expand cooperation in building an international clean hydrogen supply chain. They launched a "Clean Hydrogen and Ammonia Supply Chain Development Working Group", and established the "Korea–Japan Hydrogen and Ammonia Cooperation Platform" to promote private–sector collaboration in clean hydrogen. Additionally, both governments agreed to advance bilateral cooperation through Korea's Carbon–Free Energy (CFE) Initiative, further institutionalizing their partnership.

2. Future directions of Korea–Japan science and Technology Cooperation

The most important aspect is human–capital development and talent exchange, as individuals are the foundation of technological advancement.

While existing technologies may be replaced over time, individuals that continue to generate new breakthroughs are the source of sustainable competitiveness. There is great potential for Korea and Japan to collaborate in recruiting and fostering global talent. The establishment of joint research institutes and Korea–Japan joint academic programs can serve to promote such exchanges, and practical initiatives such as joint university lectures and collaborative curricula could be expanded at the national level. This requires a significant increase in scholarship funding.

It is also necessary to deepen discussions around shared challenges. For example, hydrogen is expected to be a major future energy source and is critical for both Korea and Japan as manufacturing powerhouses. Jointly addressing the climate crisis through the construction of a shared hydrogen ecosystem would therefore hold profound strategic and economic significance. Even without a shared power grid like in Europe, long–term cooperation is strategically significant to develop a hydrogen supply chain. Alongside, there are also diverse opportunities for collaboration across the renewable energy sectors as a whole. At the 2023 summit, the two governments agreed to establish the Korea–Japan Future Partnership Fund as part of efforts to build a forward–looking bilateral relationship. This fund should be actively leveraged to promote collaboration among startups and young talents, thereby generating future–oriented value and innovation.

3. Policy Recommendations

Science and technology serve as both a bridge and a catalyst for forging shared goals between South Korea and Japan to have shared goals and advance a future–oriented relationship. To ensure the sustainability of bilateral cooperation in this area, the following concrete and systematic policy recommendations are proposed:

First, jointly funded, operated, and managed research institutes should be established. Korea and Japan already lead the world in semiconductors, batteries, next–generation mobility, and robotics. Joint research institutes in these areas would foster collaboration and exchange among researchers by enabling the integration of research outcomes and the co–development of cutting–edge technologies. Furthermore, such institutes should be extended to strategic emerging fields – including quantum technology, artificial intelligence (AI), and biotechnology – where research outcome can be directly applied to real–world industrial innovation.

Second, both governments and the private sector should jointly establish a scholarship fund to expand exchange programs for high school, undergraduate, and graduate students in science and technology. As it is evident in the Korea–U.S. case, government–led funding has been instrumental in sustaining regular academic exchanges and cultivating talent.

Moving away from temporary funding and instead building a joint endowment fund should enable students to study, earn degrees, and engage in joint research in each other's countries. Such a structure would foster long–term development of joint research networks and enduring talent exchange.

Third, existing cooperation mechanisms – such as the Korea–Japan Joint Committee on Scientific and Technological Cooperation (launched in 1985) and the Korea–Japan Industrial Technology Cooperation Foundation (established in 1992) – should be expanded and strengthened. To this end, governmental dialogues should be regularized, and new specialized sub–committees focusing on technology development, talent cultivation, investment, intellectual-property protection, and international standard-setting should be established to ensure consistent communication and information-sharing. These platforms will maximize operational efficiency and contribute to closer coordination of national science and technology strategies.

Finally, carbon neutrality and AI are strategic domains in which Korea and Japan can jointly demonstrate global leadership in future technology and environmental sustainability, deepening the scope and impact of bilateral cooperation. In the AI sector, cooperation should go beyond software and extend into advanced hardware and semiconductor technologies. By co-developing semiconductor design, processing, and production systems, the two countries could strengthen next-generation AI-hardware competitiveness and take a leading role in global technical-standards setting. Collaboration on 6G telecommunications standards and continued joint research in the space sector could also help position both countries at the forefront of emerging industries.

In terms of carbon neutrality, there is a lot of potential for joint progress in energy-intensive sectors like steel industry. For instance, Korea and Japan could jointly pursue R&D and pilot projects to shift from high-emission production methods to hydrogen-based reduction processes, helping drastically reduce environmental impact. In addition, by conducting joint pilot projects on Carbon Capture, Utilization and Storage (CCUS), both countries could develop effective technologies for CO_2 capture, storage, and recycling – offering a global model for achieving carbon neutrality.

Against this backdrop, through joint research institutes, sustainable scholarship and research funds, the expansion of existing cooperation mechanisms, and strategic collaboration in AI and carbon neutrality, Korea and Japan can strengthen their technological competitiveness and elevate their leadership on the global stage. By systematically implementing these recommendations, the two countries can reinforce a future-oriented partnership and build a model of exemplary cooperation that contributes to global innovation and sustainable development.

Policy Cooperation Between Korea and Japan in Addressing Low Fertility and Aging Societies

Both South Korea and Japan are confronting common challenges: a demographic crisis marked by rapidly declining fertility rates, population aging, and overall population shrinkage. In Japan, the total fertility rate (TFR) has remained below the replacement level – the threshold needed to maintain a stable population – since the 1970s and has continued to decline steadily. The unmarried rate has also risen sharply while under 5% in the 1970s, by 2020 it had climbed to approximately 30% for men and 20% for women. Recently, even cohort fertility rates have fallen below the replacement level, and the increasing age of first childbirth has made any potential "catch-up" fertility effects increasingly unlikely.

There are distinctive regional disparities in Japan's fertility trends. In rural prefectures particularly in the Tohoku region, which excludes major metropolitan areas, fertility rates are low and out-migration is severe, resulting in a high proportion of municipalities at risk of extinction. In contrast, the Tokyo metropolitan area has a low fertility rate due to internal migration, but faces a lower risk of overall depopulation. Still, Japan's low fertility rate will continue to drive population decline for the foreseeable future. Given the number of people aged 65 and older is projected to decline from the

2040s, relying on them for economic growth or employment will no longer be feasible. Even a size of elderly population declines, it will not reverse the broader trend of population aging, meaning the burden on the working-age population will remain heavy.

Korea faces an even more severe trajectory. In the 1960s, Korea's TFR was around 5, significantly higher than Japan's 2. However, Korea overtook Japan in the early 2000s in terms of fertility decline, and by 2023, Japan's TFR stood at 1.2, while Korea's had fallen dramatically to 0.72. Although Korea's population is currently shrinking at a slower pace than Japan's, its long-term demographic outlook is considerably more dire.

The burden on the working-age population will also become heavier in Korea than in Japan. According to the potential support ratio (the ratio of the working-age population [15-64] to the elderly population [65+]), the figure in 2022 was 2.05 in Japan and 4.06 in Korea. However, by 2070, it is projected to fall to 1.35 in Japan and to below 1.0 in Korea. In other words, Korea is likely to reach a point where there are more elderly people than working-age individuals, further compounding its social and economic burdens.

1. Policy responses to population decline

In light of these trends, both South Korea and Japan should adopt a balanced approach – one 'premised on adapting' to population decline, and another aimed at 'mitigating or reversing' its effects. The latter includes measures to boost fertility rates and immigration policies, but this section focuses exclusively on policy responses related to fertility.

Japan's current policy efforts in this area cannot be considered sufficient.

For instance, cash allowances such as child benefits, which do not place restrictions on usage, are likely to have limited impact. Therefore, instead of simple cash allowances, greater emphasis should be placed on policies that directly alleviate household financial burden, particularly through reductions in educational expenses.

Efforts toward gender equality have also been insufficient. Increasing men's use of parental leave and improving work–life balance will require dismantling entrenched gender–role norms and fostering a broader cultural shift toward gender equality. This, in turn, demands a cultural transformation. Support for increasing marriage rates among younger generations is also inadequate. As fertility naturally declines with age, a society marked by delayed marriage and childbirth makes it difficult to achieve either the desired fertility rate (1.8) or the replacement level fertility (2.07).

Given that the declining proportion of married individuals drives the low fertility rate – namely, delayed marriage leading to delayed childbirth – raising the marriage rate among younger generation is a critical priority. At the same time, it is equally essential to advance adaptation policies that assume the continuation of low fertility, aging, and population decline. The effects of fertility–boosting policies are uncertain and, even when effective, tend to manifest only in the long term. Therefore, it is crucial to implement measures to sustain economic growth despite an inevitable demographic contraction. On the supply side, this may involve addressing labor shortages, enhancing productivity, and accelerating scientific and technological innovation. On the demand side, strategies might include developing high–value–added goods and services, expanding consumer base, and cultivating new markets.

2. The significance of Korea–Japan cooperation on low fertility countermeasures

The pursuit of joint responses to low fertility and population aging holds significant meaning. First is marriage support for the younger generation. Given both Korea and Japan's nonmarital childbirth is rare, and marriage is regarded as a prerequisite for childbearing, the marriage rate has a significant impact on the overall fertility rate. However, marriages among young people and their desire to marry are declining. That said, the state must not impose specific values or expectation regarding marriage and childbirth. If the state infringes on individual choices and values, it could paradoxically accelerate fertility decline by lowering personal happiness. Thus, policy approach must accompany cultural transformation, and Japan's recent work in promoting 'life planning' around marriage and childbirth may offer a useful model. Against this backdrop, a joint Korea–Japan review of "life planning" approaches could serve as a meaningful framework for bilateral dialogue and collaboration on fertility policy.

Second, both countries should aim to reflect societies' specific needs on low fertility countermeasures. There remains considerable room for policy innovation for both countries, especially in the realm of parenting support. For example, in Japan, the financial burden of out–of–school education (such as tutoring or prep school) remains largely unaddressed, and policies like universal free school meals or tuition–free universities have yet to be realized. A more in–depth discussion is necessary to better respond to the needs of couples or unmarried individuals who wish to marry or have children.

Third, cooperation on adaptation policies should be simultaneously carried out. The primary issue here is resolving labor shortages, and correcting overconcentration in metropolitan areas. From a cooperation standpoint, the two countries could explore cross-border labor supplementation. If population redistribution to regional hubs is designed to directly bolster local economy, it could promote balanced national development and enhance overall productivity. Regional revitalization is a shared strategic challenge for both countries, and exploring and coordinated approaches in this area would carry deep mutual significance.

3. Policy Recommendations

Recognizing low fertility as a shared structural challenge, together with population decline and regional depopulation, Korea and Japan ought to strengthen cooperation through policy dialogues, including ministerial- or working-level meetings. Detailed areas of cooperation include the following.

First, share information on current marriage support policies targeting younger generations, and examine and discuss effective measures. While marriage support is one of the most critical components of fertility policy, the level of implementation in both countries remain insufficient. Through information-sharing grounded in empirical research (e.g., the effectiveness of marriage support services), both governments should monitor current status and shortcomings and develop more impactful approaches by identifying areas for improvement.

Second, jointly identify key policy needs to low fertility and develop original, innovative, and evidence-based measures. This includes conducting joint surveys to reveal the unmet needs of unmarried individuals or couples who wish to marry and have children. Based on those findings, the two sides should deliberate and assess policy ideas.

Third, examine and discuss ways to complement each other's labor forces as a strategy to mitigate the labor shortages caused by low fertility, population aging, and demographic decline. Given that both countries face such shortages, developing mechanisms to allow inter–country labor mobility – linking less–affected to more–affected sectors – would be mutually beneficial.

Fourth, examine and discuss ways to alleviate overconcentration in metropolitan areas and promote population clustering in regional hub cities. The goal is to generate agglomeration economies: the positive effects that arise when specific industries or firms cluster in a particular geographic area, leading to reduced costs, improved efficiency, or increased sales opportunities. Since agricultural revitalization is a pressing issue in both countries, encouraging population settlement in rural agricultural regions could serve as a viable strategy for advancing broader regional revitalization goals.

IV

Cooperation for a Sound and Stable Korea-Japan Relationship

Recommendations for Korea-Japan Historical Reconciliation

Since the normalization of diplomatic relations, Korea and Japan have made steady progress in historical reconciliation despite many difficulties. This progress has stemmed from sustained political leadership in both countries, enhanced mutual understanding through diverse academic and cultural exchanges, and the evolving regional security environment. Korea's rapid economic development and the sharing of common social challenges such as low fertility and aging populations have further facilitated bilateral rapprochement. Yet, differences in governmental positions and complex public sentiments regarding the historical issues remain unresolved. On the contentious issues of the wartime sexual slavery and forced labor, Japan maintains that these matters have been legally and diplomatically settled, whereas Korea has not found past solutions fully convincing.

Both governments and peoples should recognize that historical reconciliation is a gradual and generative process requiring long-term commitment, dedication, and patience. It demands repeated dialogue and sustained exchange grounded in accurate historical facts, with consideration for the victims, respect for each other's dignity, and an act of tolerance. Should this process advance further, Korea and Japan could together serve as a global model for reconciliation over colonial rule. To this end, the peoples and societies of both countries should continue to pursue reflection and tolerance in the following directions.

First, on wartime sexual slavery and forced labor, there needs to be a shared understanding that reconciliation derives from healing the hearts of victims rather than solely from pursuing legal responsibility.

Restoring the honor and dignity of victims requires acknowledgement of historical facts and sincere apology by the perpetrator. Victims can overcome anger by confirming, through the perpetrator and society, that the past acts were unjust, and their own worth was not diminished. Judicial settlement does not necessarily guarantee acknowledgement or apology by the perpetrator. The governments of Korea and Japan have continued efforts to resolve these issues through mutual recognition of perpetration, rather than through judicial procedures, while repeatedly reaffirming promises and principles. Therefore, both governments should refrain from turning judicial rulings into diplomatic disputes and should respect existing agreements that are grounded in mutual commitment and principles.

Second, reconciliation efforts should be sustained through recognition of the historical realities of victimization and perpetration.

The Korean and Japanese governments must present and explain the fundamental historical facts concerning wartime sexual slavery and forced labor. The Japanese government has addressed the issues through relevant activities, including Asian Women's Fund project and the statement of the December 2015 Foreign Ministers' Agreement, which referred to the "deep wounds upon the honor and dignity of many women" and expressed apology and remorse. Nevertheless, further efforts are needed to introduce and clarify the historical context and realities of these incidents. While the nature of the issues may vary, the Netherlands offers a constructive precedent in how it presents the facts of historical victimization. The Dutch government, on its official website outlining its apology for the past slave trade and slavery system, clearly details both the historical background and the facts of victimization.

Third, it remains crucial to continue research into historical facts.

There remain contentious aspects regarding the recognition of perpetration and victimization. For example, forced labor took different forms, such as "recruitment," "referral," and "conscription," and therefore cannot be uniformly categorized as a single type of "forced mobilization." Testimonies suggest that so-called "recruitment" was often in practice tantamount to conscription, and even when mobilization was not formally forced, the extremely harsh working and living conditions were sufficient to constitute coercion. In other words, even if a case does not fall strictly under "forced mobilization" this does not mean it was not "forced labor." Such realities have been substantiated through numerous testimonies and investigations. It is thus essential to maintain a balanced understanding between historical context and contemporary perspectives, and for both governments to continue efforts to narrow their interpretative differences. This same principle applies to discussions concerning the coercive nature of the Japanese military sexual slavery system.

What matters most is not a simplified debate of right or wrong, but an honest confrontation with the full complexity of historical facts. This is not about defeating, blaming, or condemning the other side– it means being willing to acknowledge even uncomfortable truths about one's own past. In this regard, the accumulation of precise historical facts through scholarly research is of critical importance.

Moreover, beyond academic researchers, it would be meaningful to study the activities of Japanese corporations, media outlets, universities, and local municipalities on the Korean Peninsula during colonial rule. Understanding not only the role of direct agents of colonial governance, but also the private actors would provide a fuller picture of the colonial period. Corporations involved in colonial rule could undertake investigations into the employment and management of forced labor victims and incorporate the findings into their official corporate histories. For instance, Volkswagen conducted such an investigation into its wartime forced labor and made the results public. Likewise, universities, media, and central banks in the United Kingdom and elsewhere have investigated their own historical ties to slavery and its lasting impacts.

If fact-finding and accumulated research are disseminated within society, it could prevent emotionally charged narratives from obstructing dialogue and reconciliation. Above all, public sentiment is inseparable from individual experiences, personal memories, and the collective memory of communities, and thus cannot be disregarded. In the process of reconciliation, the voices of individuals and civic groups beyond state narratives are equally indispensable.

Fourth, it is therefore important to recognize that historical reconciliation requires a long-term approach that transcends traditional diplomacy and gradually builds trust through mutual respect.

As part of diplomatic efforts, it would be worth considering either the Japanese Prime Minister or the Japanese Ambassador to Seoul conveying a heartfelt apology and expressing remorse to the victims and their surviving families. Such a gesture would serve as a solemn act of remembrance and a turning point toward restoring the victims' honor and deepening bilateral reconciliation.

There are examples of trust–building efforts achieved beyond the state level. In 2024, *Nihon Hidankyo* (The Japan Confederation of A– and H–Bomb Sufferers Organizations), winner of the Nobel Peace Prize, invited representatives of the Korean Atomic Bomb Victims Association to the award ceremony in Oslo, symbolizing a shared remembrance of the Hiroshima and Nagasaki bombings across national borders. This civil–led act of memory–sharing demonstrated the potential for reconciliation that transcends East Asia and extends toward a global dimension.

In reconciliation processes, the role of cross–border memory transmission – through historians, activists, museums, and civil societies – must not be overlooked. In this context, the engagement of both countries' civil societies regarding the third–party compensation administered by the "Foundation for Victims of Forced Mobilization by Imperial Japan" Will also be essential.

Recommendations for Historical Reconciliation

Understanding each other's interpretations of historical facts and narrowing the gaps are quintessential in achieving reconciliation. As democratic states, Korea and Japan inevitably hold differing historical perceptions and interpretations, and so conflicting opinions are unavoidable. The key, however, is not to treat such differences as hostile, but to acknowledge their origins, respect diversity of interpretation, and work toward narrowing them through dialogue.

Furthermore, it is important to embrace complex and rich historical interpretations that come from perspectives beyond the state level. Viewing history solely from a national standpoint risks reinforcing dichotomies where one's own account is seen as true and the other's as false. Research on the colonial period from multiple angles, including people's history, can foster exchanges, cooperation, and mutual understanding between the two countries. For instance, studies on human mobility during the colonial era (such as the migration of Koreans to Japan, Japanese who remained in Korea, and those who remained in Sakhalin), women's history, and labor history, as well as research on the roles of cities in receiving Joseon Tongsinsa (the goodwill diplomatic missions sent intermittently by the Joseon Dynasty of Korea to Japan, primarily from the early 17th century to the early 19th century) can provide deeper insights into Korea–Japan exchanges. In light of the above, we make the following recommendations.

1. Joint historical research

For mutual understanding in historical interpretation, Korean and Japanese scholars should conduct joint research on both countries' histories. Establishing bilateral research institutes or equivalent platforms should provide an institutional foundation. Through candid discussions on how scholars from the other country study and interpret their own history, researchers in both Korea and Japan can deepen their understanding of mutual perceptions. The joint research teams should consist of scholars across different generations to ensure that bilateral networks are built in a multi-layered and long-term manner. By actively engaging in dialogue with civil society, such joint research teams can play a key role in cultivating inclusive historical narratives that transcend national perspectives.

2. Supporting transnational historical research and shared memory

We propose supporting joint transnational research by Korean and Japanese scholars that is not confined within the state level, and ensuring that the outcomes are broadly disseminated in education and society. Such transnational collaboration can place Korea–Japan relations within a universal framework of historical reconciliation, enabling comparative studies and opening possibilities for applying these lessons globally as well as to both countries themselves. Integrating the research outcomes into educational curricula and public discourse will further advance reconciliation between the two countries. It is therefore advisable to encourage Korean and Japanese research–support foundations or organizations to jointly establish and operate a sustainable framework for supporting such research and educational initiatives.

For transnational historical study, the relations between the two countries at the civic and societal levels are also subjects of research. It opens opportunities for memory–sharing from multiple perspectives involving diverse participants. Historical records and memories are not only conveyed through textbooks or academic works. They are also shared through cultural media such as films and literary works. Beyond scholar–led initiatives, it would be valuable to create research associations that also include film directors, museum curators, cultural critics, historical novelists, manga and webtoon artists, children's authors, and professional editors, to jointly record and transmit East Asian history in diverse and creative forms. Through such exchanges, joint projects could emerge across books, dramas, films, novels, comics, webtoons, games, museums, and art galleries.

3. Reciprocal training programs for history teachers

Japanese history teachers could participate in intensive training courses led by Korean history experts during school breaks, while Korean teachers could similarly engage in training programs conducted by Japanese experts. Such reciprocal exchanges would provide valuable opportunities to gain a deeper understanding of each other's historical narratives and interpretations, and to narrow differences on contentious issues such as "Mimana Nihonfu (or Mimana Japanese Government Office)," "the Mongol invasions," "the Imjin War," "colonial rule," "wartime sexual slavery," "UNESCO World Heritage Sites," and "wartime forced labor." These programs could also facilitate the joint development of textbooks, supplementary teaching materials, and historical maps aimed at promoting mutual understanding and accurate representation of shared history.

In addition, it would be meaningful to explore cooperation with international and civic institutions, such as the United Nations University and "COPION" to expand the reach and sustainability of these programs. Relevant precedents can be found in teacher-training initiatives implemented after the Yugoslav Wars, involving historians and educators from Serbia, Bosnia-Herzegovina, Croatia, Albania, Greece, and Turkey.

4. Paying respect to Korea's independence movement

Advancing historical reconciliation requires, as highlighted in the 1998 Korea-Japan Joint Declaration, that both countries confront the past and build relations based on mutual understanding and trust, particularly by deepening historical awareness among younger generations. Thus far, Korea and Japan have sustained efforts toward this end. Building on these efforts, gestures of mutual respect can further advance mutual understanding and trust and help move reconciliation forward. More specifically, on March 1 (Korean Independence Movement Day), a Japanese government representative could visit the Independence Declaration Monument in Pagoda Park to lay a wreath and observe a moment of silence in tribute to the independence movement. Furthermore, if Korean and Japanese youth were to study together the spirit of self–determination embodied by young people who took part in the March 1st Movement, it would help them better understand the true meaning of freedom and peace. Such efforts go beyond confronting the history of oppression, fostering a deeper respect for human dignity as the foundation for realizing freedom and peace. Useful precedents include Prime Minister Toshiki Kaifu's visit to Pagoda Park during his 1991 visit to Korea, and Ambassador Masahide Kanayama's attendance at commemorations of both the March 1st Independence Movement and the August 15th Liberation Day.

Deepening Korea-Japan Human Resource Development and Exchanges

In 2024, the number of people traveling between Korea and Japan surpassed 10 million. At the time of diplomatic normalization in 1965, annual exchanges were merely 10,000 a more than thousandfold increase over 60 years. In fact, the first time they entered annual 10 million exchange era was in 2018. At the same time, however, the Korean Supreme Court ruled on the wartime forced labor issue, and the following year, in 2019, Japan imposed export restrictions on Korea. As a result, large-scale anti-Japan protests broke out in Korea, along with consumer boycotts of Japanese goods and travel. The spread of COVID-19 further accelerated the decline as well. Such fragile bilateral relations rapidly recovered after Korea proposed a resolution to the forced labor ruling in 2023, and shuttle diplomacy between the two leaders resumed followed by a swift rebound in people-to-people exchanges. This episode clearly demonstrates the direct correlation between the political and diplomatic climate and the scale of bilateral interaction.

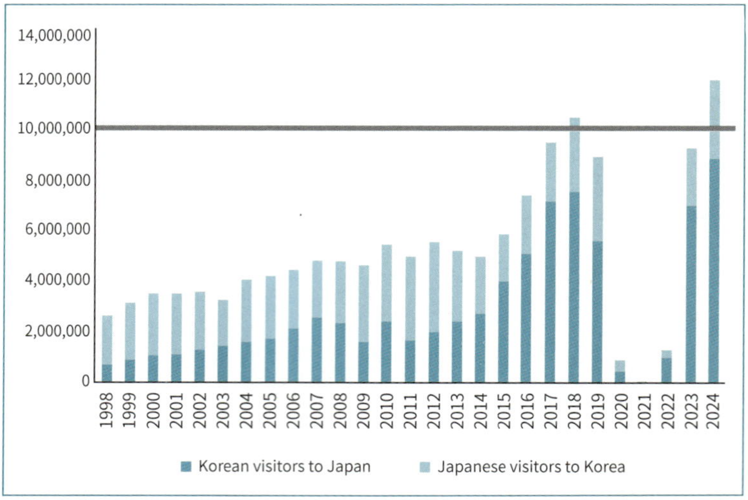

Figure 2. Number of Mutual Korea–Japan Tourist Visits (1998–2024)

Source: Author's compilation based on data from the Korea Tourism Organization (KTO) and Japan National Tourism Organization (JNTO)

In retrospect, six decades of bilateral relations have represented a gradual process toward "good-neighborly relations." Such relations can be defined as those grounded in stable diplomatic ties and characterized by friendly cooperation through peaceful interactions, as well as economic and cultural exchanges. Interstate relations of this kind are marked by stability, predictability, and constructive engagement.

Since normalization in 1965, Korea and Japan have made continuous efforts to enhance exchanges across various areas, while also striving to overcome challenges that have strained their relations, most of which stem from Japan's colonial rule over Korea. Key developments in this process include Japan's official expressions of apology and remorse for its colonial past, such as the Kono Statement (1993), the Murayama Statement (1995), and the Kan Statement (2010), as well as joint initiatives like the Kim Dae-jung–

Obuchi Joint Declaration (1998), the 2015 agreement on the issue of wartime sexual slavery, and the Korean government's 2023 position on the Supreme Court ruling regarding forced labor. These milestones reflect ongoing efforts to address lingering historical grievances and to foster genuinely good–neighborly and future–oriented relations.

In particular, the 1998 Kim Dae–jung–Obuchi Joint Declaration – titled the "New Partnership for the 21st Century" – along with the opening of Japan's cultural market and the expansion of people–to–people exchanges, marked a new turning point in bilateral relations. Japanese films and animations were introduced in Korea, while Korean music and dramas gained significant popularity in Japan, giving rise to what became widely known as the "Korean Wave – Hallyu."

Table 3. **Korea's Opening to Japanese Pop Culture (Phase 1–4) and Japan's Embrace of the Korean Wave (Phase 1–4)**

	1st Phase (10.20.1998)	2nd Phase (9.10.1999)	3rd Phase (6.27.2000)	4th Phase (1.1.2004)
Korea's Opening to Japanese Pop Culture (Phase 1-4)	Partial opening of films, videos, and some publications (e.g., comics)	Partial opening of films, videos, and performances	Partial opening of films, videos, animation, music albums, games, and broadcasts. Full opening of performances	Full opening of films, videos, theatrical animation (from Jan 1, 2006), music albums, and games. Expanded opening of broadcasts
Japan's Embrace of the Korean Wave (Phase 1-4)	1st Phase (Late 1990s – Early 2000)	2nd Phase (Late 2000s – Early 2010)	3rd Phase (Mid 2010s)	4th Phase (Post 2018)
	Korean dramas (e.g., Winter Sonata)	K-pop (e.g., TVXQ, Big Bang, Girls' Generation, KARA)	K-pop (e.g., BTS, TWICE), Korean beauty, fashion, and food	OOT based Korean dramas and films (e.g., Crash Landing on You, Parasite, Squid Game)
	Among middle-aged audiences	Among teens and people in their 20s ▹▹▹▹		Across all age groups

Despite the progress, Korea–Japan relations remain fragile. Their relationship is vulnerable to political shifts, elections, and domestic public opinion. It is common for political actors in both countries to exploit anti–Japanese or anti–Korean sentiment during periods of political turbulence, using it as tools to discredit opposing camps during election campaigns. Korea and Japan have continuously made efforts to overcome the instability of their bilateral relationship and to build a more sustainable partnership, and among those efforts, people–to–people exchange has been consistently emphasized. This emphasis stems from the expectation that sustained interaction between the two peoples who share similar cultures, lifestyles, and patterns of thinking, can help alleviate misunderstandings and foster mutual understanding. People–to–people exchange has served as a buffer that prevents bilateral tensions from escalating further, and as a catalyst and lubricant for advancing bilateral relations. The time has come to shift the focus from quantitative expansion to qualitative development. To further advance Korea–Japan relations into a genuinely good–neighborly relations, based on the accumulated experience of past exchanges, the two countries should develop content and directions of cooperation in a more profound way.

Recommendations

(1) Continued implementation of 'The Korea–Japan Fast Track Immigration Program'

With Korea and Japan now being each other's top travel destinations, long immigration waits times at airports have caused growing dissatisfaction among citizens. Accordingly, the simplification of immigration procedures is proposed as an effective measure to enhance public convenience and generate tangible outcomes of Korea–Japan relations that can be felt by ordinary citizens. In the short term, this involves the continued operation of the Korea–Japan simplified immigration scheme, piloted for one month in June 2025, along with the expansion of Japan's Trusted Traveler Program (TTP) and the development of preferential programs between the two countries. In the longer term, Korea and Japan should consider introducing a "Korea–Japan Schengen–style framework," modeled after the EU's Schengen Agreement, to allow freer mobility.

(2) Institutional support for university student exchange programs–Establishing a Korea–Japan version of "Eramus Programme"

Despite growing interest and willingness to exchange among youth in both countries, opportunities for stable academic exchanges remain limited. Korea and Japan should consider introducing a program inspired by the CAMPUS Asia initiative, jointly run by Korea, Japan, and China for more than a decade. Unlike CAMPUS Asia, which focuses mainly on graduate students with stringent requirements, this new program should lower entry barriers and offer more inclusive participation. Under this system, undergraduate students from both countries can live and study at partner universities for one or two semesters with credit transfer arrangements. This would foster deeper mutual understanding and cultural awareness. This process should also include nurturing talent in the sciences and facilitating scholarly exchange in the humanities and social sciences

(3) Linking education to employment – a joint youth internship and employment database

There remains a weak pathway from education to employment for students who study in each other's countries. It is important to discover motivated and capable individuals and to nurture talented youth who can serve as bridges between two countries. This will require building a database connecting education and employment of students studying in each other's countries. With the coordination among economic organizations such as the Korea Employers Federation, Keidanren, and both countries' chambers of commerce, a comprehensive internship and employment database should provide a one-stop system to explore internship/job opportunities. Particularly, internship programs during summer and winter breaks should be actively supported to cultivate talent that will contribute to the future development of bilateral relations.

(4) Establishing a "Korea-Japan Youth Action Day" to address global challenges and initiating a Korea-Japan ARTE Platform

Most issues between Korea and Japan remain focused on bilateral relations, and when historical disputes arise, they tend to overshadow all other matters. It is necessary to move beyond this pattern by centering discussions on a wide range of agendas that require joint responses. The scope of participants could be expanded to Southeast Asia, Australia, and others, enabling collaborative engagement on global challenges. Key topics include climate change response, green energy development, AI ethics, human rights, cyber ethics, and ODA.

An international forum should be organized in which young people can propose and act on solutions to global challenges. This will expand agenda-driven exchanges among future generations and raise awareness of global issues. Additionally, drawing on examples of ARTE, the Franco-German joint broadcasting channel, a shared social media platform can be established to disseminate voices of global youth.

(5) Nurturing Korea-Japan 30s-40s opinion leaders-Korea-Japan version of "USJLP" leadership program

There is notable decline in the number of experts and opinion leaders capable of influencing public discourse and policy. Compared to older generations, their policy networks are less robust. A Korea-Japan leadership program modeled after "U.S.-Japan Leadership Program (eligibility: ages 28-42)" could be proposed. This annual forum would bring together outstanding individuals in their 30s and 40s from politics, business, academia, and media in the region to discuss areas of cooperation and build networks. To this end, appropriate links with the Korea-Japan Parliamentarians' Union and Korea-Japan business associations would help ensure the program's sustainability and effectiveness.

(6) Expanding from youth-focused to all-generation exchange

While younger generations tend to have more favorable perceptions, older generations' negative perceptions often act as barriers. For example, negative perceptions among the parents' generation make it difficult for young people to choose to study or work in each other's countries. More efforts are needed to overcome and to bridge this generational perception divide. More specifically, family-based Korea–Japan programs for elementary school children and their parents, middle and high school student exchange trips, sister-school partnership programs, and community platforms targeting middle-aged and older participants can be considered.

In addition, shared cultural experiences such as the 2002 FIFA World Cup should be further expanded. Sports, music, and food serve as powerful tools to build mutual affinity. Korean high school baseball teams could regularly participate in Japan's Koshien tournaments, Korea–Japan hiking clubs or cooking programs featuring bilateral competitions using the same ingredients could also be promoted. It is also necessary to highlight successful examples of Korea–Japan cooperation achieved in third countries, thereby enhancing the perceived value of cooperation between the peoples of the two countries.

(7) Development of a Trans-border economic zone (i.e. Concept for a Busan-Fukuoka Trans-border economic zone)

Most exchanges remain concentrated between Seoul and Tokyo, resulting in regional disparities in exchange activities. In light of shared challenges such as overpopulation in capital regions and depopulation in local areas, mitigation efforts should focus on fostering connections between cities and localities, as well as among regional hubs themselves. Joint initiatives are required for integrated regional development and their linkages with major metropolitan areas. As a concrete example, establishing a trans-border international economic zone linking Busan and Fukuoka can be considered. This would represent the first trans–border inter–city cooperation model in Northeast Asia and is expected to contribute significantly to regional revitalization and the deepening of economic cooperation between the two countries.

Since normalization, Korea–Japan relations have overcome numerous crises and yet gradually improved through repeated efforts by both governments and civil society. However, sources of instability persist. Along with political actors there are commercial stakeholders who exploit anti–Japanese and anti–Korean sentiment. To advance thus far maintained bilateral relations into a healthier and more sustainable partnership, it is essential to deliver tangible outcomes that a greater number of citizens can directly experience, and to promote diverse exchanges and cooperation at multiple levels. If such efforts are sustained, Korea–Japan relations will continue to evolve into an even more amicable and strategic partnership.

【Korea-Japan 2030 Vision Group】
Policy Recommendations Commemorating the 60th Anniversary of Korea-Japan Diplomatic Relations

Appendix

This chapter summarizes the views of Korean and Japanese youth (20s) who participated in the "Dialogue with the Future Generations of Korea and Japan," held in Seoul on March 14, 2025, and in Tokyo on May 14, 2025.

Voices of the Future Generation in South Korea Hoping for the Advancement of Korea-Japan Relations

◎ By strengthening communication at the civil-society level through youth exchanges and educational cooperation, we can enhance mutual understanding and alleviate negative feelings. By expanding practical cooperation on global issues such as climate change and economic security, I believe we can build a future-oriented relationship grounded in shared interests.

◎ I wish we would not be swayed by misinformation or political campaigns that exploit hatred. Instead, Korea-Japan relations should move beyond national boundaries to become genuine people-to-people relations, where individuals connect, share emotions, and grow together.

◎ Historical issues should not continue to serve as obstacles to current cooperation and exchange between Korea and Japan.

◎ Technology is deeply linked to national security and the economy. I believe that in fields where both Korea and Japan lag behind the U.S. and China (such as AI and humanoid robotics), the two countries should join forces to enhance their capabilities. The past should remain as history, and both countries should now cooperate with open minds as neighbors seeking shared progress.

◎ Korea–Japan relations will increasingly be developed with a focus on "efficiency and practicality" as younger generations take the lead. Although the lack of communication and the absence of emotional sharing from historical wounds remain, we must work together as allies and as neighbors, in tune with the global trend of transformation.

◎ I believe education and exchange are key to changing deeply entrenched perceptions. Unless one experiences it firsthand, it is difficult to recognize one's misconceptions or break stereotypes. Teachers should convey only objective facts and help students think independently, so that students are not confined by the biases of older generations. I wish students had direct exchanges and broadened their new perspectives on Japan.

◎ I wish we could look back on history together and cooperate in ways that lead to economic development. From the business perspective, cultivating joint talent in key industries would be highly beneficial.

◎ Korea and Japan hold very different historical perspectives. As time goes by, we must approach history education with a renewed focus on objective facts, and diplomacy guided less by emotions and more by pragmatic and future–oriented thinking.

◎ I realize the importance of fostering regional studies experts to deepen mutual understanding.

◎ For a better future, it is necessary to address historical issues in a constructive and proper manner. Possible measures include co–authoring history textbooks, building a government–supported digital database on historical issues, and establishing support mechanisms that reflect the voices of war victims.

◎ The era of unconditional anti-Japanese sentiment has passed and today cultural exchanges are active. To further improve relations, I hope to see more joint research and activities that aim to resolve political, economic, and historical understandings often overlooked in the past.

◎ Thus far, exchanges have been uniform, fragmented, and short-term, now they should become more detailed, structured, and sustainable.

◎ Korea and Japan should actively pursue ways to strengthen cooperation among economic actors in preparation for future societal changes.

◎ Issues like diplomatic security cooperation and history are difficult to reconcile quickly. I believe it would be better to first cooperate in areas of shared economic interest – such as trade or joint responses to U.S. tariffs. Once mutual understanding deepens, higher-level cooperation will follow.

◎ I hope student exchange programs at the university level will be further expanded.

◎ It is necessary to mitigate media bias and activate more exchange programs and civic initiatives to overcome prejudice and foster mutual awareness.

◎ I believe both governments should more openly and positively express friendly and forward-looking positions toward each other.

◎ Historically Korea and Japan have been adversaries, but it is time to move beyond that. Cultural exchanges must continue as they are today, and at a time when authoritarianism is on the rise, trilateral cooperation among Korea-U.S.-Japan is more important than ever. While Korea-Japan continues working together, historical issues should be gradually resolved.

◎ Although unresolved historical issues remain, given the international situation, it is important to strengthen friendship and cooperation. I hope each will become one of the other's closest allies.

◎ Historical conflicts are still hindering bilateral cooperation, and we need to overcome them and build a foundation for compromise in economic and security fields.

◎ We should not regard each other as adversaries but, as close neighbors, help and support each other.

◎ While the victim–perpetrator relationship is undeniable, I believe both sides must now begin to set that aside and work together for economic and security cooperation.

◎ Korea and Japan must continue paying close attention to bilateral issues and make sincere efforts to resolve them, which requires genuine apologies and a proactive mindset focused on the future.

◎ It is necessary to move beyond historical and colonial narratives to build a future–oriented relationship and broader social consensus.

◎ Both countries must remember that they are indispensable partners in Northeast Asia in areas such as democracy, security, the economy, and the environment.

◎ Genuine improvement of Korea–Japan relations requires constant exchanges based on mutual understanding and respect. If various exchange programs and joint projects with the direct participation of youth are expanded, they could help foster new perspectives that transcend existing stereotypes.

◎ Given that the spread of information through media and SNS greatly influences public sentiment in both countries, providing fact–based and balanced information is crucial. True restoration of trust will only be possible when such efforts are accompanied by active civil–society communication in addition to government–level diplomacy.

◎ Sincere dialogue and mutual empathy on historical issues hold the key to steering the future of Korea–Japan relations in a positive direction.

◎ Even if Korean perceptions of Japan improve, the sentiment that "engaging in exchange with Japan without historical reflection is unacceptable" remains deeply rooted. This is not merely hostility but a demand for rightful recognition of the past. Thus, rather than only highlighting friendship based on strengths, consistent efforts must be made to address distorted historical perceptions within Japan and guide them in a constructive direction. Only when there is a sincere commitment to acknowledging and rectifying past wrongdoings can exchanges proceed meaningfully without being swayed by political environments.

◎ As unprecedented super–aged societies, Korea and Japan must cooperate to devise joint responses to the challenges of the future. As the two countries cooperate to address this issue, the people of both countries will come to feel the impact of these efforts, further improving bilateral relations beyond previous levels. While such efforts may seem macro in scale, at the micro level they directly affect the lives of individual citizens, including my own and those of future generations.

◎ Visible improvements in bilateral ties do not necessarily have to be bound by the resolution of historical or diplomatic disputes. Cooperation in areas that directly affect people's livelihoods and national economies could have a significant positive impact on overall relations.

◎ Perspectives on Korea–Japan relations must change. Rather than viewing them merely as "Korea and Japan," it is important to situate both countries within the international community. Considering the shifting global environment, Korea and Japan must reflect on what kind of relationship they should build. Adopting a pragmatic and mutually beneficial, and flexible approach could help both sides move forward. A relationship that manages conflict incrementally while enabling cooperation on international challenges should be the envisioned goal of future Korea–Japan relations.

◎ At present, student exchanges are mainly centered on traditional and formal activities such as academic seminars, debates, and cultural experiences. Although participants strive to deepen their understanding of each other's society, culture, and history, such approaches remain confined within limited formats of presentations, discussions, and field trips. It would be desirable to foster more practical, every day, creative, and digitally integrated exchanges – especially those suited to the communication styles of younger generations.

◎ Affection among younger generations for each other's countries cannot simply be equated with the resolution of historical disputes. If relations improve merely because of fading memories and indifference, true reconciliation on historical issues will never be achieved. Thus, sustained attention and the courage to discuss sensitive topics are necessary – not as meaningless "issue play," but as a sincere commitment to confronting the past and seeking constructive solutions.

Voices of the Future Generation in Japan Hoping for the Advancement of Korea–Japan Relations

◎ For Korea and Japan to sustain a cooperative relationship, both governments and peoples must broadly understand that the two countries are "on the same side," sharing common values and challenges across multiple dimensions of the international community. The two governments should reaffirm shared interests and reflect them in policymaking in diplomacy and domestic politics, while also reviewing policies in education, media, and other sectors that directly shape public perception.

◎ To advance bilateral relations, "multi–layered exchanges" are essential. Even if political or historical disputes arise, economic, cultural, and people–to–people exchanges should never be suspended. Strengthening student exchanges and business linkages will help promote mutual understanding. Historical issues should be addressed through "communication and education." It would be desirable to introduce diverse perspectives into history education in both countries and adopt teaching materials that encourage understanding of each other's historical positions. Future oriented projects, such as digital technology, AI, and space exploration, should be promoted jointly so that younger generations can directly experience the value of cooperation and build positive perceptions of one another.

◎ I believe youth exchanges should be significantly expanded. Exchange student programs and joint internships should be broadened to cover not only language and culture but also contemporary issues such as climate change, human rights, and gender, thereby deepening the mutual understanding of future generations.

◎ Young people need spaces where they can naturally share their views. Beyond cultural exchange, educational institutions should provide environments where youth can openly discuss social issues and international relations. Only when the younger generation, who will lead the future, can speak in their own words and share those ideas will a genuine relationship of trust between Korea and Japan be built.

◎ Differences in historical perception sometimes act as barriers to improving relations. It seems necessary to share historical perception and raise mutual understanding through not only expert-led revisions of history education and joint research but also through open discussion forums that include active youth participation.

◎ While cultural exchange can serve as a starting point, it cannot by itself lead to substantive understanding. Cultural exchange should not end merely as "enjoyment" but it should go one step further to create forums for direct dialogue and joint learning. Through such discussions, young Koreans and Japanese will confront the "differences" and "dissonance," and learning to understand them will be the true foundation for a deeper, more meaningful relationship.

◎ Given that both countries face the severe problem of low fertility and aging populations, which could lead to national extinction, researcher- and policymaker-centered exchanges are necessary to develop joint measures.

◎ Both should view each other not as rivals but as partners on the same team, and build a strong bilateral relationship on that basis.

◎ Korea–Japan relations should also be considered within broader frameworks such as Korea–U.S.–Japan trilateral cooperation or multilateral cooperation with ASEAN. In particular, we should work together to establish common rules in areas such as economic security and the environment – fields that cannot be solved by the two countries alone.

◎ Cultural exchange is already flourishing among younger generations. It is now necessary to create exchanges that can engage with and seek solutions to more complex issues, including historical perceptions.

◎ To spread the positive momentum led by younger generations throughout society, the generational gap must be addressed. Maintaining consistent linkages at the civic, educational, and regional levels forms the foundation of a resilient Korea–Japan relations that can withstand political fluctuations.

◎ It is important to create opportunities for dialogue not only among young people but also across generations, in order to build a rational and pragmatic framework of cooperation free from emotional entanglement.

◎ Although people–to–people and cultural exchanges among youth are active, historical issues remain sensitive, leaving mutual understanding at a somewhat superficial level. Rather than assuming cultural exchange alone will lead to direct, genuine mutual understanding, a new approach is needed – one that uses the familiarity and goodwill generated by cultural interaction as a bridge for deeper, more constructive dialogue.

◎ Regarding the risk of China's economic coercion, Korea and Japan need opportunities to share perspectives and coordinate strategies on how best to balance dialogue and pressure.

◎ Korea–Japan should see themselves as partners that share the same values in the face of neighboring great powers, cooperating as equal peers to jointly lead the East Asian order in both security and economic domains.

◎ To advance bilateral relations, cooperation in economic and technological fields is crucial. In particular, synergy effects can be expected in areas like decarbonization, startup support, and digital technology, where the two countries face common challenges and have high potential for collaboration. A sense of "co–creation" is needed to foster growth together rather than compete against each other.

◎ We should create spaces for Korea–Japan exchanges where families can also participate, so that the positive recognition of younger generations can spread to older ones.

◎ Opportunities should also be provided in primary, secondary, and high school education for both sides to understand each other's history from a neutral standpoint. For topics not fully covered in textbooks, inviting lecturers from the other country or hosting forums like this could be valuable ways. It is important to ensure that students do not form their views solely based on one–sided information.

◎ Regarding historical perceptions like issues of wartime sexual slavery, we must move away from emotional confrontation and steadily pursue dialogue to prevent both sides from reinforcing mutual animosity.

◎ Cultural exchanges centered on K–POP, Japanese animation, and fashion are steadily continuing among younger generations. However, we cannot ignore the reality that emotional confrontations and prejudices rooted in historical perceptions persist, often among older generations. The pressing challenges that Korea and Japan will face – such as natural disasters like Nakai Trough earthquake and regional security issues like North Korea's nuclear development – cannot be overcome without cooperation. It is thus necessary to build a firmer cooperative network by enhancing trust not only at the civic level but also at the political and economic level.

◎ It is important to enhance two countries' presence in the international community by building trust through joint contributions to third countries, particularly in support of the Indo–Pacific region and the Global South.

◎ It is important to balance "managing disputes" with "cooperating on common challenges." To this end, cooperation must be strengthened not only at the governmental level but also at the civic level. To build a sustainable relationship, it is important to pursue future–oriented education and responsible media coverage, thereby ensuring that future generations are not bound by prejudice and can develop an informed and balanced perspective.

◎ How to ease prejudice and bias among younger generations will be a crucial challenge for society moving forward. Education plays an essential role in fostering respect for diversity and the capacity to understand other cultures – this is why deeper cooperation in education is indispensable.

◎ Especially in today's rapidly shifting global environment, Korea and Japan – linked by historical and cultural proximity – must come closer together and cultivate an attitude of flexibility and compromise. Repeated dialogue, rather than confrontation, and cooperation on common agendas are the only paths toward a more stable and constructive bilateral relationship.

◎ Given that public opinion is inevitably shaped by emotions, media and intergenerational exchanges that influence such opinion should be based on facts, rather than emotion–driven narratives or political manipulation.

◎ For the next generation, more educational programs should provide opportunities to learn about and discuss each other's histories. For the current generation, simplifying border and visa procedures is important so that people can more easily view the other country as an accessible destination for business, tourism, and study.

◎ It is important not to cling to the past, but neither should we forget it. As nations that share common values, we must seek cooperative and future–oriented frameworks for engagement.

◎ Favorable relations cultivated in relatively less contentious fields such as cultural exchange and economic cooperation should serve as a foundation for gradually improving mutual perceptions. Then both sides can work to resolve issues like historical perceptions and territorial disputes.

◎ I believe that Japanese perceptions of Korea differ greatly across generations. Whatever image one may hold, historical issues that require urgent resolution yet often descend into heightened confrontation should be discussed in a calm, balanced, and open–minded manner, without allowing too much subjectivity to intervene. These issues should not be treated as taboo – rather, ordinary citizens like us should face one another directly, reflect, and engage in honest dialogue with mutual respect.

세계 질서 전환기, 한일 전략적 동반자 관계의 구축

– 한일국교정상화 60주년 기념 보고서 –

초판발행 2025년 12월 15일

지은이 한일2030비전그룹
펴낸이 안종만·안상준

편 집 탁종민
기획/마케팅 노 현
표지디자인 이은지
제 작 고철민·김원표

펴낸곳 (주) 박영사
서울특별시 금천구 가산디지털2로 53, 210호(가산동, 한라시그마밸리)
등록 1959.3.11. 제300-1959-1호(倫)
전 화 02)733-6771
f a x 02)736-4818
e-mail pys@pybook.co.kr
homepage www.pybook.co.kr
ISBN 979-11-303-9734-4 93340

정 가 19,000원